도덕과 인간의 선

– 자연법 윤리학 개론 –

도덕과 인간의 善

자연법 윤리학 개론

알폰소 고메스-로보 지음
강두호 옮김

인간사랑

Morality and the Human Goods : An Introdution to Natural Law Ethics by Alfonso Gomez–Lobo

머리말

독자들께

이 책 속에서 독자들은 서구 사상에 있어서 도덕철학의 주류를 이루는 전통에 관한 하나의 설명에 대하여 어떤 명확하고 진솔한 방식으로 공식화하려는 시도를 엿볼 수 있을 것이다. 이 전통은 보통 자연법 윤리로 알려져 있다. (부록은 이 책에서 '자연법' 이라는 명칭이 함축하고 있는 의미를 설명하고 있다.) 그것은 소크라테스(Socrates)와 성숙한 플라톤(Platon)에 의해 처음으로 제창되었고 아리스토텔레스(Aristoteles)와 스토아학파에 의해 이어진 통찰들에 확고한 기초를 두고 있다. 이 같은 통찰들은 뒤에 유대-그리스도교의 도덕적 사고에로 결합되었으며, 매우 복잡한 도덕 지식들의 한 부분으로서 오늘에 이르고 있다. 토마스 아퀴나스(Thomas Aquinas)는 이러한 전통을 형성하는 데 있어서 주요한 인물이며, 그의 관점은 (근대 토미스트들의 그것 역시) 이 책에 많은 영감을 제공하고 있다.

비록 내가 여러 자료들에 직접적 혹은 간접적으로 신세지고 있지만(이 자료들은 부록에 기록되어 있다), 저술의 본문에 있어서 역사적 문헌들에 그리 의존하고 있지는 않다. 나의 의도는 어떤 도덕적인 주장들을 그것들이 처음 착상되거나 또는 옹호되었던 시대의 특징과 관계없이 정확하게 논하는 데 있다.

그러므로 이 책이 포함하고 있는 것은 하나의 도덕 이론에 대한 현대적 재구성인 셈이다. 그 도덕 이론이란 저자가 주목해 온 바, 흠없이 완벽한 것으로서보다는 가장 설득력 있는 것으로서의 이론이다. 그것은 확실히 이른바 우리의 '보통의 도덕' 혹은 '일반적인 도덕 의식'을 가장 잘 표현하고 있는 이론이다.

이 책은 철학을 정식으로 전공하지 않았지만 오늘날 여러 도덕적 관점들이 혼란스럽게 포진하고 있는 가운데 자신의 사고 안에서 어떤 믿을 만한 개념 구성의 필요성을 느끼고 있는 학생들과 독자들을 주된 대상으로 하고 있다. 도덕적 신념에 관하여 비교적 통일된 틀이 없을 경우, 자신의 삶에 대하여 지침을 부여하고 자신의 선택에 있어서 일관성을 이루어 나가기란 사실상 불가능하다.

나는 만일 독자들이 여기서 설명되는 논의들을 확신하고 더 나아가 제안된 여러 선들을 잘 추구하며 그에 관심을 기울이고 존중하는 가운데 삶을 이끌어 가려고 노력한다면 보다 융성하고 충만한 삶—이것이 흠이 있고 불완전한 세상에서 살아가는 인간들을 위해 가능한 한에 있어서—을 영위할 수 있으리라고 생각한다.

감사의 글

나는 이 책을 펴내는 데 있어서 직접적으로 또는 간접적으로 도움을 준 많은 사람들에게 감사하고 있다. 나는 내 연구를 위하여 격려와 함께 지적인 분위기를 제공해 준 조지타운 대학교(Georgetown University)[1] 철학과의 동료 교수들에 대하여 사의를 표한다. 그들 중에 특히 브래들리(Denis Bradley)는 전통 윤리에 대하여 끊임없이 정보와 조언을 해주었고, 파워즈(Madison Powers)는 이중 효과의 원리에 관하여 나와 기꺼이 토론해 주었다. 또 두 학기 동안 나의 조교로 봉사해 준 맥기헌(William McGeehan)에게도 고맙게 생각하는데, 그는 자신의

1 1789년 예수회(Society of Jesus)에 의해 설립된 미국의 가톨릭계 대학이다. 수도 워싱턴에 소재하고 있으며, 특히 응용윤리학 분야는 하버드 대학, 옥스퍼드 대학 등과 함께 세계 최고 수준이다. 역자 주

명확한 결과론적 신념을 바탕으로 모든 항목에 걸쳐 나의 견해에 대해 예리하게 비판해 주었다.

원고 자체에 관해서는 카라스코(Alejandra Carrasco)와 화이트(Heath White)가 유용하게 관찰해 주었다. 리차드슨(Henry Richardson)은 제목에 대하여 사려 깊은 제안을 해주었고, 팬커치(Walter Pfannkuche)는 몇몇 주장들을 다시 만들어 논하도록 도와주었다. 머피(Mark Murphy)는 앞쪽의 장들에 대하여 상세한 논평을 해주었는데 지금도 무척 고맙게 생각한다. 그리고 누구보다도 헤인즈(William Haines)에 대하여 감사해 마지않는데, 그는 부탁받은 바 이상으로 모든 영역에 대하여 길면서도 솜씨 있게 숙고된 비평을 보태주었다.

나의 따뜻한 감사의 정이 앞서 말한 친구와 동료들의 경우 내가 이 책에서 주장한 모든 것에 반드시 동의하고 있음을 뜻하는 것은 물론 아니다.

끝으로 시카고에 있는 라이언 가문의 구성원들에게도 감사드리고 싶다. 그들은 형이상학 및 도덕철학의 라이언 좌(Ryan Chair in Metaphysics and Moral Philosophy)를 제정하였는데, 영광스럽게도 내가 1997년 그 자리에 지명되었던 것이다.

다. 끝부분에서 저자는 공리주의와 자유지상주의를 포함한 자연법 윤리의 경쟁적인 견해들에 대하여, 그리고 우리의 궁극적인 도덕의 길잡이로서 양심에 대하여 간략하게 다루면서 글을 맺고 있다.

책의 내용은 글의 전반적인 흐름에서 살펴볼 때 철학적 윤리학의 영역 안에 있다. 또 어떤 신학적인 성찰에 입각하지 않으면서도 대체로 가톨릭의 색채를 띠고 있다. 근래에 고메스-로보의 글들은 그리세즈(Germain Grisez)와 피니스(John Finnis), 조지(Robert P. George) 등 이른바 신자연법 이론의 가톨릭 사상가들과 맥락을 함께하고 있는데, 이런 점들 역시 그의 학문적 이력과 무관하지 않아 보인다. 고메스-로보 교수는 현재 미국의 수도 워싱턴에 소재한 가톨릭계 조지타운 대학교에서 형이상학 및 도덕철학을 담당하고 있다. 1940년 칠레에서 출생하여 칠레와 그리스, 독일 등에서 공부하였으며, 뮌헨 대학교에서 박사학위를 받았다. 1977년 이래로 조지타운 대학교에 재직해 온 그의 관심은 그리스 철학, 초기 그리스도교 사상, 윤리학사, 현대 자연법 이론에 걸쳐 있다. 그는 모국어인 스페인어 외에 영어, 불어, 독일어, 이태리어, 그리스어, 라틴어에 두루 능통하다.

번역을 마치고 난 뒤 저자의 논의에 대하여 어떤 궁금증이 남아 있음을 느낀다. 예컨대, 선하게 살아야 한다는 동일한 결론을 놓고 그 결론에 이르는 저자의 추론과정이 과연 얼마만큼 정확하다고 평가해야 할까? 자연법 윤리학 개론서라면 자연법 이론 자체에 대한 사상사적 설명이 어느 정도 필요하지 않을까? 저자가 제시한 선의 목록 내지 그같은 분류에 대하여 목소리 다양한 자연법 윤리학자들이 어느 정도로 동의할까? 그가 소개하는 자연법 윤리학이 현실의 도덕적 문제들을 해결하는 데 있어서 유용하다는 점을 좀 더 강조해야 하는 것 아닐까? 등등.

그러나 인간의 도덕적 행동을 지도해 줄 하나의 단일한 설계도를 개발하는 일이 결코 쉽지 않다는 점은 학문을 하는 우리 모두에게 주지의 사실이다. 이런 점에서 바라보면 저자는 오히려 결코 두껍지 않은 이 책을 통해서 엄청난 양의 윤리적 사고를 매우 경제적으로, 그리고 효과적으로 설명하고 있다는 생각이 든다. 특히 생명 경시 풍조가 만연하는 현대 사회의 도덕적 문제로서 임신중절과 안락사라는 두 개의 주제를 집중적으로 다루고 있는 점은 독자들로 하여금 생명에 대한 경외심을 다시금 일깨워 주기까지 한다.

저자의 메시지를 이해하는 데 있어서 혹시 조금이라도 독자들의 혼란을 불러일으키는 부분들이 있다면 그 책임은 전적으로 역자의 몫일 것이다. 아무쪼록 이 책이 윤리를 전공하는 대학인들 뿐만 아니라 이 시대에 우리 사회의 도덕 문제를 걱정하는 모든 교양 있는 지성인들에게 도움이 되어 주기를 바라는 마음 간절하다.

끝으로 지면을 통해서 특별히 감사하고 싶은 사람들이 있다. 로마에 위치한 산타크로체 대학교(Pontificia Università della Santa Croce)의 가알(Robert A. Gahl, Jr.) 교수는 최근의 자연법 연구에 관한 국제적 동향에 대하여 많은 자료와 함께 정성스러운 조언을 해준 바 있다. 사랑하는 가족들 또한 빼놓을 수 없다. 항상 조용히 내조해 주는 아내 정진, 내년 초 군복무를 마치면 다시 경제학도로 돌아가는 장남 구현, 보이티야(Karol Wojtyla)나 라칭거(Joseph Ratzinger)처럼 큰 신학자 되는

게 꿈인 고 3짜리 차남 구종에게 늘 고맙다. 어려운 여건 아래서 쾌히 출판을 맡아주신 도서출판 인간사랑에도 깊은 감사의 마음을 표한다.

2008년 가을
내 고향, 온고을 진수당 연구실에서

강두호

목차

서론

최초의 배경 : 플라톤의 『크리톤』

도덕철학의 실행에 관하여 가장 오랜 (그리고 가장 훌륭한) 예들 가운데 하나가 『크리톤』(*Crito*)이라고 불리는 간결한 플라톤의 대화이다.[1] 소크라테스는 도시의 신들을 섬기지 않고 젊은이들을 타락시킨 죄로 아테네의 배심원들에 의하여 사형선고를 받았다. 그의 변명 연설에서(플라톤에 의해 개작된 바로서의) 소크라테스는 자신이 지식인들을 반대하는 아테네 사람들의 일반화된 편견의 희생물이라는 점을, 그리고 자신에 대한 고소가 그릇된 것이며 잘못 이해된 것이라는 점을 보여주고자 한다. 그러나 소크라테스는 배심원들에 대하여 자신이 무죄임을 설득하는 데 실패하고 만다.

소크라테스가 감옥에서 사형의 집행을 기다리는 동안 그의 친구들은 그를 감옥에서 구출해내기 위하여 용의주도하게 준비하며 아테네에서 도피하도록 돕는다. 사형 집행을 하루 이틀 남겨놓고 있을 무렵, 소크라테스의 오랜 친구인 크리톤이 그에게 탈출할 만반의 준비가 되어 있다는 소식을 전해준다. 다만 크리톤은 자신이 소크라테스에게 탈출해야만 하는 이유를 주어야 한다는 점을 깨달을 만큼 소크라테스를 잘 알고 있었다. 그는 소크라테스에게 사형 집행을 피해야 한다는 결론에 이르는 논거들을 제공해야 했던 것이다.

우리가 여기서 특정한 논거에 흥미를 가지는 것은 아니다. 우리는 다만, 논거들이 산출되어야 할 이유는 소크라테스 스스로 말하고 있듯이 그가 "숙고한 나머지 자신에게 최선의 것으로 여겨지는 논거(로고스)만 따르는 부류의 사람"[2]이기 때문이라는 사실에 관심을 두고 있을 뿐이다.

후에 소크라테스는 크리톤과의 토론에 대하여 제한을 덧붙인다. 자신이 탈출해야 하는가의 여부에 관한 문제는 희생, 여론, 혹은 자녀들에 대하여 미칠 영향의 관점에서가 아니라, 전적으로 그렇게 하는 것이 정당한지—즉 도덕적으로 옳은지—의 관점에서 고려되어야 한다는 것이다.[3]

이 점이야말로 『크리톤』이 도덕적 토론의 모범적인 사례가 되는 이유이다. 토론이 원리들 또는 일반적인 도덕규범들을 염원하는 한에 있어서 그것은 또한 도덕철학의 실천에 관한 하나의 패러다임이 된다. 이 점에 있어서 독자들은 소크라테스의 논거들이 어쩔 수 없는 것인지, 그가 피하지 않고 죽음으로써 바보임을 드러낸 것은 아닌지, 혹은 그의 선택이 인격적인 숭고함의 결과일 뿐만 아니라 합리적이고 현명한 것이었는지 등을 결정하기 위하여 『크리톤』을 읽기를 바랄 수도 있다. 이런 물음들은 실로 적절한 것들이다. 다만 지금 나는 도덕철학 일반의 실천에 대하여 몇 가지 단정을 내리는 대화 그 자체에 초점을 두고자 한다.

때때로 사람들은 어떤 도덕적 문제에 대하여 응답하도록 요구받을 경우(예를 들어, X를 행하는 것은 나쁘다) "그것이 나쁘다 혹은 나쁘지 않다고 누가 결정하는 겁니까?" 하고 말하는 경향이 있다. 그들이 '도덕적' 문제와 '법적' 문제를—법원이 법적 영역에서 하나의 구속력 있는 응답을 제시할 권한이 있는 데 반하여 도덕적 영역에 대해서는 그에 상응하는 제도가 없다는 식으로—서로 대조해내는 일이 드문 일은 아니다. 도덕적 문제들에 있어서는 어떤 궁극적인 제도적 권위가 없다고 강조하는 사람들을 위한 다음 단계는 "내가 무엇을 해야 한다고 말하는 당신은 누구요? 당신은 당신에게 나쁜 것을 결정하고 나는 내게 나쁜 것을 결정하지요"라고 말하는 일이다. 달리 말하여 그들이 선뜻 가정하고 있는 것은, 도덕은 본질적으로 사적인 업무이며 나아가 개인에 대하여 상대적이라는 점이다.

『크리톤』에 나오는 두 친구는 법적 영역과 도덕적 영역 사이에 차이가 있음을 자연스럽게 받아들인다. 법원이 소크라테스에 대하여 법적인 문제를 해결하는 점은 분명하지만, 도덕적인 문제가 순전히 사적이고 주관적인 일로 처리되고 있는 것은 아니다. 소크라테스가 크리톤에게 대답하고 있는 실정은 다르다 : "당신은 내가 설사 탈출한다 하더라도 정당한 일을 하는 것이라고 판단하였지만 나는 그것이 정당하지 못하다고 판단했지요. 당신에 따르면 옳고 나에 의하면 그르지요. 바로 그겁니다."

"도덕적 문제들에 관해서 누가 결정합니까?"라는 물음에 대하여 크리톤은 단호하고 분명하게 응답한다. "우리들이요." 도덕이란 1인칭 단수의 관점에서 결정될 문제가 아니라 1인칭 복수의 관점에서 결정될 문제이다. 하나의 합의가 이루어져야 하는 것이다.

크리톤과 소크라테스는 서로 일치하지 못하고 있기 때문에 그들 각자가 상대편을 납득시키려고 시도하는 대화를 시작할 필요가 있을 것이다. 소크라테스와 같은 (혹은 어떤 일에 분별이 있는) 사람을 설득하기 위해서라면 당신은 단순히 당신 자신의 1인칭 단수의 고려사항들에 호소할 수 없다. "(당신은 그렇지 않을지 몰라도) 나는 어쩐지 그런 것 같기 때문에"라든가 "(당신은 그렇게 생각하지 않을지 몰라도) 나는 그것을 장난이라고 생각하기 때문에"라고 말하는 것은 훌륭한 정당화가 아니다. 이런 말들은 납득시키려는 노력을 포기한, 따라서 대화하는 일을 집어치우려는 사람들에게서 나온다고 볼 수 있다.

하나의 참여자로 남아 있기 위해서는 당신은 주관적인 감정(이는 사적인 일이다)을 능가하면서 두 사람 (및 모든 사람)에게 접근하기 쉬운 무엇인가에 호소하는 정당화를 제시해야 한다. 진지한 사람들에 의해 이루어지는 대부분의 도덕적 추론의 경우처럼, 『크리톤』에서의 논쟁은 그것을 신중하게 고찰하는 사람이라면 누구나 자신의 느낌에 입각하지 않은 채로 그것을 받아들이거나 혹은 거부할 이유들을 찾는다는 의미에서 공공연한 것이다. 도덕적 정당화는 그것이 다른 사람들에게 제기되는 한(즉, 그것이 상호 개인적인 한), 객관적인 이유들에 호소해야 한다.

주관적인 감정에 호소하는 일은 도덕적 대화 안에서 그저 용납할 수 없는 데 그치지 않는다. 단지 말하는 이의 권위에 근거하는 의견들 역시 규정 등에 의하여 제외되어야 한다. "이것은 내가 그렇게 말하기 때문에 옳다(또는 그르다)"는 나쁜 이유들이 제시되기 때문이 아니라, 전혀 이유들이 제시되고 있지 않기 때문에 받아들이기 어렵다. 대화자는 도덕적 요구를 믿도록 또는 믿지 않도록 자신을 정당하게 이끌지도 모른다고 생각할 일은 없다.

자신의 당당한 개성이었겠지만 소크라테스는 크리톤이 스스로의 신념에 반하여 (예컨대 누군가가 이렇게 말했다는 점을 근거로 해서) 대답하기를 원하지는 않는다.[4] 소크라테스는 친구가 이의를 제기하기를, 그리고 스스로를 위하여 생각하기를 기대한다. 사실상 대화는 근본적으로 인류 평등주의적인 태도를 드러내고 있다. 담화 중인 사람들은 똑같은 입장에 있으며, 아무도 도덕적 진실에 대하여 특권적 접근에 입각한 권위를 주장할 수는 없다.

대화의 인류 평등주의적 특성으로부터 오는 시사점은(이는 『크리톤』 안에서 그저 암시되고 있을 뿐이다) 대화의 결과가 일반화될 수 있다는 점이다. 만약 소크라테스가 탈출하는 일이 그릇된 것이라면 동일한 상황에서 크리톤이 (또는 그 누구든) 탈출하는 일도 똑같이 그릇된 것이 된다. 이러한 결론으로부터 자신을 면제받도록 하려는 것은 당사자들이 동등한 입장에 있다고 가정하는 바에 모순되는 어떤 특권 내지 우월한 지위를 스스로 주장하는 것이다. 관계자들이 동등하다는 것은 결과들이란 똑같은 선택에 직면하는 누구에게나 적용되어야 한다는 점을 주장하는 데 이른다.

도덕적인 변론들이 일반의 요구사항들을 정할 수 있다는 제안에 대한 흥미로운 추론은 이른바 '황금률', 즉 네게 행해지기를 원치 않는 것을 다른 이들에게 행하지 말라는 점이다. 만일 내가 당신에게 무엇인가를 행하는 것(예를 들어 당신의 지갑이나 돈주머니를 훔치는 것)이 옳다면, 내포된 일반화에 따라 당신이 내게 똑같은 짓을 행하는 것도 옳은 일이 될 것이다. 그렇지만 당신이 나의 지갑이나 돈주머니를 훔치는 짓에 반대할 이유들을 갖고 있기 때문에 나는 내 자신이 그런 식으로 행동하는 것은 옳지 않다는 점을 인정해야 한다.

황금률은 그것이 인류 평등주의적 특징들을 확대하는 방식의 한 가지이기 때문에 대화의 이러한 단계에서 받아들일 만한 조처이다. 소크라테스도, 아울러 크리톤도 그들이 황금률을 고려한 이상 그것을 거부할 이유들을 갖지 못했을 것이다.

그러므로 우리가 플라톤의 『크리톤』에서 얻을 수 있는 교훈이라면 도덕철학의 '최초의 배경'은 이상화된 대화라는 점이다. 이 대화 안에서 둘 또는 그 이상의 개인들은 어떤 행위가 일반적으로 옳은지 아니면 그른지를 결정하기 위하여 서로에게 (적절한 종류의) 이유들을 말하게 된다. 그들은 그 대답이 자신들 모두에 대하여 공평하게 구속력 있음을 안다.

그러나 우리는 『크리톤』의 저자인 플라톤이 책의 복사 업무에 관여했음을 기억해야 한다. 그는 기원전 4세기 초의 수십 년 동안 복사물들을 아테네와 외지에 있는 친구들에게 회람시켰던 것이다. 이같은 결정은 다른 사람들로 하여금 감금된 독방의 고독함 속에서 일어났던 대화에 대하여 스스로 당사자가 되어보도록 이끌었다. 그리스의 독자들은 그들 모두라고는 할 수 없겠지만 많은 사람들이 호의를 가지고 이러한 논쟁들을 이해하며 평가할 수 있었다.

최초의 대화는 이처럼 아테네 감옥의 벽들을 뛰어넘어 시간적·공간적으로 멀리 떨어져 있는 개인들에게까지 다다를 수 있게 되었다. 오늘날『크리톤』이 영어로 뿐만 아니라 많은 다른 언어들로도 읽혀질 수 있다는 점을 생각해 보면, 우리는 최초의 배경이 도덕철학의 실천에 있어서 모든 부류의 당사자들을 포괄하는 일을 고려한다고 단언할 수 있겠다.

'도덕철학' 이라 불리는 실천 내지 행위로부터 원칙적으로 누가 포함되고 누가 배제되는 것일까? 확실히 대화가 고대 그리스인들에 한정되는 것은 아니다. 플라톤의 교재에 대한 논쟁은 적절한 번역들을 통하여 모든 나라의 사람들에게 접근 가능하다. 더구나 대화극에 등장하는 인물들이 남자들이라는 이유 때문에 도덕철학이 남자들에 한정되어야 한다고 생각하는 것은 잘못이다. 여성들은 효과 있게『크리톤』을 읽어 왔고 계속해서 그렇게 할 것이다. 소수 민족들 역시 배제될 수는 없다. 원칙적으로 인종 또는 언어 면에서 소수 그룹 출신의 사람들도 소크라테스에 의해 제시된 이유들을 이해할 수 있으며, 따라서 변론에 대하여 정당한 당사자들이다.

어느 누구도 자신의 종교적 신념 때문에 배제되어서는 안 된다. 다만 이런 사람들은 신앙에 (그리고 그러한 신앙을 가르칠 권한이 있는 사람들의 견해에) 기초를 둔 요구들을 제시하도록 요청받는 것이 아니라, 모든 이들에 개방되어 있는 전제들의 근거에 대하여 언급하도록 요청받는다. 일단의 사람들에 의하여 신앙에 기초한 전제(이를 테면 '인간은 신에 의하여 그의 모상대로 창조되었다')가 용인되는 것이 이른바 '윤리 신학' 과 같은 색다른 대화를 산출할 수도 있다. 여기서는 일단 이에 대해서는 논외로 하기로 한다. 모든 사람들이 그 출발점을 공유하지 않고 있기 때문이다.

반면에 당신의 개, 고양이, 사랑스런 돌고래, 지방 동물원의 코끼리는 확실하게 배제된다. 이같은 생물들이 『크리톤』을 읽을 수 없고 우리들을 그 논의들에 대한 비판적인 대화 속으로 끌어들일 수 없으며 자신의 행동에 대한 의무와 책임을 인정할 수 없는 이상, 우리는 도덕철학을 실천함에 있어서 동물들(또는 식물들이나 비유기적 물체)을 파트너로 포함시킬 수는 없다.

오늘날 동물들—적어도 고등 포유류 척추동물들—을 실질적으로 인간과 동등한 지위에 두려는 경향이 있지만,[5] 동물의 권리에 대한 주요 지지자들이 공공연하게 인정하는 바와 같이 "동물들은 도덕적 주체가 아니며, 따라서 도덕 주체가 지니는 어떤 의무도 가질 수 없다."[6] 우리는 도덕적인 문제들에 대하여 도덕적 주체와 연결지으면서 논의해야 한다. 왜냐하면 도덕적 동인(動因, agency)—옳고 그름에 관한 개념들의 지침 아래서 행동할 수 있는 역량—은 추상적인 개념들을 이해하고 그런 개념들이 등장하는 명제들을 용인하거나 부인할 수 있는 역량에 불변적으로 연계되어 있기 때문이다.

어린이들 그리고 심각하게 장애가 있는 사람들의 경우는 어떻게 보아야 할까? 어린이들의 경우 확실히 동물들의 경우와는 다르다. 좋은 환경에서 자라는 어린이들은 성인이 되고 훗날 자신의 삶에 있어서 대화에 관여하는 일이 원칙적으로 가능할 것이다. 그렇지만 그들이 도덕적 담화 속에 주어진 이유들을 스스로 터득할 수 있는 단계에 이르기까지는 부모와 스승의 도덕적 권위의 품안에 있는 것이 분별 있는 일이라고 본다. 도덕철학의 최초의 배경이 시간적으로 어떤 특수한 시점에 제한되어 있는 것은 아니기 때문에, 도덕적 주장에 대한 개인 간의 정당화라는 활동에서 어린이들을 포함하는 것은 실제로 그들이 향후 어른으로서 제시할 수 있는 응답이나 반대를 고려하는 일이 된다.

정신적으로 장애가 있는 이들은 어린이들과는 달리 그저 일시적으로 미숙한 상태에 있는 것이 아니다. 그들은 기본적인 인간 특성면에 있어서 현저하게 결함을 보인다. 그러나 우리가 지금까지 『크리톤』을 결코 읽어본 일이 없지만 사회적 및 경제적 여건이 유리하게 허용된다면 그것을 대체로 이해할 수는 있는 못 배운 사람을 원칙적으로 배제할 수 없는 것처럼, 마찬가지로 장애인들이 정상적인 인간이라면 그들 역시 원칙적으로 우리와 합류할 수 있을 것이다. 이것이 동물들에게는 맞지 않는다는 점은 유의해야 하리라. 설령 기본적인 개의 성질을 갖추지 못한 개가 정상의 개라 할지라도 그것은 여전히 도덕적 대화의 한 편이라고 할 수 없다. 정신적으로 장애가 있는 사람도 마다가스카르에서 볼리비아에 이르는 지역의 무식한 농민만큼 똑같이 도덕적 논쟁 안에서 배려받을 가치가 있다. 설사 슬픈 일이지만 특수한 사정으로 말미암아 그들 중 아무도 도덕철학을 실천하는 데 실제로 참여할 수 없을지라도 말이다. 이런 사람들을 고려하는 일이 예컨대, 만약 그들이 우리와 함께 그에 대하여 토론할 정상적인 능력을 갖고 있었더라면 원칙적으로 거부했을 어떤 행동에 대해서 도덕적으로 옳다고 받아들이는 일을 수반하지는 않는다.

다시 말하지만, 어떤 도덕 문제에 대하여 진리란 바로 여기에 있다는 결론에 이르는 일을 누가 결정하는가? 우리가 결정한다. 여기서 '우리' 란 우선 독자인 당신, 그리고 저자인 나를 가리키지만 또한 원칙적으로 추상적인 도덕 용어들을 이해하며 사상이 표현된 문장들에서 그것들을 활용할 수 있는 모든 사람들을 가리킨다. 그렇다면 '최초의 배경' 은 우리가 일정한 도덕적 주장들을 객관적인 논거들을 통해서 서로에 대하여 정당화하려는 상상의 대화인 셈이다.

로드맵

설사 우리의 목표가 도덕 문제들에 있어서 합의를 얻는 일이라 할지라도 우리가 그에 이르기 전에 관심을 두어야 할 영역이 있다. 보다 중요하고 기본적인 영역을 다루는 일이 이 책의 제1장에서부터 다섯 개의 장에 걸쳐 포함되어 있다.

제1장은 독자들이 늘 마음에 간직해 두어야 할 인간 행위에 관한 매우 일반적인 원리를 소개한다. 제2장은 인간적인 번영 내지 행복, 즉 모든 행위의 궁극적인 목표를 연대적으로 규정하는 선의 목록을 제안한다. 제3장은 제2장에서 소개된 선을 둘러싸고 일어나는 몇 가지 논쟁적인 문제들에 대하여 답변하고자 시도한다. 제4장은 선에 실제적으로 도달하기 위한 지침들을 공식화하며, 이들 중 몇은 삶의 기본 영역과 특히 도덕적인 영역을 연결짓는다.

제5장은 우리가 특정의 인간 행위를 이해하기를 원할 경우 짚고 넘어가야 할 문제들을 고찰하는 대화의 흐름에 관여한다. 한 행위의 핵심적인 특징들을 설명하는 것은 도덕 판단을 내리기 위한 초점을 제공함으로써 도덕적 사고에 도움을 주는 서술적인 업무가 그 주를 이룬다.

도덕 판단을 내리는 것이 도덕규범들을 필요로 하는 일이기에 제6장은 이같은 규범들에 대한 하나의 스케치를 묘사하며, 나아가 기본 자료들을 바탕으로 그것들을 정당화하기 위한 전략을 나타낸다. 제7장과 제8장은 정당화된 규범들을 임신중절과 안락사라는 두 가지의 격렬한 논쟁적 행위에로 적용하고 있다. 에필로그에 해당하는 제9장은 이 책에서 제안된 학설과 공리주의 및 도덕적 자유지상주의 이론들 간의 보다 상세한 대조를 위해 노력하고 있다.

책을 쓰는 저자는 이따금씩 자신의 작품 중 어떤 장(章)들이 독자의 입장에서 큰 손실 없이 지나칠 수 있는지를 은연중 나타내려고 한다. 하지만 이 책은 그 안에서 모든 단계들이 중요하게 여겨지는 단 하나의 광범한 논의를 지정하고자 한다. 물론 어느 독자가 과거에 그런 논의를 경험해 본 일이 있으며 그 이론의 요점에로 거슬러 올라가고자 할 경우, 그는 그것들을 제1장, 제2장, 제4장, 그리고 제6장에서 찾을 수 있으리라고 제안해 둔다.

이제 우리 대화의 출발점에로 나아가 보도록 한다.

주

1 『크리톤』은 플라톤의 대표적인 저술 가운데 하나이며, 또한 이 책 속에 등장하는 주요 인물의 이름이다. 이 책의 내용은 나라가 믿는 신들에 대하여 불경한 죄로, 그리고 젊은이들을 선동한 죄로 감옥에 갇힌 소크라테스와 그의 탈옥을 종용하는 동갑내기 죽마고우이자 부유한 후원자인 크리톤의 대화가 주를 이룬다. 70세의 소크라테스가 사형판결을 받은 지 한 달 뒤 크리톤은 아직 동트기 전에 감옥을 찾아 소크라테스와 대화를 나눈다. 가까운 친구를 잃게 되는 불행, 그리고 돈을 써서 친구를 구할 수 있음에도 불구하고 돈을 더 귀하게 여긴 나머지 친구를 구하지 못했다는 손가락질을 받게 될까 근심하는 크리톤에 대하여 소크라테스의 입장은 단호하다. 그는 크리톤에게 대중들이 뭐라고 말하는 것은 중요한 것이 아니며, 올바른 것들과 올바르지 못한 것들에 대해서 그리고 진리 자체가 말하는 바에 대해서 유념해야 한다고 응수한다. 법정에서의 대담한 자기 변호가 있었지만 아테네 사람들이 일단 합의를 거쳐 판결하였고, 이후 그들이 방면해 주지 않았음에도 조국과 법률의 뜻을 거스르며 감옥에서 나가려고 꾀하는 일이 과연 올바른지 아니면 올바르지 못한지 검토할 것을 촉구하는 것이다. 요컨대 그는 가장 중히 여겨야 할 것은 법질서를 망가뜨리면서까지 '사는 것'이 아니라 훌륭하게 사는 것, 즉 '올바르게 사는 것'이라고 강조한다. 이 대화편은 길지 않은 분량에도 불구하고 법의 준수와 관련하여 많은 논의거리를 후대들에게 주고 있다. 역자 주

2 *Crito*, 46b.

3 *Crito*, 48b–c.

4 *Crito*, 49d.

5 Singer (1975).

6 Regan (1983), 357. Regan (1993), 352에서 인용.

제1장

제일 원리

다른 사람들과 뭔가 이치를 따지려고 시도하려면 우리는 어디선가부터 시작해야 한다. 만일 내가 당신에게 진술 Q가 논리적으로 진술 P에서 나온다는 점을 보여주면서 당신으로 하여금 P가 사실이라는 데 동의하게 한다면, 나는 당신에 대하여 Q 또한 사실이라는 점을 설득하는 입장에 있다. 이 경우 P에 대한 우리의 동의가 적절한 출발점을 이룬다.

하나의 대화에 있어서 논의들은 대개 이러한 유형을 따르며, 『크리톤』 역시 예외는 아니다. 크리톤으로 하여금 그의 결론에 동의하게 하기 위하여 소크라테스는 크리톤이 먼저 그것들로부터 그의 (자신이 탈출한다는 것은 나쁘다는) 결론이 나오는 한 가지 이상의 진술들에 동의하도록 해야 한다.

이 장의 목적은 독자로 하여금 우리에게 더 많은 진전을 허용해 줄 무엇인가에 대하여 동의하도록 초대하는 데 있다. 만일 우리가 그 어떤 것에도 동의하지 못한다면 당신은 이 책을 덮고 쓰레기통에 던져버리는 (혹은 손해를 줄이기 위해 헌책방에 팔아버리는) 것이 낫다.

아마 당신은 대개의 경우, 나쁜 냄새를 풍기는 음식은 먹지 않는 것이 이치에 맞다는 점에 동의할 것이다. 만일 나쁜 냄새를 풍긴다면 그 음식은 상했을 가능성이 크며, 당신은 그걸 먹고 탈이 나는 일을 피하고자 한다. 당신은 또한 규칙적으로 운동하는 것이 (현실적으로는 움직이는 일 없이 빈둥거리면서도) 할 만한 값어치가 있는 일이라는 데도 동의할 것이다. 그렇지만 나는 당신에게 "왜 그것이 값어치 있는 일인가?"라고 묻는다. 그러면 당신은 아마도 이렇게 대답할 것이다. "왜냐하면 그 일은 건강을 지켜주기 때문에"라고.

우리는 이제 두 가지 점을 동의하는 것에서 시작해야 할 것 같다. 즉, 아픈 것은 나쁘고 건강한 것이 좋다는 점, 그리고 아프게 되는 것을 피하고 건강을 유지하려고 노력하는 것이 합리적이라는 점이다.

병이 우리에게 유일하게 나쁜 것은 아니며, 또 건강이 유일하게 좋은 것도 아니다. 우리는 수많은 좋은 것들과 나쁜 것들에 둘러싸여 있으며, 따라서 병이나 건강에 대해 합리적으로 갖는 정상적인 태도를 다른 것들에 대하여 취할 수 있다.

그러므로 나는 우리가 다음의 것을 동의해야 한다고 제안한다. '형식적 원리' (Formal Principle : FP)라 부를 수 있는 그것은 다음과 같다.

사람은 좋은(선한) **것을 추구해야 하며, 나쁜**(악한) **것을 피해야 한다.**

이야기를 계속하기 전에 우리는 이 원리에 대하여 몇 가지를 언급해둘 필요가 있다. 동사들('추구하다', '피하다')은 매우 다양한 행위들을 나타내는 것으로 해석되어야 한다. 전자의 경우는 예컨대 '얻기 위해 노력하다', '확보하다', '행하다', '조장하다', '수행하다' 등에 의하여, 그리고 후자의 경우는 '멀리하다', '삼가다', '그만두다', '버리다' 등에 의하여 대치될 수 있다. 이런 동사들은 우리 인간들이 어떤 것에 대하여 긍정적인 혹은 부정적인 입장을 취한 결과로서 의도적으로 수행하는 행위들을 묘사한다. 무슨 일을 하는 데 있어서 긍정적 또는 부정적인 입장을 취하면서 그것을 행하거나 또는 멀리하는 이유들은 각각 '좋은(선한)'과 '나쁜(악한)'이라는 낱말들 안에 함축되어 있다.

'좋은'과 '나쁜'이라는 말들이 여기서는 어떻게 사용되고 있는 것일까? 그것들은 확실히 평가적인 용어들이다. 만일 우리가 무엇인가에 값을 매기는 경우, 우리는 그것이 좋다고 말하거나 또는 반대로 그것이 나쁘다고 말한다. 여기서 우리가 고려하는 평가란 보통 도덕적인 평가와 관계없는 경우이다. 즉, 병이나 건강이 도덕적으로 나쁘거나 혹은 도덕적으로 좋은 것은 아니다. 우리는 누군가에 대하여 좋은 대학에 갈 것, 불량한 성적은 피할 것, 좋은 구두를 살 것, 나쁜 차는 처분할 것 등을 권고하는 경우 은연중에 이같은 원리에 끌리고 있는 것이다.

따라서 FP는 하나의 도덕 원리가 아니라 실천적 합리성에 관한 일반 원리이다. 보다 상세한 설명이 없는 경우 그것은 어떤 행위가 도덕적으로 옳은지 혹은 그른지에 대하여 우리에게 말할 수 없다. 그 일반성으로 말미암아 그것은 또한 어떤 선이 언제 추구되어야 하는지에 대하여 열린 대로 두고 있다. 때로는 내가 나의 선을 추구하는 것이 합리적이며, 때로는 다른 누군가의 선을 추구하는 것이 합리적일 수 있다. 이 원리는 내게 각각의 경우 내 손이 미치는 곳에 있는 모든 한 가지 선을 적극적으로 추구하라고 요구하지는 않는다. 넓은 의미에서 이 원리가 거부하는 것은 (누구에게나) 나쁜 것을 추구하는 일, 그리고 (누군가에게) 좋은 것을 고의로 무시하는 일이다. 그것만으로 이 원리가 실제의 갈등들을 해결하는 것은 물론 아니다.

'실천적' 이라는 용어는 여기서 표준적인 의미(이는 보통 '유용한', '당장 이용될 수 있는' 과 동일한 의미이다)로 의도되지 않는다. 나는 이 용어의 그리스적 뿌리에 의존하고 있다. 형용사 '실천적' 은 '행위' 에 관한 그리스어 praxis에서 유래한다. 이는 이 말이 철학에서 '인간의 행위에 관련된' 을 뜻하는 것으로 사용되어 온 이유이기도 하다. 그렇기에 '실천 이성' 은 우리가 그것을 실행하려는 어떠한 의도 없이도 스스로 고안한 것 혹은 이해한 것에 거슬러 행동하는 데 있어서 자신을 이끌어 줄 합리적 능력들을 사용할 수 있는 역량을 나타낸다. 아리스토텔레스는 이성의 두 가지 보다 큰 활용을 각각 '생산적 이성' 과 '이론적 이성' 이라고 불렀다.[1]

우리가 실천적 합리성에 관한 하나의 원리를 공식화했다고 말하는 것은 모든 인간의 행위가 그에 부합한다는 점이 아니라 모든 인간의 행위가 그에 부합해야 한다는 점을 주장하는 것이다. 좋지 않은 무엇인가를 추구한다거나 또는 실로 좋은 무엇인가를 피하는 것은 가능할 뿐만 아니라 극히 흔한 일이기도 하지만, 그러나 그것은 합리적이지 못하다. 만일 흡연이 건강에 좋지 않다면, 실천적 합리성의 기본 원리에 따라 담배 피우는 일은 일반적으로 불합리하다. 만일 강을 오염시키는 것이 강가에 사는 이들에게 나쁘다면, 강을 더럽히는 일은 일반적으로 불합리하다. 그러나 특별한 사례의 경우에 보상적(補償的)인 선이 있을 수 있으며(이를 테면 사람들은 담배를 피우면서 휴식을 취하며, 혹은 오염이 없는 경우 어떤 공장은 강가에 있어야 사람들에게 직장을 유지시켜 준다), 이는 우리로 하여금 비합리성이라는 부담을 수정하도록 이끌 수도 있다.

과연 우리는 실천적 합리성의 원리가 참되다는 점에 동의할 수 있을까?

우선 우리가 무슨 일을 하고 있는지 살펴보기로 하자. 우리는 우리가 그에 동의하기 때문에 그것이 참되다고 말하려는 것이 아니다. 두 사람이 필라델피아가 펜실베이니아 주의 수도라고 동의했다고 하자. 그러나 이 주장은 틀렸으며,[2] 그들이 동의했다고 해서 그것을 참되게 만들지는 못한다.

기본 조치는 반대 방향으로 움직여야 한다. 이상적으로 볼 때 우리가 무엇인가에 동의해야 하는 것은 '그것이 참되기 때문이다.' 그러므로 동의를 추구하는 우리의 노력은 우리가 동의하는 것이 실로 참되다고 생각하는 이유를 찾는 데 지향을 두어야 한다. 만일 우리가 해리스버그가 펜실베이니아 주의 수도임을 동의하는 데 의심스러워 한다면, 우리는 주 의회가 그곳에서 회합하는지 여부에 대하여 찾아내기를 바라는 셈이다.

우리가 선한 것을 추구하고 악한 것을 피해야 하는 것이 참되다고 생각하기 위해서는 어떤 이유들을 가져야 할까? 경험적 사실들에 대한 그 어떤 관찰도 우리에게 이같은 이유들을 제공하지 못할 것이 분명하다. 왜냐하면 그런 주장 자체가 경험적인 주장이 아니기 때문이다. 그것은 세계 및 그에 대한 우리의 체험에 관한 주장이 아니다. '경험적 주장'이란 관찰과 실험에 의해서 참되다고 (혹은 그릇되다고) 알려질 수 있는 진술을 뜻한다. 전형적으로 화학은 경험적인 주장을 하는데, 이것이야말로 화학을 전공하는 학생들이 실험을 요하며 그 결과들을 관찰하는 이유이다. 그러나 윤리학 과정을 위한 연구실은 없다.

실천 이성의 첫째 원리는 자연의 세계에 대하여 뭔가를 주장하거나 도시들 및 그 제도적 역할들에 대하여 주장하지 않는다. 그것은 세상에 대하여 아무 것도 주장하지 않는다. 우리가 살펴보았듯이 그것은 우리가 어떻게 행동해야 하는지에 대하여 주장한다. 그것이 우리에게 말하는 바는 좋은 것은 추구하는 것이 합리적이며 나쁜 것은 피하는 것이 합리적이라는 것이다.

만약에 어떤 사람이 이 원리를 거부하면서 X는 그녀에게 나쁘지만 그녀가 X를 추구하는 것이 좋다고 말한다면 어떻게 될까? 우리는 이를 설명하기 위해 몇 가지를 선택할 수 있다.

(1) X는 그녀에게 나쁘지만 그것이 Y에 도움이 되고 Y가 실제로 그녀에게 좋은 경우가 있을 수 있다. 다리를 절단하는 것은 나쁘지만 그것이 그녀의 생명을 구할 수 있다면 절단 수술을 받는 것이 합리적이다. 한 가지만 떼어놓고 생각할 경우 절단

은 확실히 누구에게나 나쁘다. 그렇지만 앞의 예에서 다리의 상태로 말미암아 모든 사항을 고려할 경우에 그것은 실제로 나쁘지 않다. 사실 절단 수술은 수단으로써 좋은 것이다. 따라서 위의 원리가 거부된 것은 아니다. 우리의 예에서 행위는 원리 자체의 요구에 따라 완전히 합리적이다.

(2) 양자택일의 입장에서 우리가 그 사람이 제 정신이 아니라는 것을 알게 된 경우이다. 위의 원리는 합리성을 위한 기준을 제공하기 때문에 (다수의 다른 낌새들을 보이며) 그녀가 그것을 거부한다는 것은 정신의학자에게 환자가 실제로 제 정신이 아니라는 점을 드러낼 수 있다. 자신에게 나쁜 일 또는 일관되게 자기 파괴적인 선택을 추구하는 것은 정신병원들이 막아야 할 행위이다. 우리에게 이 원리가 거짓이라는 점이, 그에 일관되게 따르지 않는 것은 어떤 심각한 심리적 혼란의 표시라는 점이 설명되지는 않았다. 특별한 경우에는 따르지 않는 것이 극히 정상적임을 주목하자. 우리는 종종 비합리적인 선택을 하지만 이것이 그 원리의 참됨에 대한 거부를 수반하는 것은 아니다. 그것이 보여주는 바는 그것은 하나의 규범적인 원리이지 기술적인 원리가 아니라는 점이다.

(3) 나쁜 것을 추구하는 것이 합리적이라고 생각할 수 있다는 이유에 대한 세 번째 설명이 썩 그럴 듯해 보이지는 않는다. 그렇지만 우리가 살펴보려 하는 바와 같이 그것은 우리에게 올바른 방향에서 주의를 환기시켜 줄 것이다. 그리스어에 있어 '좋은'과 '나쁜'에 관한 몇 가지 용어들 가운데 두 가지로서

각각 kalón과 kakón이 있다.[3] 이 두 낱말은 얼마간 서로 유사하기 때문에, 우리는 어느 학생이 언어 수업이 이루어지는 처음 몇 주간 이 두 낱말을 혼동하면서 실제로는 반대의 뜻을 의미하면서도 'X는 kakón이야'라고 말하는 경우를 상상할 수 있다. 다시 말하여 위의 원리가 거부된 것은 아니다. 왜냐하면 "X는 kakón이다. 그리고 당신은 X를 추구해야 한다"는 학생이 의도하는 바 이 원리에 거스르는 예가 아니기 때문이다.

위의 학생이 역설적인 주장(그녀는 그리스어 형용사를 잘못 이해하였다)을 하는 이유에 대한 설명은 하나의 주요한 단서를 제공한다. 왜냐하면 그것은 우리로 하여금 나쁜 것—우리가 실제로 그렇게 말하는 경우—을 추구하는 일이 합리적이라고 말하는 것이 왜 이상한지를 이해하도록 이끌기 때문이다.

이상한 점은 영어의 '나쁜'이라는 용어가 (다른 언어들에서 그에 상당하는 용어들과 마찬가지로) 피할 만한 가치가 있는 무엇인가를 한정하는 데 사용되어 왔다는 사실과 관계가 있다. 반대로 '좋은'이라는 용어는 추구할 만한 무엇인가를 권하는 데 사용되어 왔다. 그러므로 실천적 합리성의 원리를 거부하는 것은 그 핵심 용어들의 진정한 의미와 모순되는 것을 말하는 셈이다. 그것은 총각을 기혼 남자라고 여기는 것과 비슷하다.

그러므로 실천적 합리성의 첫 번째 원리가 참된 것은 그 용어들의 의미 덕분이다. 우리가 어떤 것이 좋다는 점을 (어느 언어로) 말할 때 우리가 얘기하고 있는 내용을 이해하는 사람이라면 그는 이 원리가 참되다는 것을 깨달을 수 있어야 하며, 나아가 우리가 그것을 도덕철학의 첫째 단계로 단정하는 일에 대해서 이의가 없어야 한다.

만일 위 원리의 참됨이 총각은 미혼 남자라는 진술의 참됨과 비슷하다면 우리는 원리 그것만으로는 그렇게 썩 도움이 되지 않음을 즉시 알 수 있다. 모든 총각들은 미혼 남자들임을 안다는 것이 파티 자리에서 한 여성에 대하여 그녀에게 말하고 있는 세 명의 남자들 중 누가 실제로 총각인지를 말하는 것은 아니다. 마찬가지로 좋은 것들이란 추구할 만한 가치가 있는 것들임을 원래부터 실제적으로 이해한다는 점이 우리에게 어느 것이 나를 위해 또는 다른 사람을 위해 참으로 좋은지를 말하는 것은 아니다.

이러한 불충분함을 알리기 위하여 나는 위의 원리를 '형식적'(formal) 원리라 칭하고자 한다. 내가 의도하고자 하는 바는 그것이 우리에게 어떤 것들이 좋은지를 결정해 줄 현실적인 기준들을 제공하지는 않는다는 점이다. 그것은 내 보트 밑에서 헤엄치고 있는 생물이 고래인 경우 그것을 포유동물이라고 주장하는 것과 비슷하다. 이것이 물론 틀린 말은 아니지만 그 말은 이 생물이 고래인지 아닌지에 대하여 표현하고 있지는 않다.

주

1 Aristotle, *Metaphysics*, 6.1.1025b25.

2 펜실베이니아 주 수도는 해리스버그(Harrisburg)이다.역자 주

3 고대 그리스의 작가 헤시오도스는 신들의 계보를 정리한 『신통기』(神統記, *Theogonia*)를 썼다. 여기에 나오는 최초의 여성이 kalón kakón이다. kalón은 '아름다운' (beautiful)을, 그리고 kakón은 '사악한' (evil)을 의미한다. 그렇다면 kalón kakón은 '아름다운 사악함' 혹은 '사악한 아름다움' 이라는 뜻이 된다. 이는 본질적으로 아름다우면서 제한적으로 사악하거나, 또는 제한적으로 아름답지만 본질적으로 사악하거나, 아니면 본질적으로 사악하면서 동시에 아름다운 경우일 것이다. 달리 말하여 이는 일종의 모순어법인 셈이다. 현명한 바보, 흠을 지닌 채 나무랄 데 없음, 천천히 서두르기 등은 이같은 모순어법의 예들이다.역자 주

제2장

실천적 합리성의 보충 원리들 : 기본적인 인간의 선

우리는 이른바 도덕철학의 담론을 시도하면서 FP, 즉 행위의 합리성을 위한 형식적 원리를 정하였다. 그리고 그것이 참되다고 생각할 이유들을 발견하였기에 그에 동의하였다. 그 핵심 용어들의 의미는 우리로 하여금 그것이 거짓일 수 없음을 확신시키고 있다. 만일 우리가 추구할 만한 가치가 있는 것을 좋다고 부르고자 한다면, 우리가 이성이 있는 존재로서 그것을 추구하는 것이 당연하다고 말하는 것은 거짓일 수 없다.

이제 당신은 자연스럽게 다음과 같은 질문들을 던질 것이다. 어떤 것들이 좋은가? 당신은 좋은 것과 나쁜 것을 어떻게 분별할 수 있는가? 더구나 누구를 위해서 좋은가?

이런 것들은 소크라테스, 아니 그 이전 시기 이래로 활발하게 논의되어 온 매우 어려운 문제들이다. 우리는 모두 무엇이 우리에게 좋은지 혹은 좋은 것으로 입증될지 알기를 원한다. 만일 어떤 여행이 불길할 것이라는 점을 미리 안다면 우리는 그 여행을 시도하지 않을 것이다. 만일 당첨 복권의 숫자를 미리 안다면 우리는 그것을 (물론 FP와 일치하여) 구매할 것이다.

그런데 우리가 좋은 것들을 감정하는 데 있어서 직면하는 첫 번째 장애물은 우리가 미래에 대하여 모른다는 점에 있다. 우리는 향후의 성과들에 대해서 내기할 수 있고, 과거의 경험을 토대로 합리적인 추측을 할 수 있으며, 바라는 목표를 향하여 옳은 조치를 취할 수도 있지만 절대적으로 확신할 수는 없다.

이미 언급한 바 있지만 우리에게 놓인 두 번째 장애물은 우리가 방대한 양의 좋은 것들에 둘러싸여 있다는 점이다. 사실 대부분의 것들(어쩌면 모든 것들)은 그들에게 좋은 측면을 가지고 있다. 그것들로 하여금 사람의 마음을 끌게 하는 무엇인가가 늘 있게 마련이며, 때때로 그 매력은 과식 후에 이어지는 배탈처럼 그에 따르는 불편함에 압도되어 끝나기도 한다. 간혹 어떤 것들은 노골적으로 오해를 사기도 한다. 자동차 판매인이 당신에게 레몬을 팔려고 시도한다고 하자. 레몬은 아름답고 밝은 빨간색으로 변할 수도 있지만 며칠 이내로 떨어져 내릴 수도 있다.

이렇게 많은 좋은 것들은 '겉모양만 좋은 것들'일 뿐이다. 그들의 매력적인 측면이 결점들을 감추고 있다. 분명히 우리가 원하는 것은 진정으로 좋은 것들, 좋게 여겨지면서도 또한 관계 분야에서 결점이 없는 것들이다.

외관상으로 좋은 것과 진정으로 좋은 것의 구별을 제안함으로써 나는 이미 오늘날 널리 이해되고 있지만 고대 그리스인들에게도 알려졌던 견해에 거슬러 먼저 움직인 셈이 되었다. 내가 의미하는 바는 앞서 제1장에서 암시되었던 주관주의적 견해이다.

선에 관하여 주관주의적 명제(Subjectivist Thesis : ST)는 다음과 같이 공식화될 수 있다.

만일 X가 A에게 좋게 보인다면 X는 A에게 좋다(유익하다).

일견하여 이 견해가 매력적인 이유는 그것이 개인의 관심사를 다루며 그를 위해 소중한 자율성을 보호하는 것처럼 보이기 때문이다. 여기서 '자율성'에 관하여 나는 각 개인들이 다른 이들로부터 온정주의적인 간섭 없이 자신의 고유한 선을 결정하고 선택하는 특권이라고 생각한다.

나는 뒤에서 자율성의 선택 측면에 대하여 다루고자 한다. 주관주의적 명제(ST)는 단지 결정 측면에 대해서만 설명한다. 즉, 나는 내게 좋은 것을 결정하고 당신은 당신에게 좋은 것을 결정한다! "나는 누군가가 내게 좋은 것을 말해주길 원치 않는다"는 것은 우리가 종종 듣는 (혹은 스스로를 길들이는) 말이다. 이는 전적으로 개인주의를 지지하는 기특한 음색처럼 들리지만 확실히 참되지는 않다. 내게 좋은 것처럼 보이는 것도 단지 내가 실수할 수 있다는 이유만으로 실제로는 내게 좋지 않을 수 있다. 실로 자신을 속이는 일의 가장 악명 높은 영역 중 하나는 자기의 고유한 선에 관한 영역이다. 내가 뭔가를 몹시 탐내고 있을 때, 나는 그것이 나 자신의 선을 위한 것이 되리라는 점을 어렵지 않게 확신한다. 어떤 사람들은 아름답고 밝은 빨간색의 '레몬들'을 산다고 알려져 있다.

무엇이 나에게 좋은지 또는 가장 이로운지를 아는 것보다 누군가가 더 열악한 입장에 있을 경우에 사정은 그럴 수 있다. 나는 이런 종류의 판단을 내리는 데 있어서 일반적으로 더 나은 처지에 있을지 모른다. 그렇지만 누구든 이같은 판단이 잘못될 수 있음(즉, 어떤 사람에게 좋은 것처럼 보인다고 해서 반드시 그에게 좋은 것은 아님)을 인정하는 사람이라면 ST가 거짓이라는 점을 인정하게 된다.

나는 내가 실수를 하였지만 그것은 다른 사람의 실수가 아니라 나의 실수라고 여전히 강변할 수 있다. 또 의심의 여지없이 이런 태도 안에 유용성이 없지는 않다. 그렇지만 합리성은 내가 좋은 것처럼 보이는 것이 아니라 좋은 것을 추구해야 한다고 요구한다. 따라서 일단 나 자신이 실수할 수 있음을 인정한다면, 나는 합리성이 나에 대하여 혹시 저지를지도 모를 실수들을 찾아서 고치려고 힘써야 한다고 요구하고 있음을 깨닫게 되는 것이다.

이처럼 가장 중요한 영역에서 잘못을 저지르는 일을 피하기 위해 우리는 무엇을 할 수 있을까? 우리는 어떤 것이 진정으로 좋은 때를 혹은 외관상 좋을 뿐인 때를 어떻게 식별할 수 있을까?

우리가 필요로 하는 것은 하나의 기준이다. 우리는 '기준'이라는 말을 체[1]나 여과기처럼 기능하는 것—즉, 보다 큰 자갈들을 보다 작은 돌들로부터 분리시켜 주거나 또는 고체로부터 액체를 분리시켜 주는 기구—에 대하여 은유적으로 사용한다.

좋은 것들과 나쁜 것들, 좋은 것들과 좋아 보이는 것들을 구별하기 위한 (그것도 유일한) 기준을 발견하고자 기대하는 것이 현실적일까? 몇몇 철학자들은 이 문제에 대하여 긍정적으로 답하면서 그럴 듯한 산출물을 선보였다. 예컨대 영국의 철학자 벤담(Jeremy Bentham)에 따르면 쾌락 자체가 선이며, 그것은 선에 대한 파생적 사례들을 결정하기 위한 기준으로서 작용할 수 있다. 만일 어떤 것이 본질적으로 유쾌한 것이거나 또는 쾌락의 원인 내지 수단이라면 그것은 선하거나 가치가 있는 것이다.

이같은 관점에 열중할 경우 여러 가지 어려움들이 있는데, 그 중 가장 중요한 것은 쾌락이라는 개념 자체와 관계가 있다. 우리는 뒤에서 이 논점에 대하여 다룰 것이다. 우선은 선에 관하여 한 가지 기준을 발견하는 일의 전망에 대해서 의심을 두고자 한다. 만일 우리가 주위를 둘러볼 경우 우리를 둘러싸고 있는 많은 좋은 것들이 서로에 대하여 상당히 다르다는 점을 알게 될 것이다. 좋은 차들, 좋은 학급들, 좋은 직업들, 좋은 박물관들, 좋은 친구들 등등이 있다. 우리는 그것들에 대하여 좋다는 특성을 부여함으로써 그 모든 것들을 찬양한다. 그러나 만일 왜 뉴욕에 있는 메트로폴리탄 박물관이 좋은 박물관이며 메르체데스-벤츠가 좋은 차인지 질문받는다면 우리는 꽤 색다른 답변들을 할 것이다. 두 경우 모두 쾌락을 주기 때문이라고 말하는 것은 무척 막연하고도 불충분한 답변이다. 우리는 첫째 경우에는 그곳에서 볼 수 있는 어떤 예술 작품들에 대하여, 두 번째 경우에는 엔진의 내구성에 대하여 언급할 것이다. 박물관을 방문한 사람들과 자동차를 운전해 본 사람들이 경험하는 쾌락의 감정이 우리에게 박물관이나 자동차의 좋음에 대해서 많은 것을 말하지는 않는다.

기준들(복수 형태에 주목하실 것)은 사물들의 종류에 따라 크게 다르다. 모든 종류들에 걸쳐 통용되는 좋음에 대한 단 한 가지의 기준이란 없다. 마찬가지로 기본적인 인간의 선이 한 가지 기준을 적용함으로써 식별될 수 있으리라고 기대할 이유는 없다. 그러므로 내가 펼치고자 하는 전략은 다수의 기준들이 있다는 점을 가정하는 일, 그리고 그것들이 하나로 환원될 수 있다는 견해에 대하여 의심하는 일이다.

이 기준들은 흔히 추론을 위한 전제로서 활용될 수 있는 일반적인 명제들에 의하여 표현된다. 하나의 예를 들어보자. "2로 나누어지는 숫자는 짝수이다." 이 명제는 다음과 같은 추론을 위한 출발점의 역할을 한다. 즉, "숫자 6은 2로 나눠질 수 있는 특수한 예이다. 그러므로 6은 짝수이다."

나는 우리로 하여금 진정으로 좋은 것들과 외견상으로 좋은 것들을 구분하게 해줄 기준들에 관하여 유사한 유형을 받아들이고자 한다. 이 유형은 다음과 같다.

> X는 기본적인 인간의 선이다. 그리고 만일 Y가 X의 한 가지 사례라면 Y는 진정으로 좋은 것이다.

X의 대용(代用)들을 발견하는 일은 하나의 도전이다. 그것들은 인간의 번영에 대하여 기본적인 성분임을 나타내는 일반적인 용어들이어야 한다. 기본적인 인간의 선과 선한 생활과의 관계는 대충 파스타와 이탈리아식 식사와의 관계와 같다. 파스타는 이탈리아식 식사의

주요 성분 중 하나로서 많은 특별한 것들(스파게티, 페투치네, 토르텔리니[2] 등)을 가장하여 선보일 수 있다. 파스타 없는 식사를 이탈리아 요리의 산물이라고 말하기 어렵듯이 기본적인 인간의 선들을 전적으로 결여한 삶을 훌륭한 삶이라고 말하기는 어렵다.

나는 기본적인 선들의 후보들을 제시할 것이며, 당신은 나의 목록에 동의하는지의 여부를 결정해야 한다. 나는 당신에게 동의할 이유들을 들어야 할 것이지만(동등한 사람들 간의 합리적인 토론으로서 도덕철학의 본질을 상기시키는 일) 이유들을 대기가 쉽지 않을 것이다. 왜냐하면 대체로 사람은 각각의 기본적인 선을 넘는 보편적인 무엇인가에 대해 어필하기 어렵기 때문이다. 이따금씩 나는 '잘 사는 것' 이라는 일상적인 개념에 호소할 것이다. 특히 비교적 논의의 여지가 없을 것으로 보기에 광범위한 동의를 요구할 수 있다고 기대하는 경우들에 있어서 그렇게 할 것이다.

한편, 각 원리가 참되다고 주장하기 위하여 관련된 용어들의 의미에 의존하는 것은 (내가 FP의 경우에 그랬던 것처럼) 확실히 정당하지 못하다. 상황은 앞에서 든 예의 여성의 경우와 비슷하다. 기억하는 바와 같이 그녀는 '총각' 이라는 용어를 통해서 총각이란 결혼하지 않은 남자라는 것을 안다. 그러나 만일 그녀가 그 남자와 어떤 관계를 진전시키기를 바란다면 그녀는 그 남자에 대해서 뭔가를 더 조사해 본 다음 "내게 음료수를 건네는 저 멋진 녀석은 총각이야"라고 말해야 한다. 이 진술은 그릇된 것일지 모른다. 설사 그것이 사실이라 할지라도 '총각' 과 '내게 음료수를 건네는 멋진 녀석' 이라는 표현들의 의미에 의해서 참인 것은 아니다. 그것이 참이라고 생각해야 할 이유들은 비언어적이어야 한다. 즉, 아마도 그는 결혼 반지를 끼지 않은 세 명 가운데 유일한 한 사람이거나 혹은 그녀가 수년간 그를 알고 있는 누군가로부터 그가 미혼임을 알아냈거나일 것이다. 어쨌든 여기서 말의 의미는 충분하지 못하다.

우리는 어떤 식으로 주장해서는 안 되는지를 안다. 우리가 어떤 식으로 주장해야 하는지는 단지 그것을 해봄으로써 가장 잘 드러난다. 기초적인 것으로부터 시작해 보기로 한다.

(P. 1) 삶은 인간의 기본적인 선이다.

여기서 '삶'이란 영양분을 섭취하고 성장하는 등 인간 유기체의 전형적인 기능들 안에서 나타나는 기본적인 생물학적 수준에서의 인간 생활을 의미한다. 어떤 유기체가 인간인지 아닌지는 그것이 인간의 완전한 표준 염색체 조합을 가지고 있는지, 또는 인간의 유전학적 이상으로 간주되는 어떤 일탈이 있는지의 여부에 달려 있다. 난자나 정자는 홀로 자격을 얻지 못한다. 우리가 알고 있듯이 그것들 중 어느 것도 완전한 조합을 갖고 있지 않다. 그것이 다른 생명체의 부분이 아니라 스스로의 자기 발전적인 생명을 가지고 있는 완전한 유기체인지 여부도 또한 중요하다. 발가락, 종양, 핏방울 등은 필수 염색체를 지닌 세포들을 가지고 있지만 그 어느 것도 완전한 유기체는 아니다.

나는 생물학자가 아니며, 따라서 이러한 정의들이 엄밀한 과학적 연구에 어쩌면 모호하고 부적절할 수 있다. 그렇지만 누군가가 죽을 때 일어나는 일을 이해하는 데에 그것들은 충분하다. 즉, 기본적인 생물학적 기능들의 정지가 있고, 그로 말미암아 모든 다른 보다 높은 기능이 정지된다. 인간으로서 우리는 전적으로 놀라울 만큼 복잡한 (그리고 연약한) 기능—이 같은 기능들은 우리의 신체 안에서 대부분 무의식중에 실행된다—체계에 의하여 유지되고 있는 것이다.

이것들은 모두 기술적인 진술들이기에 엄밀히 보면 도덕철학의 부분이 아니다. 이제 이런 내용들을 선과 악이라는 개념 아래 고찰함으로써 도덕철학에로 넘어가 보기로 한다.

당신은 이 글을 읽으면서 당신이 죽어야 한다는 데 동의하는가? 나는 당신이 그렇지 않으리라 짐작한다. 내가 그러하듯이 당신 역시 죽음이란 두려운 것이라고 생각할 것이다. 그것이 당신 자신의 죽음이든 당신의 남자 친구, 여자 친구, 배우자, 자녀, 어머니 등등(이 목록은 끝없이 계속된다)의 죽음이든. 당신은 살인범에 대하여 사형을 집행하는 일조차 소름끼치는 일이라는 점에 동의할 수 있을 것이다. 만일 당신이 사형에 대하여 찬성한다면 당신은 그렇게 끔직한 일은 정확하게 그 개인의 죄값이라고 덧붙일 것이다. 죽음이란 한 인간의 최후의 소멸이요, 폐지로서 궁극적으로 악이며, 궁극적으로 우리가 피하길 바라는 것이다.

이와 대조적으로 삶은 우리가 자신의 생일이나 다른 이들의 생일을 축하하면서 은연중에 시인하는 것처럼 즐기고 축하할 만한 가치가 있는 좋은 것으로 나타난다.

살아 있음이 유일한 선은 아니지만(우리는 단지 살아 있음을 넘는 많은 다른 좋은 것들을 가질 수 있다) 그것이 진정 첫 번째 선임에는 틀림없다. 그것 없이 우리는 다른 선들에 참여할 수 없다. 이런 의미에서 그것은 기본적인 선이다. 그것은 또한 스스로 지닐 만한 가치가 있다. 즉, 살아 있음은 좋은 것이다. 이같은 주장에 가장 가까운 유추는 건강 역시 동일한 방식으로 선이라는 점이다. 건강하다는 것은 본질적으로 평범한 선이지만 우리가 아플 경우 다른 선들을 추구할 수 없다.

나는 당신이 자발적인 안락사나 의사의 도움을 받는 자살을 지지하는 논의들을 지탱함으로 인하여 오늘날 사회적으로 용인되고 있는 반대에 쉽게 부딪칠 수 있으리라 확신한다. 산다는 것이 솔직히 나쁜 사람들의 경우이다. 우리는 뒤에서 안락사의 도덕성에 대하여 살펴볼 것이다. 지금 중요한 것은 몇몇 사람들에게서 삶이 오히려 악으로 보이는 경우조차도 삶은 선이라는 것이 참인지의 여부이다.

왜 어떤 사람들은 자신의 삶을 나쁘다고 여길까? 왜 어떤 사람들은 죽기를 갈망할까? 삶을 나쁘게 만드는 것은 분명히 다음의 것들 중 하나 혹은 그 이상의 것이다. 만성적인 질환, 격렬한 육체적 고통, 극도의 빈곤과 궁핍, 고독함과 친구나 친척으로부터 버림받음, 무서운 범죄를 저질렀음을 깨닫게 됨(아버지를 죽이고 어머니와 결혼했던 오이디푸스처럼), 짝사랑이나 병적으로 우울함을 경험함 등 당신은 적절하다고 보는 것들을 이 목록에다 덧붙일 수 있을 것이다.

그렇지만 이런 목록은 필요하다. 왜냐하면 이같은 항목들을 고려하지 않는다면 우리는 한 사람이 어떻게 자신의 삶을 나쁘다고 간주할 수 있는지에 대하여 이해하는 데 당황할지도 모르기 때문이다. 만일 어떤 사람이 신의 섭리를 통해서 질환, 고통, 빈곤 등을 없앨 수 있다면 그 경우에도 삶이 그 사람에게 나쁘다고 말하는 것이 분별 있다고 보겠는가? 분명히 아니라고 볼 것이다. 왜냐하면 엄밀히 말하여 나쁜 것은 삶(삶이 생물학적 의미가 아닌 다른 뜻으로 이해되지 않는다면)이 아니기 때문이다. 나쁜 것은 질환, 고통, 빈곤 등이다. 삶 자체는 그같은 악과는 다른 것이기에 본래적으로 그것을 악이라고 결론지을 수는 없다.

다만 생각건대, 삶이란 그에 관한 모든 가치의 평가 내지 가치의 부인을 다른 선으로부터 끌어내는 순전히 중립적인 것이다. B가 파생적 혹은 수단적 가치를 가지고 있음을 입증하기 위하여 우리는 B가 A를 얻는 데 있어서 수단적이라는 점, 그리고 A가 본래적인 가치를 가지고 있다는 점을 보여주어야 한다. 한편, B가 때때로 C를 얻는 데 수단적일 수 있다고 가정해 보자. 만일 누군가가 C가 나쁘다는 것을 증명한다면 그는 B 역시 수단적으로 나쁘다는 점을 차례로 증명하게 될 것이다. 이제 B는 수단적으로는 좋기도 하고 나쁘기도 하게 될 것이지만 본질적으로 그 둘 다 아니다(이것이 '중립적'이라는 바로 그 의미이다).

어떤 것이 본래적인 가치를 갖는다는 점을 어떻게 상대방으로 하여금 납득하게 할 수 있을까? 만일 우리가 G는 본래적으로 선이라는 점, 그리고 D와 E, F는 그 어느 것도 부대적으로든 수단적으로든 G에 도움이 되지 않지만 G의 내면적인 성분들이라는 점에 동의할 이유를 가지고 있다면 우리는 또한 그것들이 본래적으로 가치 있다고 생각할 이유를 가지고 있는 셈이다. 우리 모두는 행복 내지 선한 생활이 궁극적으로 값어치 있는 것—그것이 무엇인가에 이르기 때문이 아니라 그 자체로서 선하기 때문에 소중히 하는 것—이라는 데 의심 없이 동의한다. 선한 생활이란 삶의 산출물 혹은 결과가 아니다. 그것은 완전하게 실현된 삶이다. 그러므로 삶은 선한 생활의 핵심적인 성분으로서(유일한 성분은 아니라 할지라도) 스스로를 위해 얻을 가치가 있다. 삶은 중립이 아니며, 죽음 역시 그러하다. 죽음은 인간의 궁극적인 목적과 전적으로 모순된다.

나는 또한 삶이 기본적 선이라는 점을 인정하는 것이 우리의 많은 일반적인 신념들—예컨대 피해자가 다른 선들과 관련하여 얼마나 잘못되었는가에 관계없이 살인을 가장 중대한 범죄로 간주하는 것—의 기초가 된다는 점에 대해 말하고자 한다. 실로 삶의 가치는 지금까지 우리의 모든 가치의 초석이 되어 오고 있다.

이런 관점은 상당히 만연되어 있다. 우리는 여러 제도들, 시설들, 운반기구들, 수단들에 둘러싸여 살고 있는데, 이런 것들은 오직 죽음이란 누구에게나 궁극적인 악이며 삶이 첫째가는 선이라는 공통된 신념을 바탕으로 해서만 이해될 수 있는 것들이기도 하다. 그렇지 않다면 응급실, 앰뷸런스, 구조용 헬리콥터, 산소 튜브 등을 갖고 있는 것이 과연 무슨 의미를 지니겠는가?

방금 언급한 바와 같이 삶과 밀접하게 관련되어 있으면서 그에 비슷한 선이 있다. 건강이라는 선이 그것이다. 이 선은 스스로 지각하고 느끼고 움직이는 일과 같은 훌륭한 신체적 활동 안에서 나타나고 있다.

다만 건강이 완전히 기초적인 역할을 하는 것은 아니다. 왜냐하면 그리 좋지 않은 건강 상태에서도 다른 비육체적인 선들(사랑과 헌신으로 당신을 돌보는 이들의 우정처럼)을 즐기는 일이 가능하기 때문이다. 물론 오랫동안 병에 시달리는 삶보다는 대부분을 건강하게 지내는 삶이 더 낫지만 말이다. 확신하건대 당신을 포함하여 대부분의 사람들에게 건강이 좋은 것이라는 점은 실로 자명하다. 여기서 '자명함'은 '기하학의 공리들과 유사함' (즉, 증명이 없이도 참이라고 쾌히 받아들여지는 명제들과 유사함)을 뜻한다.

사실 제1장에서 실천적 합리성의 원리를 소개하기 전에 나는 건강과 질병에 대하여 당신의 직관에 호소하였다. 분명히 말하지만 질병은 많은 장해, 괴로움, 비용, 기타 문제들을 일으키기 때문에 분별 있는 사람이라면 인간은 건강할 때 그 수단적 가치로 말미암아 한결 더 잘 산다는 점을 주저 없이 인정할 것이다.

물론 건강 속에는 우리가 부인하기 어려운 본래적 가치가 있어 보인다. 건강은 그것만으로도 활기찬 삶의 성분으로서 가질 가치가 있다. 다시 말하여 우리는 건강이라는 선에 대한 사회적 관심이 있다는 점을 설명하기 위해서 의과대학, 병원, 약국, 흡연금지령 등등을 지적할 수 있다.

생명을 보존하고 건강을 증진하는 일 이상으로 대부분의 사람들은 삶을 건강하게 전하는 일이 가치 있음을 인정할 것이다. 이러한 생각은 우리를 기본적 선에 대한 목록의 두 번째 항목으로 안내한다.

(P. 2) **가정은 인간의 기본적인 선이다.**

우리는 이제 논의의 여지가 있으면서 복잡한 하나의 주제로 들어가기로 한다. 가정은 오늘날 결혼이 놀랄 만한 비율로 실패하고 있다는 이유에서 활발한 논쟁거리에 해당한다. 그것은 불가피하게 가부장적이고 여성들의 복리에 불리한 남성 지배적인 제도라는 비난도 있다. 가정이 편부모 가구와 같은 새로운 장치에 의하여 대체될 수 있다는 것이다. 우리는 부모에게 많은 고통을 가하고 있는 자식들의 이야기, 반대로 자식들에게 고통을 주며 학대하는 부모들의 이야기를 종종 듣는다. 당신은 '댁의 자녀들에게 부담을 줄 정도로 오래 사십시오' 라는 오래된 스티커를 기억할 것이다. 어떻게 하면 가정이 선이 될 수 있을까?

누군가는 가정을 기본적인 선의 목록에 올리는 것에 대하여 다른 관점으로부터 이의를 제기할 수 있겠다. 사실 가정을 가지고 있지 않지만 멋져 보이는 사람들이 많으며, 이 책의 관점과 매우 유사한 윤리적 관점에 관련되어 있음에도 아랑곳하지 않고 가정을 갖기를 거절하는 종교인들—특히 가톨릭 교회의 성직자나 수도자들—도 있다.

우리의 전략을 잊지 않으면서 사실적인 질문들이 아니라 평가적인 질문들을 던져보기로 하자. 한 어린이가 더 좋은 환경에서 성장하는 것은 고아원에서인가 아니면 가정에서인가? 한 성인이 한결 더 좋은 삶을 사는 것은 상대와 성(性), 자녀, 동료애, 농담, 공동의 과제 등을 함께하는 사랑스런 배우자가 있을 경우인가 아니면 독신일 경우인가? 한 노인이 더욱 잘 산다는 것은 상냥한 딸을 차에 태우고 화학요법 수업 시간에 데려다 주는 경우인가 아니면 근심과 메스꺼움에도 불구하고 스스로 차를 타고 가게 해야 하는 경우인가?

가정을 하나의 기본적인 선으로 만드는 것에 대하여 다음과 같은 경우를 생각해 보자. 즉 어떠한 가족적인 연결이 없고 사랑하는 배우자나 가까운 친척도 없으며 삶을 고아원에서 시작하여 쓸쓸하게 끝내는 경우에 우리는 충분히 활기찬 생활에 대하여 거의 말할 수 없다. 가정을 하나의 기본적인 선으로 만드는 것은 가정이 선한 생활에 이바지한다는 점에 있는 것이다. 우리가 때때로 아프다는 사실이 건강이 기본적인 선이라는 주장을 부정하지 않는 것과 마찬가지로 가정생활에 실패하거나 또는 단지 가정을 가지고 있지 않는 것이 (의도적이든 혹은 형편상 그렇든) 가정을 갖는 일이 좋지 않다는 점을 말하는 것은 아니다.

가정의 실패에 관한 고찰은 우리가 분석하고 있는 복잡한 인간의 선에 대하여 중요한 측면을 드러낸다. 가정생활은 다른 선들, 특히 아리스토텔레스가 필리아, 즉 '친애'라고 부른[3] 공동체적 탁월함이 없을 때 실패한다. 배우자가 서로에 대하여 좋은 친구와 연인이 못 되는 경우, 부모가 그의 자녀들과 좋은 친구가 아니거나 혹은 부모들의 좋은 자식이 못 되는 경우, 아니면 그들 간에 좋은 형제자매가 못 되는 경우 가정은 분열된다. 가족애와 가정의 관계는 건강과 신체의 관계와 같은 것이다. 당신은 질병이나 사랑의 결핍에 대처해 나갈 수 있지만, 만약에 그 반대의 경우라면 훨씬 더 잘 살 수 있을 것이다.

그렇기에 사랑과 섹스, 출산, 아버지 노릇과 어머니 노릇, 친척과의 교류, 서로 의지함 등의 핵심 요소를 갖춘 가정은 우리가 스스로를 위하고 다른 이들을 위해 희망할 이유를 갖는 기본적인 선이 된다.

한편, 우리가 오직 가정 안에서만 사는 것은 아니다. 젊은이가 대학 진학을 하는 경우 집을 떠나 색다른 종류의 공동체로 들어가게 된다. 우리가 이해하는 바와 같이 집을 떠나는 일은 가족에서 빠져나와 선택하는 일과 같지는 않다. 학생은 여전히 가족의 구성원으로 있다. 아주 멀리 떨어져 있다 할지라도 말이다. 자신의 친척들이 모두 죽는다면 어떻게 될까? 그것은 정말 슬픈 일이지만 한편으로는 우리로 하여금 가정을 뛰어넘는 애정이라는 인간 선의 중요성을 깨닫도록 도와준다.

그러므로 다음과 같은 보충적 원리가 따르게 된다.

(P. 3) **친애는 인간의 기본적인 선이다.**

우리가 보아온 것처럼 이전의 선과 피할 수 없는 중복은 있다. 그러나 이제 우리는 가정이라는 좁은 한계를 명쾌하게 넘어서고자 한다.

대학생이 되면 동아리에 가입하고, 도시의 학교들에서 다른 이들과 자원봉사를 하며, 같은 전공의 학생들과 프로젝트를 개발하거나 전반적으로 대학 사회의 구성원이 된다. 이런 것들은 모두 공동의 목표를 통해 초래되는 공동체 내지 결사체의 형태들이다.

당신이 한결 더 잘 살게 되는 것은 그것들에 가담하는 경우일까 그렇지 않은 경우일까? 어쩌면 그것은 때와 형편에 달려 있을 수 있다. 당신은 스스로를 너무 경박스럽게 대하면서 학업에 소홀하지는 않는지에 대하여 고찰해 볼 필요가 있다. 어떤 선을 추구하는 일이 무의식적이고 기계적인 것일 수는 없다. 당신이 전체적인 맥락을 살펴야 하는 이유는 다수의 선들이 당신에게 어떤 대가를 요구할 수 있기 때문이다. 그런 것들을 효과적으로 식별하는 것도 하나의 선이며, 이에 대해서는 뒤에 다룰 것이다.

방금 고려하기로 한 선에 관하여 보다 확고한 기초에 입각하기 위해서 나는 당신에게 보다 좁은 형태의 관계를 고찰해 보도록 요구한다. 그것은 우리가 일상적으로 사용하는 '친애'라는 용어와 부합하는 관계이다. 이것이 의미하는 바는 당신과 (당신이 기꺼이 매일 만나고 다가가며, 그들이 도움을 필요로 할 경우에는 도와주고 당신이 아쉬울 때는 도움을 청하는) 몇몇 사람들 사이에 나타나는 종류의 관계이다. 이런 사람들에게 우리는 마음을 열어놓으며, 고민거리를 이야기하고, 좋은 소식이 있으면 전화를 걸기도 한다. 이런 이들이야말로 우리가 기꺼이 '친구'라고 부르는 사람들이다.

이러한 형태의 관계에는 세 가지의 핵심적인 요소들이 있다고 본다. 첫째, 열성적인 (격렬하고 에로틱한 것은 아닐지라도) 애정이다. 우리는 이런 애정이 있는 이들을 좋아하며, 그들과 함께하면 마음이 편안함을 느낀다. 둘째, 호혜성이다. 내가 누군가를 좋아하는데, 만일 그 사람이 나를 알지 못하거나 또는 나와 함께할 시간을 내지 않으려 한다든지 아니면 나에게 자신의 마음을 열지 않는다면 우리가 친구라고 말할 수 없을 것이다. 셋째, 서로가 가장 잘 되길 바라는 개인들이다. 친구란 상대방을 위해서 최선을 다하는 사람이다. 호의를 베풀도록 요구하면서 결코 그에 응답하지 않거나 노골적으로 나쁜 의도로 대꾸하는 일은 친애가 사라졌거나 혹은 결코 존재해 본 적이 없었다는 명백한 표지이다.

이 세 번째 요소는 다른 것들에 대해서보다 인간의 선에 대한 일반적인 동의를 훨씬 수월하게 확보하게 한다. 만일 한 친구가 당신이 잘 되기를 바라고 좋은 것들을 얻기를 원하는 사람이라면 당신은 친애가 당신에게 선이라는 점을 어떻게 부인할 수 있겠는가? 더군다나 설사 친구들이 스스로 희망하는 대로 행동하고 당신을 위해 봉사할 기회가 거의 생기지 않는다 할지라도 친구를 갖는 것이 어떻게 선일 수 없겠는가? 친애의 특성을 생각하면서도 그것이 본래적으로, 그리고 수단적으로 선이라는 점을 부인하는 일이 가능한가? 친구란 개인의 선한 생활에 있어서 결정적인 성분을 이루며 자신의 보다 직접적인 목적들을 확보하기 위하여 주요한 수단이 된다.

친애가 한 명 이상의 인간을 필요로 하며 상호 간의 선의를 수반하기 때문에 그것은 또한 공동체들의 선이 된다. 친애의 형태와 의식은 문화에 따라 다양할 수 있겠지만(예를 들어, 어떤 문화들은 새로 확립된 우정을 공식적으로 선언할 것을 요구한다) 그 유익한 효과는 모든 형태의 문화들에 공통된다.

친애가 없을 경우 공동체 안의 관계들은 단순한 정의의 수준으로 내려갈 수 있다. 즉, 상대방의 복리에 대하여 크게 열의를 표하는 일 없이 서로 간의 권리에 대하여 상호 존중해 주는 것이다. 그러나 친애에 따르는 애정이 없다는 것은 뭔가 중요한 것이 없음을 뜻한다. 정의마저 상실될 경우—사기, 기만, 경쟁, 차별 대우, 지배, 증오 등이 압도할 때—공동체들은 분리되기 쉽고 그 구성원들 역시 대개 상처를 받게 된다. 이것은 하나의 공동체가 더 이상 추구되는 목적이 없어서 해산되는 경우와 같은 것이 아니다. 테니스 클럽은 더 이상 테니스 경기를 원하는 사람이 없다면 그 자산 정리를 결정할 수 있지만, 때때로 한 공동체는 그 구성원들이 계속해서 공동의 목표를 추구하기를 바란다는 사실에도 불구하고 파괴되는 수가 있다. 하나의 성공적인 법률상사(로펌)가 두 당사자들이 신랄하게 싸우는 바람에 해산하는 경우를 생각해 보라.

그러므로 좁은 의미에서 친애는 분명히 하나의 선이다. 우리는 또한 정치 공동체에 이르기까지(그리스 사람들은 시민적 친애의 상실을 당시의 큰 악의 하나로 간주하였다) 우리가 참여하는 보다 큰 공동체들에서 친애가 우세한 경우 한결 더 잘 살게 된다. 물론 우리는 또한 국제 공동체도 포함해야 한다. 전쟁은 그 누구를 위해서도 선이 아니다(무기를 팔아서 돈을 버는 사람들에게조차도 그렇다는 것이 나의 지론이다).

공동체들 역시 연대적으로 고찰될 수 있는 두 개의 다른 기본적인 선들에 연결되어 있다.

(P. 4) **노동과 놀이는 인간의 기본적인 선들이다.**

여기서 '노동'이란 사람들이 그에 의해서 서로를 위해 재화와 용역들을 산출하고 그렇게 하여 생계를 유지하는 무수한 행위들을 뜻한다. 내가 강조하는 것은 노동이 모든 문화들에서 그런 것처럼 우리의 문화 안에서 많은 다양한 형태들로 나타날 수 있다는 점이다. 도로 한쪽에서 구걸하는 사람은 노동하는 것이 아니지만 기타를 치고 있는 사람은 노동을 하는 것으로 볼 수 있다. 만약에 그의 연주가 좋다고 인정될 경우에 사람들은 그에게 동전 몇 개라도 던져줄 것이다. 서비스가 있었고, 그에 대한 보답이 이루어진 셈이다.

노동은 흔히 썩 즐겁지만은 않다. 많은 이들이 자신의 직업을 싫어한다. 어떤 직업들은 보수가 많지 않으며, 사람들은 그것으로부터 도피하기를 원한다. 대부분의 사람들은 휴가기간이 다가오기를 바란다. 그렇다면 노동이 인간의 기본적인 선이라는 것이 어떻게 참일 수 있을까?

여느 때처럼 그 반대쪽 끝에서 문제 해결을 위해 바짝 달려드는 것도 괜찮다. 해고되는 것이 선일까? 오랜 기간 동안 실업 상태를 겪는 것이 선일까?

실업 상태에 있다는 것은 대개 소득이 없음을 의미하는데, 그것은 분명히 나쁘다. 우리가 소량의 물질적인 것들을 필요로 하는 것은 인생을 즐겁게 하기 위해서가 아니라 낮은 생활 수준에서라도 살아남기 위해서이다. 만일 당신이 독신인 데다가 확신에 찬 고행자라면 먹을 것을 사고 교통비를 치를 만큼 충분한 돈을 갖지 않는 것은 그저 나쁜 것으로 족하다. 그렇지만 당신이 가정을 가진 경우라면 그것은 솔직히 끔찍한데, 왜냐하면 당신은 사랑하는 가족들의 고통을 보아야 하기 때문이다.

소득이 끊기는 것은 참으로 나쁜 일이며, 따라서 실업 상태 그 자체는 나쁜 일이 아니겠는가? 당신이 실업 구제가 있는 나라에서 산다고 가정해 보자(세계에서 대부분의 사람들이 이같은 혜택을 갖고 있지 못함을 기억하실 것). 그런 상황에서 당신이 한결 더 잘 사는 것은 직업을 가진 경우보다 직업을 가지고 있지 않은 경우일까? 나는 그렇게 생각하지 않는다. 소득이 중요하지만 그것은 결정적인 요인이 아니다. 우리는 생계를 세울 필요가 없기에 억지로 어떤 의미심장한 행위를 찾지 않아도 될 만큼 아주 부유한 사람들에게 타격을 가할 수 있는 불경기에 대해서 들어본 적이 있다. (경고 : 백만장자인 것이 당신의 정신건강에 위험할 수 있음!)

학업을 포함하여 노동을 인간의 선으로 만드는 핵심적인 성분은 성취와 자기 실현을 경험하는 일인 것 같다. 작업 중에 우리는 적어도 우리의 몇몇 재능들을 활성화시키는데, 이는 개인적인 만족감을 얻는 근원이 된다. 자원(自願)해서 하는 일은 이러한 자부심의 근거에 이바지할 수 있기 때문에 돈에 의한 보수가 업무의 양호함에 본질적인 것은 아니라고 볼 수도 있다. 그러나 대부분의 우리에게 있어서는 월말에 있는 급료 지불 수표 역시 상당히 중요하다.

노동이 지니는 또 다른 주요한 측면은 그것이 우리를 여러 공동체들과 연결시켜 준다는 점이다. 우리의 일은 각자에게서 끝나지 않는다. 대부분의 우리는 주식회사, 연방기관, 작은 상사, 프로 농구팀, 철학과 등과 같은 제도들 안에서 일하는데, 가장 격리되어 일하는 제작자조차도 자신의 산출물을 누군가에게는 팔아야 한다. 그가 만든 상품이나 서비스는 다른 사람들에 의해서 평가되게 마련이다. 그렇기에 노동은 우리로 하여금 다양한 공동체들과 접촉하게 한다. 우리는 공동체들에 대하여 무언가 공헌을 하며, 그 대신에 봉급이나 감사 및 인정의 형태로서 무엇인가를 얻는다. 자원하여 일하는 사람들이 감사나 인정만을 얻는다고 해서 일의 핵심적으로 좋은 점들을 빼앗기는 것은 아니다.

우리는 일하는 것은 좋고 실업 상태는 나쁘다는 점에 대하여 동의할 수 있을 것이다. 이것이 우리의 삶에 있어서 노동을 최고의 가치로 삼는 것이 분별 있다는 점을 수반하는 것일까? 우리는 광적이고 무지막지한 일 중독자를 존중해야 할까? 나는 그렇게 생각하지 않는다.

기분풀이 또는 오직 그것이 재미있기에 무엇인가를 하는 일에도 가치는 있다. 만일 당신이 일로부터 결코 휴가를 갖지 못한다면 친구들과 함께 밖에서 농구공을 던져보라, 가까운 물가로 가서 수영을 해보라, 아이와 함께 연을 날리러 나가보라, 아니면 … . 목록은 매우 길어질 수 있다! 나는 그것을 '놀이'라는 명칭으로 묶어두고자 한다.

친애의 형태들이 문화에 따라 다양하다면 놀이의 형태들은 더욱 다양하다. 인류에 의해서 창안된 놀이의 형태들은 놀라우리만큼 여러 가지이다. 어떤 것은 경쟁을 일으키는데 다른 것은 그렇지 않고, 어떤 것은 고도로 조직화되어 있지만(예컨대 체스) 다른 것은 전혀 구조화되어 있지 않으며, 어떤 것은 매우 진지한 데 반하여 다른 것은 농담과 웃음을 수반한다. 무엇인가가 수익과는 상관없지만 매우 즐겁게 연주되고 있는 것을 볼 때(예를 들어 코미디 또는 아이리시 댄스를 공연하는 근린 집단), 당신은 분명히 놀이의 한 예에 직면하고 있는 것이다.

놀이 형태의 무한한 다양성이 우리로 하여금 그것이 인간 완성의 중요한 측면을 상징한다는 주장을 잊게 해서는 안 된다. 설사 놀이가 노동의 정반대처럼 보인다 할지라도 그것은 노동의 자연스러운 보충이 되어 끝난다. 놀이 없는 노동의 삶이 거의 사람의 마음을 끌지 못하지만 노동 없는 놀이의 삶 또한 그러하다. 노동이 없다면 놀이가 갖는 기분풀이의 측면은 헛될 것이며, 이에 노동은 놀이에 임하는 주된 이유가 된다.

노동과 놀이 중에 사람들은 미(美)의 산출이라는 목적을 지향하며, 이는 우리를 다음의 항목에로 이끈다.

(P. 5) 미의 경험은 인간의 기본적인 선이다.

다시 우리는 방대한 영역에 직면해 있다. 물론 미의 적극적인 산출(주로 예술가들에 의해 수행되는 업무)이 있고, 또 심미적 체험에 대한 순수한 향유(누구에게나 열려 있는 활동)가 있다.

아름다움은 많은 형태로—자연 속에서, 그리고 인간의 손을 통해 기교가 더해진 작품들 속에서—나타나기 때문에 색다르게 제시된 그 모든 것들을 상세하게 조사하는 일은 솔직히 불가능하다. 실제로 어떤 물체, 몸짓, 색의 농도, 또는 음악의 연주라도 아름다움을 표시할 수 있으며, 우리가 그것이 거기에 있다는 점을 깨닫기 위해서는 종종 또 다른 관점이 필요하게 된다. 어떤 의미에서 예술의 역사는 처음에는 그 누구도 발견할 수 있으리라고 생각지 못했던 아름다움을 점진적으로 발견하는 것이다. 근대의 산업혁명에 의해 산출된 것들 중 대부분은 최초의 사진사들이 크레인과 기계, 파이프와 탑의 놀랄 만한 심미적 특성들을 보여주기 시작할 때까지는 추한 것으로 지각되었다. 고전기로부터 낭만기, 현대 음악, 재즈, 록 등등(내가 등등이라고 덧붙인 이유는 음악분야에 대한 나의 한계 때문이며, 당신이 좋아하는 새로운 개봉 작품들로 이를 메울 수 있을 것이다)에 이르기까지의 음악의 진전에 대해서도 비슷한 이야기를 할 수 있겠다.

발전 가능성이란 무한적이다. 내가 동의하기를 권고하는 것은 삶은 아름다움(어떤 형태의 것이든)을 체험함으로써 풍성해지며, 그것이 없는 삶은 확실히 덜 바람직스럽다는 주장이다.

심미적 체험은 때때로 거의 순수한 지각의 수준에서 획득된다. 마치 여행 중에 도로가 우리로 하여금 어떤 산 근처에서 돌아가게끔 하다가 갑자기 광대하고 아름다운 경치에 직면하게 할 때처럼 말이다. 그 경치를 감상하는 가운데 어떤 직접적인 만족감을 느끼지 않기란 어렵다. 그렇지만 때때로 미의 체험은 상당한 기초적 준비를 요구한다. 그리스어로 호머(Homer)를, 러시아어로 도스토예프스키(Dostoevsky)를, 그리고 (물론 영어로) 셰익스피어(Shakespeare)를 즐기는 일은 오직 이런 작가들이 만든 걸작들의 아름다움이 빛을 발하도록 허용하는 종류의 지식에 시간과 정력을 투자하는 사람들에게만 가능하다.

하나 이상의 언어를 아는 것이 좋다고 여겨지는 이유는 그런 언어들이 우리로 하여금 심미적 체험이라는 선에 접근하게 할 수 있기 때문이다. 물론 우리가 너무 특수해질 필요는 없을 것이다. 대부분의 사람들은 외국어에 대한 지식 없이도 체험하기에 족한 아름다움을 가지고 있다. 그렇지만 그들이 어떤 지식이든지 그것 없이도 완성된 삶을 살 수 있을까?

나는 보통 때처럼 하나의 대담한 일반화에서 시작하여 그것을 정당화시키고자 한다.

(P. 6) 지식은 인간의 기본적인 선이다.

탐구와 지식이 목표로 하는 바는 진리이다. 만일 당신이 비판적인 안목으로 이 책을 주의 깊게 보고 있다면—즉, 당신이 어떤 오류와 잘못을 찾고자 하며, 여러 주장들이 참된지 아니면 그릇된지에 대하여 알기를 바란다면—당신은 이미 진리는 값어치 있고 하나의 선이라는 점을 인정하고 있는 셈이다.

배우는 학생으로서 당신은 일종의 전문적인 진리 탐구자가 되었다. 그러나 대학에서 공부할 만큼 행운이 있지 못한 사람들의 경우는 어떨까? 그들이 지식과 진리를 염두에 두고는 있을까?

어쩌면 그들은 화학에서의 난해한 이론이나 당신의 교수님이 프랑스 또는 이라크의 대외 정책에 대하여 행한 강의를 염두에 두지는 않을 것이다. 이러한 사실은 그들이 지식에 대해서 전혀 관심이 없다는 점을, 혹은 지식이 어떤 사람들에게는 아무런 가치가 없다는 점을 수반하는 것일까?

우리는 앞서 말한 선들의 경우에 있어서처럼 우리가 일반성에 관하여 매우 높은 수준에 있다는 것을 상기해야 한다. 노동, 놀이, 그리고 아름다움이 선이라는 주장은 그것들의 특수한 형식에 대하여 아무런 제한이 없다는 의미에서 모든 문화에 공유되어 있다. 노동과 놀이는 티베트의 농부와 미국의 컴퓨터 프로그래머의 경우 상당히 차이날 수 있다. 요점은 단지 이들의 일이 부분적으로는 노동으로서, 그리고 또 부분적으로는 놀이로서 이해될 수 있는 경우에 그들이 한결 더 잘 산다는 점이다.

우리가 많은 것들을 알 수 있지만 지식의 모든 가능한 항목들에 정통하게 되는 일에 똑같이 흥미가 있는 것은 아니다. 특히 정보가 기술적으로 폭발하는 시대에는 더욱 그렇다. 우리는 어떤 것을 아는 일에 대해 다른 것을 아는 일보다 더 열망한다. 만일 우리 모두 관심 갖고 있는 것들을 확인하고자 한다면 합리적인 출발점은 우리에게 좋은 것은 무엇이고 나쁜 것은 무엇인지를 알기 원한다고 말하는 것일 수 있다. 다시 말하건대 이런 지식은 분명히 문화 교차적이다.

무엇이 우리를 이롭게 할 것이고 무엇이 우리를 해롭게 할 것인지에 대한 통찰에 대하여 널리 공유될 수 있는 올바른 인식을 가져야 하는 이유는 모든 인간이 행위자이기 때문이다. 우리가 하는 일 없이 앉아 있을 수는 없다. 우리는 무언가를 해야 하며, X 또는 Y를 하기를 선택해야 한다. 더구나 우리가 살펴본 바와 같이 우리에게 좋다고 올바르게 결정한 것을 선택하는 경우에 우리의 선택은 합리적인 것으로 될 것이다.

우리는 잘못을 저지를 수 있으며, 이는 우리에게 무서운 결과를 초래할 수 있다. 따라서 우리는 X가 우리에게 좋은지 여부를 알기 원한다. 우리는 일정한 평가적 명제들을 통해서 표현된 행위의 선에 관한 지식을 '실천적 지식' (practical knowledge)이라고 이름붙일 수 있으며, 이제 다음과 같이 주장할 수 있다.

(P. 6a) **실천적 지식은 인간의 기본적인 선이다.**

이 선은 다른 선들에 대한 것이다. 실천적 지식의 실제에 관여하는 목적은 남겨져 있는 인간의 선들을 포괄적으로 그리고 특수하게 확인하면서 그것들을 달성하기 위한 전략들을 개발하는 데 있다. 실천적 지식의 한 가지 예는 우정이 인생에 있어서 얼마나 중요한지를 포괄적으로 깨닫는 것, 또 수많은 지인들 가운데에서 친구를 선택하기 위해 좋은 안목을 개발하는 것일 수 있다. 이미 시작된 우정을 키우는 일 역시 어떤 종류의 정책—이를 테면 순간적인 만족감을 뒤로 미루고 친구의 욕구에 따르는 일처럼—을 필요로 한다. 이를 깨닫는 것(아울러 그에 의거하여 행동하는 것)은 실제적으로 멋진 일이다.

사람은 때때로 자신의 결정에 직접적으로 영향을 가하지 않는 것들을 알려고 한다. 인도의 역사 또는 분자생물학에서의 최근 발견들에 대하여 더 많이 아는 것은 나에게는 해당이 없다 하더라도 일반적으로 좋을 것이다. 나는 많은 학문 및 이론들에 대하여 내 힘이 미치지 않고 있다는 사실을 안다. 그렇지만 내가 다른 극단에로 방향을 돌려볼 경우 나는 확실한 평가를 내릴 수 있다. 즉, 내가 무지의 상태에서도—내가 세상과 그 기본 구조, 그리고 그 표명의 다양성에 대한 생각들 속에 뒤죽박죽되어 있더라도—한결 더 잘 산다고 말할 수 있을까? 이론적 지식(그것이 나중에 기술에 대하여 영향을 주든지 주지 않든지 간에)은 인간으로서의 우리들을 실현시키는 그 어떤 것이 아닐까? 만일 그렇다면 다음과 같이 말할 수 있다.

(P. 6b) **이론적 지식은 인간의 기본적인 선이다.**

이 주장은 앞의 여러 주장들처럼 꽤 일반적이다. 이론적 지식은 여기서 폭넓게 그리고 실천적 지식에 반하는 것으로 이해된다. 그것은 실천적 사실들에 대한 지식으로부터 가장 추상적인 과학적 및 철학적 이론들에 이르기까지 모든 형태의 기술적인 지식들을 포함한다. 이론적 지식과 실천적 지식을 구별하는 열쇠는 전자가 스스로를 위하여 추구되는 데 반하여, 후자는 행위를 위하여 추구된다는 점이다. 전형적으로 하나의 이론적 명제가 세계에 대하여 무언가를 있는 그대로 진술하는 데 반하여, 실천적 명제는 그에 대하여 행위 지침의 힘을 부여하는 평가적 내지 규범적인 성분('좋은', '옳은', 기타 이와 비슷한 용어들로 표현된)을 포함한다.

보다 긴급한 다른 선들이 나의 시간과 재력을 요구하는 이상 이론적 지식의 모든 사례들이 내가 추구해야 할 합당한 대상인 것은 아니다. 때때로 나는 내가 결코 알게 되지 못할 무엇인가를—예컨대 천체물리학에서의 최근 발견들처럼—알아두면 좋으리라는 인식에서 만족해야만 한다.

만일 누군가가 적어도 이론적인 종류의 지식이 기본적인 선이라는 점을 부인한다면 어떻게 될까? 그런 사람은 필연적으로 역설에 빠지게 될 것이다. 왜냐하면 지식이 선이라는 점을 부정하는 것은 지식이 선이 아니라는 것이 참되다고 주장하기 때문이다. 이같은 주장은 확실히 지식에 대한 관심 및 오류를 피하고자 하는 의도를 무심중에 나타낸다. 그러나 이렇게 오류보다 진리를 존중하는 것은 지식을 무지보다는 나은 상태로 생각하는 것이다. 실제로 어떤 진실에 관한 주장—누구는 어떤 일에 대하여 옳다는 (그리고 다른 누군가는 그릇된다는) 주장—이라도 그것은 지식의 선을 가정하는 주장이다.

이런 관점에 대하여 보다 신중한 도전은, 지식이 일반적으로 좋지만 어떤 특수한 경우들에 있어서는 아는 것이 괴롭기 때문에 아는 것보다 알지 못하는 것이 더 낫다는 데 동의하는 사람들로부터 나온다. 이같은 시나리오의 하나는 주치의로부터 결국 병들었다고 진단받은 환자의 경우이다. 내 의견에 의하면 어떤 사람이 병들었다는 사실을 아는 것이 질병의 특징과 단계에 대한 이론적 인식과 마찬가지로 무지보다는 더 낫다. 즉, 그것은 그 사람의 호기심을 충족시켜 준다는 사실에 의하여, 그리고 그 실천적 함의로 말미암아 획득할 만한 가치가 있는 것이다. 불확실성으로 인하여 야기되는 두려움을 줄이는 것들, 그리고 죽기 전에 해결할 수 있기를 바라는 많은 것들이 있다. 즉, 대화를 나누어야 할 친구들, 풀어야 할 원한들, 찾아야 할 화해의 기회들이 그것이다. 내 생각에 이 모든 것은 인간을 위해 좋은 것들로서 기술적인(즉 이론적인) 종류의 지식에 의하여 가능하게 된다.

진실에 대하여 무지를 선호하는 비슷한 시나리오가 배반당한 친구 또는 배우자의 경우이다. 다시 말해서 나는 사람은 고통 내지 수고에도 불구하고 무지한 채로 있기보다는 명백한 사실들을 알고 있는 것이 한결 더 잘 사는 모습이라는 점을 주장하고자 한다. 만일 당신이 기만당해 왔음을 안다면 당신은 산뜻하게 새 출발을 할 수 있다. 속임수는 어떤 경우든 관계들을 타락시키는 경향이 있다. 이런 경우들에 있어서는 사실 종종 알지 않으려는 의도가 있다. 자신을 속이려는 강한 경향도 있다. 그러나 대체로 알지 않으려는 선택은 역설적으로 진실에 입각하고 있다. 어떤 특정한 것을 의지의 힘으로 알지 않기 위해서라면 당신은 지금 계속되고 있는 일에 대하여 적어도 의심을 하거나 혹은 공표를 해야 한다. 만일 그렇지 않다면 왜 당신은 특별한 사건 내지 일련의 사건들에 대하여 무지한 채로 남아 있기를 바라는가? 자기의 마음 깊은 곳에서 진실이라고 알고 있는 것을 모른다고 시치미 뗌으로써 자신의 고결함을 포기하는 것보다 사실들에 직면하는 것이 더 낫지 않을까?

그러므로 세상의 사실, 사건, 대상, 특징에 대한 비평가적 지식은 본질적으로 또 그 결과들로 말미암아 좋은 것처럼 보인다. 반복컨대, 이론적 지식에 관한 모든 항목들이 일반적으로 아울러 스스로 동등하게 가치 있는 것은 아니다. 분명한 것은 무지 및 오류의 상태 그 자체는 단순한 선택사항이 아니라는 점이다. 진리를 존중하지 않는 공공 생활은 더욱 그렇다. 우리의 정치가들이 무슨 일을 하려고 하는지, 내년도의 밀 생산량은 얼마나 될 것 같은지, 아무개 씨가 살해된 밤에 무슨 일이 일어났는지 아는 것이 좋을 것이다. 설사 그같은 지식 조각들에 따라 행동하지 않을 작정이라 하더라도 그럴 것이다. 대중들이 진실을 찾아내는 일에 반드시 성공하는 것은 아니지만, 실패를 용인하는 일은 결과적으로 지금까지 이뤄보지 못한 가치를 긍정하는 셈이 된다.

개인적인 자기 기만이 있는 것과 꼭 마찬가지로 진실로부터 숨으려는 집단적인 경향이 있을 수 있다. 자기들 가운데에 무슨 일이 일어나고 있는지—예컨대 조직적으로 실행되는 대량학살, 고문, 차별 대우, 자국의 폭력 등—알기를 바라지 않는 전체 국민에 대한 많은 사례들이 있다. 사실들을 묘사하는 일은 뭔가 조치를 취할 필요성을 야기하지만 이는 사람들이 피하려는 것이기도 하다.

자기 기만을 고려하는 것은 우리의 목록에 새로운 항목 하나를 이끌어 준다.

(P. 7) **고결함은 인간의 기본적인 선이다.**

이 원리가 추구하는 것은 내가 당장 도덕적 관점에서 평가하기에는 좀 복잡한 현상이다. 내가 의미하는 '고결함'이란 자신의 생각, 태도, 욕구, 감정, 발언, 행위 등이 산산이 흩어지기를 허용하지 않으며, 그것들로 하여금 일관성을 유지하게 하는 인간의 내면적인 조화를 뜻한다. 한 가지 일을 말하면서 철저히 다른 일을 행하는 것은 위선적이다. 즉, 그것은 자기 생각의 발언과 자기 행동의 실행이 서로 조화를 이루게 하지 못한다. 자기를 기만하는 것이 고결함의 결여를 가리키는 이유는, 그것이 알지 못하는 체하는 것과 가면을 쓴 채 알고 있는 것을 조화되지 못하게 하기 때문이다.

사실 고결함은 실천적 지식의 선으로 하여금 우리의 선택에 대하여 효과가 있도록 이끄는 일의 결과이다. 가족들과 보다 많은 시간을 함께하기 위해 보다 높은 급료를 포기하는 것이 좋을 것이라는 점을 단지 지적으로 아는 일은 그에 따라 행동하지 않는 경우라면 불충분하다. 실천적 지식은 본질적으로 우리의 행동을 직접 부추기기에, 우리는 실천적 지혜 내지 분별에 대하여 자신이 행하는 게 좋은 것이 무엇인지 정확한 목록을 생각하면서도 막상 그것들을 행하지 못하는 사람의 탓으로 거의 돌리지 않는다.

고결함이 하나의 선이라는 점은 우리가 고결함이 결여된 사람들을 사회적으로 비난한다는 사실에 반영되어 있다. 다만 보다 깊고 인간적인 수준에서 보자면, 고결함 및 내적인 조화가 자기 존중과 자기

사랑이라는 의식을 산출해낸다고 생각하는 것이 유익하다. 자신의 감정과 충동 그리고 욕망을 자신의 공언된 신념과 조화시키지 못하는 사람들(예컨대 술을 끊기를 원하지만 실패하는 알코올 중독자들)은 종종 결국에는 자신을 경멸하게 된다. 자신을 증오하는 삶이 좋을 수 없지는 않은가?

고결함의 사회적 분할들이 고결함 자체의 내적인 선과 똑같은 수준에 있는 것은 아니다. 그럼에도 불구하고 그것들은 선들이다. 고결한 이들에게 부여된 존경과 영예가 허약한 이유는 그것이 다른 사람들이 기꺼이 공개적으로 인정하려는 데 달려 있기 때문이다. 그러므로 영예 내지 비난의 여지가 없는 평판은 독자적인 선이라기보다는 내적인 조화에 대한 증거 형태의 하나라고 생각된다.

전통적인 도덕철학을 다루는 몇몇 학자들은 인간 선의 목록에서 항목 하나를 덧붙이기도 한다.

종교는 인간의 기본적인 선이다.

인간의 삶을 활기차게 하는 항목들 사이에 종교를 포함시키는 도덕철학자들은 대개 키케로(Cicero)와 많은 중세 사상가들을 따르고 있으며, 고로 신이 존재한다는 점을 합리적으로 입증할 수 있다는 가정에 대하여 근대의 비판을 예상하는 철학사의 한 시대에 의지하고 있다.

만일 신이 존재하지 않는다면 종교는—구원 및 사후 세계에 대한 희망이라는 이득 혹은 함께하는 예배가 주는 앙양된 즐거움에도 불구하고—어떤 가공의 선일 것이다. 그 내면 깊숙한 곳에는 그것이 넘겨줄 수 없는 무엇에 대한 어떤 약속이 있을 것이다. 종교를 바라보는 이러한 신조는 종교란 그 또한 완고함, 불관용, 광신의 형태들을 산출하는 경향이 있기 때문에 사실상 인간에게 매우 해롭다는 주장과도 관련이 있다.

이에 반하여 만일 신은 존재하지만 그것을 입증해내는 만족스런 논거가 없다면 종교가 하나의 선이라는 점 역시 여전히 자명한 것과는 거리가 멀다. 설사 이같은 증거물들을 찾는 일이 가능하다 할지라도 그것들은 매우 복잡한 형이상학적 논거의 형태를 취하면서 고도의 철학적 훈련을 요구할 것이며, 따라서 비전문가들이 그것들의 결론을 이해하기란 거의 어려울 것이다. 그런 경우 종교라는 선은 속인들에 대하여 형이상학적 증거물보다도 더 모호할 수도 있으며, 이는 우리의 목록에서 종교를 나머지 선들로부터 떼어놓게 할 수 있다. 실제로 인간의 선 각각에 대한 기대는 그것을 주의 깊게 고려하는 사람이라면 형이상학적 증명에 대한 필요성이나 가능성 없이도 누구에 의해서나 쉽게 받아들여질 수 있다는 데 있었다.

물론 어떤 이들은 종교적인 신앙이 신의 존재에 대한 신념과 종교의 선에 대한 신념 두 가지 모두를 정당화한다고 주장할 수 있다. 그러나 이런 움직임은 논의를 도덕철학의 발단에서 규정된 경계선 밖으로 둘 것이다. 그것은 우리가 모든 사람으로부터 그 교의에 대해서 찬성하도록 요구할 수 없는 지식의 영역, 곧 신학에로 진입하는 일이 될 것이다.

지금까지의 권고를 수용하면서 이제 우리는 인간의 고결함을 당신과 나, 그리고 누구든 그 관념들에 대하여 또 그것들이 우리의 삶에 미치는 방법에 대하여 약간의 성찰을 한 후에 받아들일 수 있는 기본적인 선들의 목록에서 마지막 항목으로 취하기로 한다.

주

1 체는 이물질을 골라내는 도구로서 가루를 곱게 치거나 액체를 받거나 걸러내는 데 쓴다.역자 주

2 스파게티는 가늘고 구멍이 뚫려 있지 않은 국수이며, 페투치네는 달걀을 많이 넣어 손으로 뺀 면으로서 약 1cm 정도로 얇은 파스타의 일종이다. 그리고 토르텔리니는 손으로 만든 파스타에 간 고기를 넣어 작은 링처럼 만든 파스타이다.역자 주

3 Aristotle, *Nicomachean Ethics*, 7–9.

제3장

기본적 선에 대한 일반 논평

제2장은 당신이 고려해야 할 인간의 기본적인 선 내지 인간 행위의 궁극적인 목표에 대한 목록을 제시하고 있다. 제3장은 이 목록에 무언가를 추가하지 않는다. 그 대신에 그러한 선들이 외적인 선, 행운의 선 및 인간 존엄성, 그리고 특히 인간의 궁극적인 목표(자유와 쾌락)라는 임무를 놓고 강력한 경쟁자로 여겨져 온 다른 선들과 어떻게 관련이 있는지를 우선적으로 명료화하고자 한다. 따라서 이 장은 그것이 산출할 수 있는 몇 가지 일반적인 문제들을 제기하기 위하여 원래의 목록에로 거슬러 올라가 생각하게 된다.

외적인 선과 행운의 선[1]

제2장에서 소개된 선들이 인간의 선을 꼭 들어맞게 나열한 것은 아니다. 다만 그것들은 기본적인 선으로서, 공동으로 탁월한 삶을 구성하고 있다. 한편, 우리는 기본적인 선들을 얻고 향유하기 위하여 다른 선들에 의존한다. 일정한 양의 물질적인 것들이 없다면 살아 있고 가족을 이루며 아름다움을 즐기고 지식을 습득하는 일 등은 불가능하다. 즉, 우리는 외적인 선들—우리로 하여금 달성하도록 허용하는 일에서 스스로의 가치를 끌어내는 선들—을 필요로 하는 것이다. 외적인 선들은 단지 수단적일 뿐이어서 본래적인 가치를 갖고 있지는 않다. 돈은 확실히 이같은 범주에 속한다. 돈은 본래적인 가치를 갖지 않기 때문에 재산을 얻는 일을 삶의 최고 목표로 삼는 것은 분별 없는 짓이다(다시 말하면 어리석다). 돈을 우리에게 나쁜 것들(이를 테면 마약이나 전복된 자동차)을 얻기 위하여 쓰는 것 또한 분별 없다. 그러므로 돈이란 중립적인 것이며 확실히 좋은 용도로 활용될 수 있다.

사람에게 내면적이면서도 수단적인 선들 가운데 그리스 철학자들이 '행운의 선'이라고 불렀던 것들을 인정하는 것은 적절하다. 비교적 안정되고 조화로운 가족, 아름다움과 무엇보다도 건강 면에서 적절하게 좋은 체격, 일정 수준의 천부적인 지적 재능과 균형 잡힌 심리적 구성을 갖추고 있는 것 등이 행운의 선에 속한다. 설사 우리가 처음부터 이런 선들을 결정지을 수 없다 할지라도(우리는 살아가면서 그것들을 부분적으로 수정할 수 있다) 분명한 것은 우리가 기본적인 선들에 접근하기 위하여 이같은 선들을 필요로 한다는 점이다. 감수성이 제한되어 있는 사람은 심미적인 즐거움의 정점에 거의 도달하기 어렵고, 지능지수가 낮은 사람이 보다 고차적인 수준의 이론적 지식에 접근할 수는 없으며, 심리적으로 균형 잡혀 있지 못한 사람은 친구를 사귀는 데 고생을 하게 마련이다. 이런 예들이 보여주듯이 행운의 선들이 목표는 아니다. 그것들은 우리가 선한 삶을 추구하는 데 있어서 임의로 조정하기 위해 가지는 자질이다.

자유

여러 선들의 별자리 안에서 그 위치를 정확하게 지적하기 어려운 또 다른 종류의 선이 있다. 바로 자유라는 선이다.

자유는 대부분의 기본적인 선들을 누리기 위한 필수 조건으로서 작용한다. 법적으로 자유롭지 못한 사람은 몇몇 기본적인 선들을 향유할 수 없으며, 정신병리학적 상태로 인해 심각하게 부자연스러운 사람의 경우도 마찬가지이다.

나는 우리가 형이상학적 의미에서 자유롭다—즉, 세계가 우리를 엄밀한 결정론에로 복종시키지 않으며, 우리의 선택들이 일련의 선행하는 물리적 원인들에 의해서 (아마도 우리가 모르는 사이에) 우리에게 전부 강요되는 것도 아니다—는 점을 입증하는 것이 윤리학 저술가들의 의무라고는 생각하지 않는다. 도덕철학자는 인간이 자유롭다고 가정해야 한다. 그렇지 않으면 그의 주제가 사라질 것이다. 실제로 우리가 언급해 온 선들은 자유로운 인간 활동에 의하여 성취할 수 있는 선들이라고 처음부터 이해되고 있다. 우리가 자유로운 선택에 따라 자신을 다른 이에게 주고 또한 그 답례로 애정과 의탁을 자유롭게 받아들이는 일의 결과로서가 아니라면 달리 어떻게 우정이라는 것을 이해할 수 있겠는가?

물론 생명에 대한 이야기는 다르다. 우리는 설사 삶을 끝내는 쪽을 선택할 수 있다 할지라도 우리가 자신에게 이 선을 맨 먼저 부여하는 일을 자유롭게 결정할 수는 없다. 생명은 자유 이전의 것이다. 우리들 각자가 충분히 자신의 자유를 발휘하기 위해서는 생존해 있어야(그리고 출생 이후 꽤 오랜 시간이 지나야) 한다. 이렇게 보다 명백한 의미로 생명은 자유보다 근본적이다.

다만 근대 사상에서는 자유에 대하여 여러 선들의 향유를 가능하게 하는 조건으로 바라보기보다는 행위의 궁극적 이유라는 여러 선들의 역할에 있어서 그것들을 대신하는 대용품으로 바라보는 경향이 있어 왔다. 자유가 궁극적인 목적으로서, 인간의 궁극 선으로서 간주되어 온 것이다. '도덕적 자유지상주의'라는 적절한 명칭의 그 극단적 형태로서 이러한 입장은 이 책에서 방어되고 있는 많은 것들에 대하여 만만치 않게 이의를 제기한다. 우리는 마지막 장에서 그에 응답할 것이다.

개인의 자유에 대하여 궁극적 가치라는 지위를 부여하는 관점은 노예제도와 전능한 힘을 지닌 초기 근대 국가의 개인에 대한 통제처럼 자유를 끔찍하게 제한하는 일에 저항하며 오래 투쟁한 결과이다. 시민적 및 정치적 자유들은 귀중한 선이다. 그렇다고 그것이 자유 자체가 궁극적인 인간의 목적이라는 점을 의미할까? 나는 한 가지 간단한 이유에서 그렇게 생각하지 않는다. 우리에게 좋은 것은 자유롭게 선택한다는 바로 그것이 아니라 좋은 것을 자유롭게 선택하는 일이다. 만일 우리에게 나쁜 것을 자유롭게 고른다면 우리는 똑같은 선택이 결정되는 경우(즉, 우리가 나쁜 것을 견디거나 참아야 하는 경우)보다 한결 더 잘 사는 셈이다. 그러나 만일 우리에게 좋은 것을 자유롭게 선택한다면 우리는 확실히 한결 더 잘 살게 될 것이다. 사실이 이렇다면 어떤 선택의 평가는 그것이 자유로웠는지 그렇지 않았는지(이것은 가정이다)에 달려 있다기보다는 좋은 것이 선택되었는지의 여부에 달려 있는 것이다. 자유에로 환원될 수 없는 선들이야말로 자유 자체보다 더 궁극적일 것이다.

그러므로 자유는 인간의 번영을 추구하는 데에 없어서는 안 될 것이지만 기본적인 선들이 그런 것과 똑같은 방식으로 좋은 삶의 성분인 것은 아니다.

존엄성

자유와 밀접하게 관련되어 있으면서 우리의 행위를 인도하는 데 상당한 비중을 차지하는 또 다른 선이 인간의 존엄성이다. 여기서 '인간의 존엄성'이란 각각의 사람 그리고 모든 사람이 가지는 본래적인 진가를 뜻한다.

이에 대해 토론하는 데 있어서 주요한 문제는 앞서 말한 의미에서의 '존엄성'이란 단어가 우리가 이미 소유하고 있는 것처럼 보이는 어떤 실체 없는 성질을 표시한다는 점이다. 그것은 우리가 얻고자 노력해야 하는 우정, 지식, 또는 내적 조화와 같은 선들과는 대조를 이룬다. 이런 것들은 아리스토텔레스가 말한 바와 같이[2] '인간의 행위를 통해서 성취할 수 있는' 프락타(praktá)이다. 이에 반하여 존엄성은 인간이 태어날 때부터 가지고 있는 것이다. 나는 인간이 타고난 존엄성을 갖는다는 진술이 신학적인 기원을 가진다는 점에 대하여 부정하고 싶지 않지만, 인간의 존엄성이 다른 이들의 어떤 비열한 행동들에 의해서 유린될 수 있다는 주장은 그에 대해 합리적인 성찰을 시도하는 누구에게나 쉽게 이해될 수 있다고 본다.

만일 앞서 말한 것이 옳다면 존엄성은 그것을 얻기 위해 애써야 할 적극적인 이유들을 제공하지는 않는다. 왜냐하면 각 개인은 이미 인간의 존엄성을 갖추고 있기 때문이다. 그것이 행위를 위한 '소극적인' 이유들을 제공하기는 한다. 그것은 우리에게 누군가의 존엄성(혹은 우리 자신의 존엄성조차도)을 깨뜨리지 않도록 어떤 일들을 하지 말라고 말해준다. 인간의 존엄성을 전반적으로 보호하는 것은 단지 삼가는 일이 아니라 종종 적극적인 조치를 취하는 일을 필요로 한다.

언제 인간의 존엄성이 유린되는 것일까? 점령군 세력에 의하여 매춘 행위를 강요당하는 여성 또는 주인의 모든 명령과 변덕에 시중들도록 요구당하는 로마의 노예를 생각해 보라. 두 경우의 특성을 나타내는 것은 인간이 누군가의 쾌락이나 봉사를 위해서 하나의 도구로 전환된다는 점이다. 만일 두 경우의 사람 모두 누군가를 위해서가 아니라 스스로를 위해서 살도록 허락된다면 그들은 의심의 여지가 없이 한결 더 잘 살게 될 것이다.

존엄성이란 사실, 독일의 철학자 칸트(Immanuel Kant)에 의해서 옹호된 개념을 활용해 보자면 자신 안에서 목적이 되는 인간의 속성이다. 인간은 존중되어야 하며, 또한 자신의 선을 추구하면서 살도록 허용되어야 한다. 이같은 존엄성의 의미가 사람들이 다른 이들(배우자, 자녀, 친구, 동료 등)의 목적을 육성하는 일을 자신의 목적에 절대로 필요한 부분으로서 이해할 가능성마저 배제하는 것은 물론 아니다.

그러므로 존엄성이라는 선은 우리가 자신을 포함하여 사람들에게 행할 수 있는 것을 제한하게 된다. 다른 목적들이 아무리 훌륭하다 하더라도 인간을 단지 그것들을 달성하기 위한 수단으로 취급하는 것은 인간의 존엄성을 깨뜨리는 것이다. 승진(또는 대학에서의 좋은 학점 취득)을 위해서 성적(性的) 호의를 베푸는 것은 자신의 존엄성에 거스르는 일이다. 그것은 자기 존중이 결여되어 있음을 보일 뿐이다.

오늘날 노인들이 나이 들면서 자연적으로 갖게 되는 여러 가지

약점들을, 혹은 중병 환자의 생을 지탱시키기 위해 보기에도 흉한 의료기술을 사용하는 것을 존엄성의 상실로 간주하는 경향이 있다. 예를 들어 알츠하이머병을 앓고 있거나 대소변의 실금(失禁)으로 고통받는 사람들이 때때로 무례하게 다루어지지만, 이는 그렇게 대우하는 사람들을 부정적으로 나타내는 것이지 환자들 자신의 존엄성을 나타내는 것은 아니다. 마찬가지로 어떤 파렴치한 의사가 자신의 연구목표를 위하여 지나친 생명연장 기술을 사용할 수 있지만, 이는 사정이 꼭 같은 것은 아니다. 정맥주사 줄, 산소 마스크, 심장고동 감시기 케이블 등은 아름답지 못한 그 외관에도 불구하고 환자들을 정성스럽게 다루는 데 필요한 도구들일 것이다.

결국 존엄성은 다른 사람들 및 우리 자신들을 대우하는 데 있어서 중시해야 할 선(善)으로 이해된다.

쾌락

철학이 시작되면서부터 일부 사상가들은 쾌락이야말로 인간의 자연스런 목표라고 논의해 왔으며, 일부는 쾌락이 본질적으로 욕구될 만한 가치가 있는 유일한 것으로서 다른 것들은 오직 그것들이 쾌락에 이르는 경우에만 바람직하다는 관점을 옹호해 왔다. 쾌락은 그 자체를 위하여 욕구되는 유일한 것이라는 정립(定立)이[3] 심리적 쾌락주의(psychological hedonism)로 불리며, 또 쾌락은 그 자체를 위하여 바람직한 유일한 것이라는 정립이 이른바 윤리적 쾌락주의(ethical hedonism)이다. '욕구된'과 '바람직한'이라는 용어들의 의미상의 차이가 이 두 학설의 차이를 구분한다. 전자의 낱말은 기술적인 진술을 하는 데 사용되며, 후자는 평가적인 요구를 하는 데 사용된다. 만일 어떤 것이 욕구될 수 있을 뿐만 아니라 또한 욕구되어야 한다면 그것은 바람직하다.

내가 주목해 온 바와 같이 근대의 어떤 철학자들은 윤리적 쾌락주의를 부활시키고, 다수를 위한 쾌락의 극대화야말로 유일하게 정확한 도덕 규준을 제공한다고 여기면서 그것을 자신들의 윤리학 개념의 초석으로 삼았다. 벤담(Jeremy Bentham)과 밀(John Stuart Mill)에 의해 창도된 견해인 공리주의에 따르면, 만일 행위들이 최대 다수의 최대 행복에 이바지한다면 그 행위들은 옳다—그들이 뜻하는 '행복'은 쾌락, 그리고 고통의 부재(不在)이다.

이것이 여태까지 옹호되어 온 인간의 선에 관한 관점들에 대하여 하나의 만족스러운 대안이 될까? 정말로 쾌락이 실제 그 자체를 위하여 욕구되는 유일한 것일까? 그것이 그 자체를 위하여 바람직한 유일한 것일까? 인간의 기본적인 선들은 그저 쾌락을 얻기 위한 수단일까? 인간의 기본적인 선들이 지닌 가치는 철저하게 쾌락의 가치에서 유래하는 것일까?

욕구와 인간의 동기화(動機化)에 대하여 충분하게 진전된 답변을 하는 일은 쾌락이라는 개념의 여러 측면들을 따로따로 탐색하는 작업—이는 심리학자 내지 정신철학자의 작업으로서 여기서는 착수되기 어렵다 ―을 필요로 할 것이다. 우리의 당면 목표들을 위해서 이제 의식의 주관적 상태―이 안에서 인간은 이런 저런 방식으로 유쾌하게 지내며 또 그러한 의식 상태를 좋아한다[4]―로서의 쾌락에 대하여 생각해 보기로 한다.

내가 쾌락의 특성에 대하여 묘사한 것들이 여러 이유로 말미암아 완전하게 만족스럽지는 못할 것이다. 다만 우리로 하여금 다음과 같은 어려움을 제안하게 하는 데는 충분하다. 즉, 지구에서 달까지의 거리를 측정해내려고 노력했던 최초의 천문학자들이 동기를 부여받은 것은 유쾌한 의식 상태를 얻으려는 기대에 의해서였을까, 아니면 단순히 우주의 특징을 아는 것이 좋을 것이라는 생각에 의해서였을까? 설사 아무런 유쾌한 주관적 상태가 뒤이어 일어나지 않으리라 기대할 수 있었음에도 불구하고 그들이 조사작업을 잊지 않고 계속하려고 했었을까?

이와 비슷한 경우들에 있어서 만일 당신이 사람들은 때때로 자신을 위한 쾌락보다도 어떤 다른 것들(위의 경우에는 이론적 진리)을 바란다는 점을 기꺼이 인정하고자 한다면 당신은 심리적 쾌락주의를 부정하는 셈이다. 어떤 이는 사람들이 자신도 모르는 사이에 궁극적으로 쾌락을 추구하고 있다는 점에 대하여 반박할 수도 있겠다. 그렇지만 이같은 반대는 설득력이 없다. 왜냐하면 그것은 사람들이 어떤 일들을 하는 이유에 대하여 말하는 것으로부터 파생되는 적절한 증거를 막는 데 불과하기 때문이다. 진술된 바 쾌락설의 동기화에 대하여 독자적인 증거가 없을 경우, 우리는 행위자들이 때때로 쾌락보다는 다른 목표들을 추구한다고 용인하는 것이 합리적일 것 같다. 그렇지 않으면 행동을 한다는 것은 정밀 조사를 조건으로서 필요로 하는 정립으로부터 파생된 설명 형태를 그들의 동기에 부과하는 일이 될 것이다.

스스로를 위하여 욕구된 쾌락보다는 다른 것들을 지적함으로써 심리적 쾌락주의가 거부될 수 있는 것과 꼭 마찬가지로 어떤 것들이 원래부터 가치 있다는 점, 그리고 그것들이 단지 쾌락에 도움이 되기 때문에 그런 것만은 아니라는 점을 주장함으로써 윤리적 쾌락주의는 거부될 수 있다. 달까지의 거리를 놓고서 정확한 계산이든 틀린 계산이든 착오가 발견되지 않는다면 두 경우 모두 천문학자를 위하여 유쾌한 의식 상태를 산출해낼 수 있다. 다만 분명한 것은 설사 두 경우에서 주관적 느낌이 동일하다 할지라도 올바르게 이해한 데에서 가치가 있으며 틀린 데에서 가치가 부인된다는 점이다. 어떤 사람은 결국엔 천문학에서의 오류가 천문학자의 입장에서 보아 고통에 대한 쾌락의 순수 차액을 만들어내지는 않는다는 점을 반대 이유로 내세울지도 모르지만 이런 태도는 이상야릇하다. 천문학의 연구결과들이 특정 연구자의 주관적인 상태에 어떻게 연결되어야 하는가는 분명치 않다. 천문학에서 오류들을 피해야 하는 이유가 단지 천문학적 진리 자체를 달성하는 일에 가치가 있기 때문이라고 말하는 것이 훨씬 합리적일 것이다. 천문학자들이 어떻게 느끼는가 하는 점은 이 부문의 이론적 지식을 스스로를 위해 추구할 만한 가치가 있도록 만드는 것이 아니다. 만일 지식의 본래적 선에 대하여 이론적으로 설명하는 일(실천적으로 이해하는 일에 반하는 것으로서)이 요구된다면, 그것은 뭔가를 알고자 하는 깊이 간직된 인간의 자연스러운 욕구에서 탐색

되어야 한다.

혹자는 이렇게 말할 수도 있다. "나는 이제 쾌락이 유일한 본래적 선은 아니지만 그럼에도 불구하고 하나의 본래적 선이라는 점에 대해서 인정해야 함을 깨달았다. 그렇다면 그것이 인간의 기본적인 선들에 관한 목록에 있어서는 안 되는가?"

우리는 쾌락에 대하여 잘 알려진 특징에 대하여—요즈음 많은 젊은이들이 말하는 것처럼 '재미있게 노는 것'에 대하여—잠깐 고찰해 보기로 한다.

> 당신이 한 학생에게 오는 주말에 뭘 하길 원하는지 묻자 그는 "재미있게 놀고 싶어요"라고 대답한다. 이런 대답은 예기치 않은 것이어서 당신의 다음 질문이 이어진다. "무엇을 하려고 하는데? 파티에 갈거니, 아니면 영화 보러 갈거니?" 그가 응답한다. "파티에 가거나 영화를 보러 가고 싶은 건 아니구요. 그냥 재미있게 놀고 싶어요." "하이킹을 가거나 또는 친구들과 어울리거나 할 계획이니?" "하이킹을 가거나 친구를 만나거나 혹은 그런 종류의 무슨 일을 하거나 할 아무런 의향은 없어요. 다른 일들을 하고 싶은 것도 아니에요. 내가 하고 싶은 것은 재미있게 노는 일뿐이에요."

이 대화가 낯설게 느껴지는 이유는, 재미있게 놀거나 쾌락이라는 주관적 감정을 얻기 위해서라면 당신은 '무엇인가'를 해야 하기 때문이다. 만일 당신의 유일한 목적이 재미있게 노는 것이지만 전혀 아무 것도 하지 않는다면 당신은 어떤 즐거움도 갖지 못할 것이다.

누가 달리 무엇인가를 행하는 일 없이 혹은 이런 저런 활동에 관여하는 일 없이 직접 쾌락을 지향할 수 있다고 생각하는 것은 환상이다. 여기서 '활동'이나 '행위'는 예컨대 이런 관념들의 진정한 보기들로서 누군가를 만난다든지 또는 무엇인가를 상상한다든지 하는 일까지도 포함하여 아주 넓은 의미로 이해되어야 한다.

때때로 한 행위자의 행동은 스스로 헤로인 주사를 맞고 있는 사람의 경우처럼 쾌락의 성취를 지향하는 순전히 수단적인 것일 수 있다. 그렇지만 역설적으로 쾌락과 만족은 종종 꼭 직접 주관적인 상태를 추구하지 않고서, 즉 천문학 연구에 종사하는 일처럼 본질적으로 그럭저럭 할 보람이 있다고 인지되는 무엇인가를 함으로써 얻을 수 있다.

쾌락은 매우 친밀한 그리고 독특한 방식으로 인간의 활동과 관계가 있는 것 같다. 그것은 한 주일 동안 일하고 나서 받는 급료처럼 행위의 분리 가능한 결과가 아니라, 한 주일간의 의미 있는 작업 중에 얻는 즐거움처럼 행위 자체의 부수된 측면이다. 그러므로 쾌락이 기본적인 선인지 아닌지에 대한 물음의 대답은 그것을 산출해내는 행위 및 활동들의 방대한 정렬을 고려함으로써 이루어져야 한다.

추상적인 개념으로서의 쾌락과 고통을 그같은 주관적 상태를 일으키는 모든 것들로부터 판단한다는 것은 적절치 못하다. 만일 우리가 그 원인들로부터 추출할 경우 우리는 쾌락은 좋고 추구할 가치가 있으며, 고통은 나쁘고 피해야 한다고 말해야 할 것이다. 그것도 수단으로써 좋은 고통(이를 테면 치과 의사가 치료를 위해 가하는 고통)과 수단으로써 나쁜 쾌락(이를 테면 당신을 아프게 만드는 어떤 맛있는 음식을 즐김)

을 허용하면서 말이다. 실제로 윤리적 쾌락주의자들은 이 점에 대하여 중요한 것은 쾌락의 '최대화' 와 고통의 '최소화' 이며, 이것이야말로 왜 수단적인 예외들이 참으로 타당한 반대 사례가 되지 못하는지를 설명한다고 주장할 것이다. 치과 의사의 손놀림에 따른 고통은 이전의 (혹은 잠재한) 고통이 제거되면서 나오는 더 큰 양의 쾌락에 의하여 충분히 보상된다.

다만 나는 몇 가지 예들이 수단으로써 나쁠 수 있다는 사실에도 불구하고 모든 쾌락은 좋다는 교의에 대하여 반대 사례들이 진짜 있다는 점을 제안하고 싶다. 내가 주장하려는 것은 예를 들어, 자신의 피해자를 고통스럽게 만드는 일을 즐기는 강간범의 격렬한 쾌락은 나쁘다(단지 수단으로써 나쁜 것이 아니다)는 점이다. 그것은 추구하기에 이성적이지 못한 쾌락이다. 이같은 쾌락은 (강간범이 붙잡히지 않았음을 가정하여) 그 개인에 대해서든 혹은 최대 다수의 개인들에 대해서든 쾌락을 최대화하는 데에 수상쩍은 기여(?)를 한다. 범인이 갖는 쾌락의 양이 피해자가 갖는 고통의 양에 의해서 상쇄된다는 주장은 두 가지 근거에서 거부되어야 한다. (1) 어떤 사실적인 양을 비교한다든지 할 목적으로 서로 다른 사람들의 주관적인 의식 상태를 측정해낼 의미 있는 방법은 실제로 없다. (2) 설사 어떤 신뢰할 만한 비교가 가능하고 아울러 강간범의 쾌락의 양이 피해자의 고통의 양보다 더 큰 것으로 나타났다 할지라도, 합리적인 관찰자라면 논의되어 온 바의 쾌락이 선이라는 주장을 그래도 거부해야만 할 것으로 생각된다.

잡히지 않은 강간범의 예를 든 의도는 쾌락이란 그것을 그 원천으로부터 분리하여 고찰함으로써 본래적 선이 된다고 결론내리는 것은 오류라는 점을 보여주기 위해서이다. 만일 원천들이 고려되는 경우 우리는 다음과 같은 결론에 이르게 된다. 즉, 인간의 기본적인 선들이 할 만한 가치가 있는 것으로 이해되며, 적절한 방식으로 그리고 그에 어울리는 맥락 안에서 실행될 때, 그러한 선들에 참여하는 일은 대체로 탄복할 만한 쾌락과 깊은 만족감을 동반할 것이라는 점이다. 좋은 친구들을 갖는 것은 여러 가지의 즐거운 양심 상태들을 자극해 줄 경험이다. 그렇지만 내가 나의 유쾌한 주관적 상태들을 위해서 친구들에게 헌신적이라고 말한다면 그건 잘못된 것이라고 생각된다.

한편, 증오와 복수의 행위들도 강한 쾌락을 동반할 수 있지만, 나는 이런 행위들을 선한 생활의 요소에 관한 목록에서 지워버리는 일을 주저하지 않을 것이다. 이제 쾌락의 경우는 그것을 산출해내는 활동이나 마찬가지일 뿐이다. 따라서 쾌락 자체가 인간의 기본적인 선들과 동등하다고 생각될 수는 없다.

육체적 고통

윤리적 쾌락주의를 다루면서 육체적 고통에 대하여 특별한 말을 덧붙여둘 필요가 있다. 왜냐하면 그것은 오늘날 자살이나 안락사처럼 시끄럽게 논의되는 문제들을 검토하는 데 있어서 중심 무대를 차지해 왔기 때문이다. 육체적 고통은 보통 좋은 건강 상태의 상실을 동반하는 괴로움의 한 형태이다. 그것은 종종 건강에 대한 경고 신호라는 적극적인 역할을 수행하며, 따라서 수단으로써 좋은 것이라고 얘기될 수도 있다. 그와 대조를 이루는 것이 건강을 동반하며 널리 확산되어 있으면서도 거의 무의식적인 웰빙 감각이다. 우리가 건강할 때에는 이같은 감정에 대하여 크게 유의하는 일 없이 일상적인 삶을 살지만, 일단 아프게 되면 고통이라는 부정적인 감각이 우리의 의식 안으로 밀고 들어와서 여러 활동들을 방해한다. 이런 상황에서 할 수 있는 합리적인 일은 의사의 진찰을 받는 일인데, 아마도 의사는 징후가 있는 고통을 다룬 다음 근본적으로 그 원인, 즉 질병 자체를 없애고자 할 것이다. 선이 추구되면서 악이 제거되고 있는 것이다.

불행스럽게도 어떤 형태의 질병들은 여전히 치료가 불가능하다. 이런 경우들에 있어서 건강이라는 선을 회복하려는 목적은 달성하기 어렵다고 판명된다. 육체적 고통은 적극적인 임무 수행을 차단하며 신체의 기능들이 냉혹하게 파괴되는 것에 대한 증거로 남는다. 고통은 파생적으로 나쁜 것이 되어 버렸다. 이 시점에서 의사가 할 수 있는 합리적인 일은 고통의 수준을 줄이고 환자로 하여금 가능한 한 안락하게 있도록 만들어 주는 것이다. 실천적 합리성의 원리에 따라서 고통이라는 파생적인 악을 피하고 있는 셈이다.

육체적 고통은 하나의 두려운 경험이지만 그것이 분명 유일하게 두려운 경험은 아니다. 어떤 중요한 선을 상실하는 일은 괴로움을 수반하게 마련이다. 가족과 친구들로부터 무시당하거나 철저하게 버려졌다고 느끼는 일은 모르핀이나 다른 수단들에 의해서 완화될 수 있는 불쾌보다도 더 무서울 수 있다. 정성스럽게 돌보는 일을 수행하는 건강 관련 전문직 종사자들은 환자들의 전반적인 건강 상태에 실질적으로 이바지할 수 있다.

앞에서 설명된 것처럼 윤리적 쾌락주의를 거부하는 것은 쾌락이 가치의 유일하고 근본적인 원천이 아니라는 점을 보여주고 있다. 같은 논의의 선상에서 우리는 육체적 고통이 가치를 부인하는 일의 유일하고 근본적인 원천은 아니라고 결론지을 수 있다. 고통이 인간에게 근본적인 악은 아니다.

인간의 기본적인 선들은 예외 없이 좋은가?

윤리적 쾌락주의가 그릇된 이유는 몇몇 쾌락들이 나쁘기 때문이라고 말할 수 있는 것과 마찬가지로 우리의 목록에 올려져 있는 어떤 항목이 때때로 나쁠지도 모른다는 주장들에 대하여 주목할 수는 없을까? 우리는 삶이라는 선 자체가 설사 삶이 모든 사람들에게 선이라 할지라도 몹시 아프거나 괴로운 사람들에게는 그렇지 않다는 사실에 의하여 손상되지는 않음을 보아 왔다. 우리는 우리의 목록 위에 있는 항목들의 여분을 연장할 수 있다. 즉, 징집되어 베트남으로 파견될 예정인 젊은이들에게는 아픈 것이 훨씬 더 좋겠지만 건강은 일반적으로 선이다, 때때로 아는 것보다 모르는 것이 더 낫다, 어떤 우정은 해롭다 등등. 이같은 반대 사례들은 다음과 같은 주장 안에 어떤 치명적인 약점이 있음을 가리키는 것이 아닐까? 그것은, 기본적인 선들이 선함에 대한 기준들을 제공해 주는 이유는 인간의 기본적인 선 자체가 사실상 언제 좋고 언제 좋지 않은지를 결정하기 위해서는 보다 광범한 상위의 원리가 필요할 것이기 때문이라는 주장이다.

내 생각에 이같은 예들이 그 이론은 부인되어야 한다는 점을 실제로 수반하지는 않는다. 우리에게 필요한 것은 어떤 관념에 대한 '무제한의' 숙고와 '제한된' 숙고 사이를 구별하는 일이다. 내가 의미하는 '무제한의 숙고'란 추상적이거나 또는 현실 세계에서의 여러 가지 표현들로부터 동떨어져 있는 개념을 고찰하는 것을 말한다. '제한된 숙고'란 하나의 구체적인 사례에 있어서 그것을 둘러싸고 있는 상황들을 고려하는 개념에 대하여 연구하는 것을 뜻한다.

두 개의 유추가 위와 같은 구별을 설명한다.

(1) 두 개의 구성 요소를 가진 한 세트—다시 말해서 우리는 어떤 X의 값에 대하여 '한 쌍의 X'라고 부를 수 있다—에 대한 무제한의 고찰은 우리로 하여금 어떤 것을 추상적으로 알게 해준다. 만일 우리가 두 개의 X들을 더하면 네 개의 X들을 갖게 될 것이라는 식으로. 우리는 또한 몇 개의 소극적인 것들도 알고 있다. 즉, 한 쌍이라는 관념이 그 완전한 일반성의 관점에서 생각되는 한, 그것은 무색(無色)일 것이라는 것. 이제 한 쌍의 (빨간) 사과를 놓고 볼 경우 우리는 다음의 두 가지 점을 알게 된다. 즉, (a) 어떤 특성들은 그것이 하나의 쌍이라는 사

실에 의해 사과들의 쌍에 대해서 참되다(예를 들어 우리가 두 개의 사과들을 보태면 우리는 네 개의 사과를 갖는다). (b) 어떤 특성들은 그것들이 사과라는 사실에 의해 쌍에 대해서 참되다(예를 들어 그것들이 빨간 것이라는 점).

(2) 우리 모두는 물이 인간이라는 유기체를 위하여 좋다고 알고 있다. 이는 물은 H_2O이며 인간의 신체에서 이러저러한 역할을 한다고 아는 생물학자들에 의해 설명될 수 있는 일반적인 진리이다. 그러나 때때로 물은 우리에게 좋지 않다. 예컨대 우리가 어떤 나라들을 여행할 경우에 수돗물은 병을 얻을지 모르니 먹지 말라는 충고를 받는다. 물의 사례에 대하여 차이성을 적용하다 보면 다음과 같은 결과를 얻는다. 즉, 제한 없이 물을 검사하거나 또는 특수한 상황들을 고려하는 것이 우리에게 말하는 바는 그 분자 구조가 무엇인지, 그리고 왜 그것이 유기체에 좋은지에 대해서이다. 물을 마시면서 몸에 좋다고 하는 이유는 그것이 (말하자면 H_2O_2가 아니라) 물이기 때문이다. 제한된 방법으로 (말하자면 어떤 특수한 환경에서) 물을 고찰하는 것은, 어떤 나라들에서는 물의 정화 시스템이 열등하다는 점, 그러므로 음용수 공급에 있어서 높은 수준의 박테리아가 있다는 점을 우리에게 말해준다. 이런 곳에서 음용수가 나쁜 이유는 그것이 물이기 때문이 아니라 물이 위험한 박테리아를 포함하고 있기 때문이다.

이제 차이성을 기본적인 선들에로 적용해 보자. 우리는 건강이 신체에 대해서 선이라는 점에 동의한다. 전쟁이 계속되고 있으며, 젊고 건강한 젊은이들이 징집되어 낯선 이국땅으로 파병될 예정이라는 사실은 건강이라는 개념의 부분은 아니다. 실제로 젊은이 입장에서는 징병의 호출이 있을 때 병들어 있는 것이 더 나을지도 모르지만 이것이 건강 개념에 영향을 미치지는 않는다. 나쁜 것은 신병(新兵)의 건강이 아니라 징집, 그리고 궁극적으로는 전쟁이다. 우리가 잘 숙고해서 인정해야 할 바는 건강은 여전히 하나의 선이라는 점이다.

간결함을 위하여 나는 당신이 어떤 기본적 선에 대해서든 나쁨이 어디에 있는지 발견할 수 있도록 스스로 이렇게 반복하여 고찰하기를 권고한다. 만일 친구 하나가 당신을 속인다면, 그것은 확실히 우정이라는 것이 나쁘기 때문이 아니다. 나쁜 것은 속이는 것(그리고 친구가 우정이 필요로 하는 조건들에 맞는 생활을 하지 못하는 것)이다.

어떤 이는 왜 제한적 및 무제한적 숙고라는 전략이 쾌락의 경우에는 빠졌냐고 물을 수도 있다. 쾌락에 대한 무제한적 숙고는, 제한적 숙고가 나쁜 쾌락(강간범의 경우처럼)을 산출할지 모른다 하더라도 쾌락이 본래적으로 좋다는 점을 보여주리라고 말할 수는 없을까? 쾌락에 관한 주장들에 대하여 차이성을 적용하기를 거부하는 이유는 쾌락을 얻는 방법과 관계가 있다. 당신은 징집 없는 건강과 박테리아 없는 물을 얻을 수 있는 데 반하여 어떤 종류의 활동 없이는 쾌락을 얻을 수 없다. 우리가 이해했던 것처럼 실로 쾌락은 행위 자체에 동반되는 측면의 것으로서 간주되어야 한다. 그러므로 쾌락은 항상 그것을 산출하는 행위와 함께 평가되어야 한다.

✤ 인간의 선은 알 수 있는 선이다 ✤

각각의 기본적인 선 자체와 그 색다르며 종종 불충분한 구체적 표현을 구별할 수 있다는 사실은 이론의 근본적인 교의를 드러낸다. 즉, 인간의 선들은 지적으로 이해될 수 있는 어떤 개념적 핵심을 갖는다. 우리는 그것들이 선이라는 점을 (아울러 각각의 관념들을 이론적으로 분석하는 일은 그것들이 왜 선한지를 설명할 수 있다—이 책에서 내가 시도하는 일은 아니다—는 점을) 개념적으로 이해할 수 있다. 일단 우리가 이러한 선들 각각이 지니고 있는 핵심을 이해하고 고찰하기만 하면 우리는 그것들과 우연한 상황들—경우에 따라서 그것들 자체가 선하지 않다는 잘못된 신념에로 빠지는—을 쉽게 구별할 수 있다. 물의 화학적 구조와 그 속에서 떠도는 박테리아의 유추를 상기해 보라.

각각의 기본적인 선이 지니는 핵심을 이해할 수 있다는 점(이것이 그 구체적인 표현을 내포하지는 않는다)으로부터 나는 어떤 선에 대해서 나의 경우가 당신 것보다 낫다고 생각할 이유를 갖지 못함을 알게 된다. 나는 당신이 도덕철학의 최초의 배경 및 그 인류 평등주의적 함의라는 관점에서 나의 모호한 주장을 부인하리라고 예상할 뿐만 아니라, 또한 예컨대 건강이라는 관념 안에는 내 건강을 당신 건강보다 더 좋게 만들어 주며, 따라서 우리 둘이 똑같은 치료를 위해서 병원에 도착했을 때 우선적인 치료를 정당화해 줄 수 있는 것은 아무 것도 없다고 주장하리라고 예상한다.

이것이 당신에게 자신의 건강과 내 건강에 똑같이 책임이 있다는 것을 의미하지는 않는다. 당신이 나로 하여금 담배를 끊게 하기 위하여 행하거나 말할 수 있는 것은 아주 적으며, 당신이 결코 들어본 적 없는 어느 중국인으로 하여금 담배를 끊게 하기 위해서는 더더욱 그렇다. 우리들 각자가 자신의 고유한 선들을 (또한 어쩌면 우리에게 가장 가까운 사람들의 선들을) 효과적으로 추구할 책임이 있는 이유는 그것들이 각자가 선택해서 참여해야 할 활동들이기 때문이다. 기본적 선들이란 누군가에게 주어질 수 있는 산출물이 아니다. '누군가를 행복하게 만들어 줌'이라는 관념—이는 누군가에게 압도적인 양의 기본적 선들을 제공하는 일을 암시한다—은 솔직히 합리적이지 못하다. 물론 이런 결론은 특히 다른 사람들이 미성년이거나 차별 대우를 받고 있거나 혹은 외적인 선과 기회가 불공정하게 분배됨으로써 고통받고 있는 경우라면, 우리가 그들의 선에 대하여 공헌할 수 있으며 또 공헌해야 한다는 사실을 배제하지 않는다. 그러나 좋은 삶이란 오직 그런 방식으로 사는 사람만이 성취할 수 있는 것이라는 점은 여전히 사실이다.

좋은 삶의 성분으로서의 기본적인 선들

제2장에서 열거된 선들(삶, 가정, 친애, 노동과 놀이, 미, 지식, 그리고 내

적 조화)은 좋은 생활 상태 또는 여러 가지 형태의 인간적 실현 내지 행복을 구성하는 것들이다. 따라서 그것들은 어떤 일들을 행해야 할 적절한 이유를 제공한다. 물론 이성적인 사람이라면 가질 수 있는 궁극적인 선이 행복이라는 가정 아래서 그렇다.

쾌락이 목록에 없다—여러 항목들 중에 한 항목으로서든 혹은 한 가지 유일한 항목으로서든—는 사실은 행복이란 본래 주관적인 상태라고 생각되어서는 안 된다는 점을 분명히 한다. 이것은 영어의 '행복한' 이라는 용어—이는 보통 '느끼다' 라는 동사와 결부되어 있다—의 일상적인 의미와는 약간 동떨어져 있다. 그렇지만 이것이 다른 언어들에 있어서 같은 뜻을 지닌 용어들의 경우는 아니며, 이에 우리는 인간의 객관적으로 확인 가능한 높은 수준의 상태라는 관념을 나타내기 위하여 언제라도 '인간적 발전' 이나 '좋은 삶' 과 같은 표현들에 의지할 수 있다. 만일 우리가 아는 어떤 사람이 건강하게 살아 있고, 감정과 사랑 및 가정생활을 즐기며, 신뢰할 만한 친구들을 가지고 있고, 독창적인 직업이 있는 등의 상태에 있다면 우리는 그가 어떻게 느끼고 있는지 단정하기 위해 그 사람의 마음 속으로 들어가 볼 수 없다는 사실에 상관없이 그가 좋은 삶을 누린다고 말할 수 있다.

그러나 때때로 (겉으로 보기에) 좋은 삶을 영위한다고 여겨지는 사람들이 고통과 슬픔, 좌절과 절망을 내비칠 수도 있다. 이런 경우에는 어떤 선이 결핍되어 있다고, 이를 테면 육체적 또는 정신적인 건강, 안정된 인간관계, 참으로 성취 지향적인 일, 강한 자기애 의식 등과 같은 것들이 부족하다고 추측하는 게 합리적이다. 우리는 또한 우리 자신으로부터의 상실에 대하여 주목할 수 있다. 그럼으로써 우리가 얻는 교훈이라면 어떤 인간도 실제로 항상 인간의 선을 모조리 향유하지는 못한다는 점이다.

인간의 삶은 각자의 성격, 선택, 다른 우연의 요소들에 의해 야기되는 명백한 제한점들에 의해서 영향받게 마련이다. 좋은 삶이란 우리들 각자의 크고 작은 결정들을 지휘하는 하나의 보편적이고 합리적인 목표이다. 다만 어떤 선들에 있어서 우리의 힘이 미치지 않은 채로 있다든지(예를 들어 완벽한 배우자) 또는 한번 가져본 적이 있으나 곧 잃는다든지(예를 들어 사별한 배우자)하는 경우에도 우리는 별로 놀라지 않고 당연하다고 생각한다. 참으로 우리는 필연적으로 다가오는 죽음이 우리로 하여금 조만간 어느 시점에서 그 어떤 인간적 선도 더 이상 향유하지 못하게 할 것이라는 사실을 늘 잊지 말아야 한다.

선들의 비통약성과[5] 계층 체제

좋은 삶이 하나의 개념적인 이상이지만(그로부터 배제된 기본적 가치는 없다) 우리의 삶은 완전함과는 거리가 멀다. 그러나 우리는 보다 나은 또는 보다 열악한 삶을 누릴 수 있으며, 그것은 근본적으로 우리의 선택에 달려 있다. 만일 A가 B보다 더 상위에 있으며, 따라서 우리가 항상 A를 선택한다면 우리의 삶은 B를 선택하는 경우보다 나아질 정도로 선에 대하여 어떤 고정된 계층 체제가 있는 것일까? 내가 알고 있는 한, 기본적인 선들에 대하여 어떤 고정된 계층 체제를 세우려는 그 어떤 철학적 노력도 성공한 적이 없다. 예를 들어 아리스토텔레스는 이론적 지식의 활용에 있어서의 탁월성이야말로 최선의 생활을 위한 주요 성분이라고 주장한다.[6] 그러나 또한 명백한 것은 많은 특수한 상황들 안에서 이론적 지식을 배타적으로 추구하는 일—말하자면 친구, 가족, 그리고 자신의 공동체를 무시하거나 훼손하는 것을 감내하면서까지—은 어리석고 틀렸다는 점이다. 그런 사람은 확실히 덕스러운 혹은 탁월한 인간과 관련하여 아리스토텔레스적인 의미에서 좋은 사람은 아니다.[7]

우리는 종종 경쟁하는 선들 가운데 선택을 해야 한다. 이같은 경우에 우리가 하는 일은, 어떤 선들이 특수한 상황에서 뿐만 아니라 일반적으로도 더 중요한가에 대하여 폭넓고 신중하게 비교하는 것이다. 자신의 생명을 잃는 것보다 자신의 직업을 잃는 것이 덜 중요하다. 그러나 일정한 경우에는 자신의 가족을 부양하기 위해서 위험한 직업을 보유하는 것이 해야 할 현명한 일일 수 있다.

그렇지만 선들에 대하여 그 중요성에 따라서 신중하게 심사숙고하며 무게를 달아보는 것은 그것들을 양적으로 계산하는 모형과는 사뭇 다르다. 기본적인 선들이 극대화의 의미를 내포하는 단위들로 환원될 수는 없다. 소수의 친밀한 친구들을 갖는 데보다 오십 명의 비교적 소원한 친구들을 갖는 데 더욱 많은 우정의 단위들이 있는 것일까? 얼마나 많은 업무의 단위들이 얼마나 많은 내적 조화에 대한 단위들에 의하여 균형 잡히는 것일까? 나는 당신이 수량적 접근(이는 예를 들어 한 제조업 회사의 연간 수익을 극대화하는 것에 대해서처럼 완전히 명확하다)은 인간의 기본적인 선들에 대하여 거의 의미를 갖지 못한다는 데 동의하리라 확신한다.

설사 어떤 사람이 이론적 지식이 높게 평가되어야 한다는 아리스토텔레스의 교의를 인정한다 할지라도, 여전히 그는 (상대적으로) '보다 낮은' 선도 추구할 만한 가치가 있는 선이라는 점을 알 수 있다. 나의 재능(또는 그것의 부족)에서 보자면, 그리고 순수하게 이론적인 직업에 뒤따르는 것이 있다면(나는 순수한 이론가로서의 직업을 찾아낼 수가 없다!) 내가 덜 매혹적인 직업을 선택하는 것이 최선일지도 모른다.

때로는 근거를 이루는 선—생명 자체—이 다른 것들에 대하여 항상 우선해야 하는 것처럼 보일 것이다. 실제로 생명은 너무나 기본적이어서 대부분의 경우 생명을 희생하여 다른 선들을 목적으로 하는 것이 합리적이지 못하다는 것은 명백하다. 그렇지만 어떻게 해서든지 생명까지도 보존되어서는 안 되는 상황이 있을 수 있다. 다른 이들이 살 수 있도록 하기 위해서 자신의 생명을 포기하는 것—이것이 자살과 동일한 것은 아니다—이 합리적일 수도 있는 것이다.

그 어떠한 인간의 선도 그것을 추구하고 보호하는 일이 상황에 개의치 않고서 항상 그리고 어디서나 다른 기본적인 선들에 대하여 우선해야 한다는 의미로 절대적이지는 않다. 가장 우선적인 선이란 없다는 뜻이다. 우선순위의 석차는 고정되어 있지 않으며, 따라서 그것이 인간 행위자들이 특정한 선택에 직면하기 이전에 그들에게 명백해지는 일은 없으므로 우리는 인간의 선들을 추구하기 위한 어떤 전략들을 발전시키라는 권고를 잘 받아들일 수 있다.

주

1 '외적인 선' 대신에 '외적인 좋음들', 그리고 '행운의 선' 대신에 '좋은 운들'이라고 보아도 괜찮을 듯하다. 우리말에서는 '선'이 '좋음'보다 다소 좁은 의미로 쓰이고 있으나 문법적인 유연성 및 일관성의 측면에서 그냥 '외적인 선', '행운의 선'으로 번역하였다.역자 주

2 Aristotle, *Nicomachean Ethics*, 1.6.1096b33–34.

3 정립이란 증명되어야 할 명제를 말한다.역자 주

4 Brandt(1967), 432–433 참조.

5 비통약성(非通約性, incommensurability)이란 같은 표준으로 재거나 비교할 수 없는 성질을 뜻한다. 이에 반하여 같은 단위로 잴 수 있는 성질을 통약성이라고 한다. 통약은 수학적인 의미에서 볼 때 분수의 분모와 분자를 공약수로 나누어 간단하게 맞줄이는 것을 말하며, 이를 약분(約分)이라고도 한다.역자 주

6 Aristotle, *Nicomachean Ethics*, 10.7–8.1177a12–1179a32.

7 Aristotle, *Nicomachean Ethics*, 10.8.1178b5–6 참조.

제4장

기본적 선을 추구하기 위한 세심한 지침

오랜 전통에 따르면서 나는 자신과 다른 이들을 위하여 좋은 것을 살피고 성공적으로 추구할 수 있는 능력을 '신중함' 내지 '실천적 지혜' 라고 부르고자 한다.

우리가 신중함 내지 실천적 지혜를 필요로 하는 이유에는 두 가지가 있다. 첫째로, 어떤 절대적인 선이나 선들에 대한 고정된 계층 체제가 없는 경우, 우리가 스스로 모든 특수한 상황에서 선택함에 있어 무엇이 최선의 것인지에 대하여 자동적으로 결정할 수는 없기 때문이다. 둘째로, 기본적인 선들은 좋은 삶에 대한 그 어떤 특별한 개요도 모든 사람들에게 타당한 것이 없을 만큼 매우 일반적인 용어들로 공식화되기 때문이다. 우리가 어떤 것이 우리 자신을 위하여 선들을 가장 잘 구체화한 것인지에 대해서 저절로 식별할 수 있게 되는 것은 아니다. 예를 들어, 직업을 갖는 게 좋을 것이라는 생각이 어떤 직업이 내가 받아들일 수 있도록 제공되어야 하는지를 내게 말하는 것은 아니다.

'신중한' 이라는 전통적인 용어—우리는 종종 이를 '도덕적인' 이라는 용어와 대조시킨다—가 이 점에 있어서 적절한 이유는 우리가 아직 우리를 특별히 도덕적 영역에로 끌어들이는 문지방을 넘지 않았기 때문이다. 앞에서 언급되었던 선들은 말하자면 '도덕 이전의' (premoral) 선들인 셈이다. 어떤 도덕적 속성들도 그것들에 대하여 직접적으로 첨부될 수 없지만(살아 있는 것 또는 병든 것이 그 자체로는 도덕적으로 옳거나 그른 것이 아니다), 도덕은 그것들과 배후에서 관련되는 것으로 생각될 수 있겠다.

본질적으로, 신중함이 일단의 규범들에로 환원될 수는 없다. 그렇지만 도덕철학을 위한 최초의 배경과 실천적 합리성의 기본 원리들은 우리로 하여금 아래에 목록으로 올려져 있는 신중함의 지침(조언, 교훈)들을 정당화하도록 허용한다. 각각의 것들은 "당신은 선택과 행위 안에서 ~을 행하는 것이 현명하다"는 법칙 안에서의 틈새를 채워주는 것으로서 이해되어야 한다.

✤ 조심 ✤

특수한 선들은 매우 다양하며 또한 스스로에게 좋은 측면을 갖지 않은 것은 아무 것도 없기 때문에 사람들은 외견상의 선에 의해 잘못 판단하기 쉽다. 즉, 어떤 면에서는 훌륭하고 매력적이지만 조만간 어느 시점에서 일정한 사람에게 실은 좋지 않은 것으로 판명되는 경우들이 있는데, 예컨대 당뇨병 환자에 대한 매혹적인 초콜렛 케이크의 경우와 일 중독증 환자에 대한 초과근무 수당의 경우가 그것이다. 그러므로 방심하지 않고 조심함은 선들을 식별하는 데 없어서는 안 될 신중한 태도이다. 왜냐하면 참으로 좋은 것 대신에 겉보기에 좋은 (그러나 사실은 나쁘거나 혹은 적어도 썩 좋지는 않은) 것을 택하는 일은 합리적이지 못하기(말하자면 실천 이성의 형식적 원리에 반대되기) 때문이다.

✣ 전념 ✣

대부분의 기본적 선들을 달성하는 일은 적지 않은 노력과 헌신을 필요로 한다. 인생이 우리에게 주는 교훈은, 만일 기본적인 선들이 경박한 방법이나 되는 대로 식의 방법으로 추구될 경우에는 충분하게 달성될 수 없다는 점이다. 건강을 유지하고, 가족을 부양하며, 성취 지향적인 직업을 얻고, 훌륭한 운동선수나 예술가, 과학자 혹은 인문학자가 되는 일들은 모두 지속적이면서도 강인한 희생을 요구하는 목표들이다. 전념에 대한 지침은 선들의 중요성이 위태로운 지경에 있다고 여기고 그것들을 추구함에 있어서 쉽게 포기하는 것은 합리적이지 못하다는 점을 깨닫는 데서 온다. 한편으로 우리는 또한 우리가 선에 관한 모든 경우들에 대하여 똑같게 전념할 수 없다는 점을 알고 있다. 말하자면 운동, 예술, 과학, 문학에 있어서 동시에 탁월하기란 사실상 불가능하다. 결국 전념에 관한 지침 아래서는 일정한 형태들의 선에 대하여 일정한 정도로 집중하는 것이 합리적이다.

⚜ 포괄 ⚜

딱 한 가지의 선만이 있는 게 아니라 다수의 선들이 있다는 사실은, 모든 다른 선들을 전체적으로 배제한 채 한 가지 선을 얻는 일에 자신의 시야를 고정시키는 것이 현명하지 않다는 점을 시사한다. 이 같은 극단적인 집중 형태 안에서 사람은 다른 선들에 대하여 실천 이성의 형식적인 원리를 소홀히 하게 마련이다.

이것은 성실한 정치인이 공동체의 선에 전념한다거나 혹은 예술가가 특별한 형태의 예술에 대하여 열정을 갖는 것처럼 자신의 삶에 있어서 하나의 유력한 목적을 갖는 것이 현명하지 못하다는 점을 의미하는 것은 아니다. 그러나 만일 이러한 열정과 헌신이 다른 선들에 대하여 철저하게 배제하는 일을 수반한다면, 만일 그런 사람들이 가족을 버리고 친구들을 무시하며 놀이 활동을 경멸한다면 우리는 그들이 거대하게 포진된 훌륭한 일들을 즐기는 데 실패하고 있다고 말할 수 있을 것이다. 우리는 어떤 사람이 나머지 선들을 심하게 무시하는 대가로 한 가지 기본적인 선을 추구하는 것은 합리적이지 못하다고 결론지어야 한다.

물론 그 누구도 한 가지 유일한 선에만 초점이 맞춰진 인생을 끝마칠 수는 없다. 일상의 실존적 욕구들은 가장 열광적인 사람에게조차 가끔씩은 자신의 중심적 열정의 범위 밖에 있는 선들에 대하여 돌아보도록 강요한다. 포괄성을 촉진하는 지침은 삶의 자의적인 환원으로부터 일차원적 행위에로의 이같은 움직임을 강화시키며, 나아가 우리로 하여금 가능한 한 광범한 범위의 선들을 지향하도록 충고한다. 그렇게 하지 않는 것은 분별 없는 짓이다.

✣ 초연 ✣

가능한 한 넓은 범위의 선들을 지향하는 것이 합리적이지만, 우리가 '그것들 모두를 획득' 할 수 없다는 점을 깨닫는 데에 커다란 통찰력을 필요로 하는 것은 아니다. 제3장에서 언급된 바와 같이 인간의 실존에는 명백한 한계들이 있기에 어떤 사람이 혼자의 힘으로 확보하기 어려운 많은 선들이 있다는 것은 분명하다. 만성적인 질병은 육체적 안녕을 잡히지 않는 목표로 만들 수 있고, 전문 음악인 내지 운동선수로서 영원히 활동하는 희망을 좌절시킬 수 있으며, 이론 물리학을 전공하는 대학 교수가 되는 꿈을 이루지 못하게 할 수 있다. 우리들이 어떤 선에 이르는 길을 막는 비인위적 장애물들은 많으며 (빈약한 건강, 남다른 음악적 재능의 부족, 사고로 인하여 한쪽 다리가 마비됨, 대학에서 자리 잡기가 어려움), 또한 인간으로서의 우리에게 다가오는 보다 긴급한 요구들은 종종 우리로 하여금 어떤 추구하던 일들을 단념하게 한다(예를 들어 젊은 대학원생이 나이 드신 부모를 부양하기 위해 학교를 떠나는 일).

코핑은[1] 우리가 갖고 싶지만 어떤 실제적인 이유에서 얻을 수 없는 일정한 선(善) 없이도 할 수 있는 기술이다. 그러나 얻기 어려운 선에 사로잡혀 있는 사람들에게 코핑은 당연히 매우 어려운 일이 된다. 우리 자신이 실제 스스로 도달하기 어려운 선들로부터 초연해 있는 것은 확실히 합리적이다. 또 얻을 수 있는 선을 다른 선들을 위해서 포기하는 것이 합리적일 수도 있다. 극기(克己)가 비합리적인 것은 아니다(단 어떤 상당한 선을 위한 극기일 것).

이 점에 대하여 나는 매우 신중한 지침들 내지 충고거리들을 열거해 왔다. 조심, 전념, 포괄, 혹은 초연에 실패하였다고 해서 비도덕적인 것은 아니다. 그 실패는 단지 자신의 삶을 사는 일이라는 전반적인 업무에 있어서 어리석을 뿐이다.

이제 나는 세 개의 신중한 지침들을 보태고자 하는데, 이것들은 도덕의 영역이라고 알려진 신중을 요하는 일의 하위 세트를 향한 '하향의' 연결고리를 제공해 준다. 인간 선의 특별한 경우가 중대하게 피해받고 있을 때 (즉, 해악이 연루되어 있을 때) 인간의 행위는 그저 경솔한 것이 되며 또한 비도덕적인 것이 된다. 이는 부주의하여 행동에 실패한 탓, 적극적이고 고의적인 행위 탓, 아니면 보다 일반적으로는 불공평한 다루기 탓으로 일어날 수 있다.

⚜ 공평 ⚜

사람들 사이의 공평함이라는 지침은 우리에게, 인간 선의 경우들은 그것들이 내 것이든 너의 것이든 아니면 누군가의 것이든 간에 똑같이 가치 있다는 점을 실제로 현명하게 깨닫도록 권고한다. 나의 생명이나 건강의 가치가 당신 것보다 우월하지는 않다. 내가 논하였듯이 만일 내 생명이나 건강이 당신 것보다 우월하다고 주장하고 그렇게 함으로써 당신에게 불리한 결과들이 따르도록 한다면 당신은 도덕철학의 최초의 배경 안에서 내 주장을 거부할 권리가 있으며, 나는 당신에게 반대할 아무런 논거도 갖지 못할 것이다.

누구든 건강이 좋다는 주장을 받아들일 수 있다. 그렇지만 앞에서 살펴본 바와 같이 아무도 나의 건강이 다른 이들의 건강보다 더 소중하다는 견해를 받아들일 필요는 없다. 전자의 주장은 보편적이고, 후자의 견해는 특수적이다. 보편화 가능성은 공평함에 대한 적절한 검사로서 근대의 철학적 교의이다. 원칙적으로 모든 대화자에 의해서 (현실적이든 잠재적이든, 남자든 여자든, 종교적이든 비종교적이든 등등)

인정될 수 있는 주장은 그것에 의하여 공평하다. 이것은 왜 이 지침과 다음의 지침, 즉 우리는 엄마가 젖먹이를 우선적으로 돌보는 것이 합리적이라는 데 전적이며 보편적으로 동의한다는 점 사이에 갈등이 있을 필요가 없는지에 대하여 설명해 준다. 공평함이 배제하는 것은 기회, 교육, 직업, 재산권, 외적인 선, 또는 사는 동안 겪는 그와 비슷한 것들 등을 할당하는 데 있어서 자의적으로 선호하는 일이다. 왜냐하면 자의적인 차별 대우는 해악을 가져오기 때문이다.

우리가 다른 이들과 고립된 채 인간의 선들을 얻을 수 없는 것이 사실이라면, 공평함 내지 사람들을 동등하게 다룸('황금률' 이라고도 알려져 있는)에 관한 지침은 선을 공동으로 추구하는 일—몇몇 철학자들은 이를 단 하나의 기본적인 도덕규범이라고 오해한다—에 있어서 아주 주요한 역할을 한다. 그러나 최근에 많은 페미니스트 철학자들은 공평에 대한 강조가 도덕철학 영역에서의 남성적 지배로부터 나온 오해—배려의 윤리, 특히 여성스러움의 도덕적 태도에 의해 고쳐져야 할 오해—라고 주장하고 있다.

내가 보기에 윤리학의 근거를 전적으로 공평에 두려는 시도가 갖는 주된 문제는 그것이 내용에 대해서 (다시 말하면, 좋은 것 또는 나쁜 것에 대해서) 아무런 언급도 없는 순전히 형식적인 원리라는 점이다. 사실 그것은 단지 그가 해악을 당하는 데 유의하지 않는다는 이유만으로 한 집단의 사람들 중 각각의 구성원에게 공평하게 해를 끼치고 있는 일종의 매저키스트가[2] 될 가능성을 배제하지 않는다. 한편, 전적으로 공평을 포기하는 것은, 그것이 여성들이 공정하게 대우받고 있음을 나타내는 표준을 주는 이상 여성들에게 해를 입히는 행동을 하는 셈이다. 만일 여성들이 똑같은 종류의 노동에 대하여 남성들보다 급료를 덜 받고 있다면 우리는 이같은 차등을 공평에서의 실패라고 탄핵해야 한다.

(많은 페미니스트들이 동의하고 있듯이) 공평은 대체되어서는 안 된다. 다만 그것은 실천적 지혜의 두 가지 상세한 지침들에 의하여 보충되어야 한다.

✣ 배려 ✣

배려라는 지침은 활동하지 않음과 태만함에 대하여 비난하며, 우리에게 자신 및 타인에 있어서 개별적으로 그리고 공동으로 기본적인 선의 경우들을 촉진하고 보호하지 않는 것은—특히 그 촉진과 보호에 있어서의 실패가 해악을 가져올 때—합리적이지 않다고 지적한다. 만일 중요한 선이 상실되어 버린 경우, 그것이 상실되는 것을 막지 못하거나 그것을 원상대로 회복하고자 노력하지 않는 것도 합리적이지 못하다. 의술은 그 예방 및 치유의 노력에 있어서 직접적으로 이같은 지침을 받고 있다.

배려는 그 성격상 몇몇 철학자들이 자선(라틴어 표현법 bonum facere에서[3] 나온 것이다)의 원리라고, 즉 다른 이에게 이득이 되는 행위들을 실행하라는 훈령이라고 부르는 영역을 넘는다. 배려는 스스로에게 이득이 되는 것도 포함한다.

이 지침이 실천 이성의 형식적 원리에 대한 첫 번째 관심("사람은 선을 행하며 추구해야 한다")에 입각하고 있음을 알기는 쉽다. 그에 대하여 해악(그저 불편함이 아니라 중요한 선이 박탈되는 것)을 피할 수 있도록 특수한 선들이 추구되어야 한다는 보다 상세한 설명을 덧붙이는 경우 더욱 그렇다.

자신(그리고 다른 이들)을 배려하는 것은 또한 반드시 내가 (혹은 그들이) 나의 (혹은 그들의) 선을 추구한 결과 아무런 해악도 겪지 않는 것을 필요로 한다. 사람들을 배려한다는 것은 그들의 욕구에, 특히 우리들 중 가장 약한 이들의 욕구에 방심하지 않음을 이르며, 그런 방법으로서 한 사람의 행위는 그들에게 영향을 미칠 수 있다. 그러므로 배려의 명령은 그 사람의 행위 결과들을 고려하는 것이다.

우리는 배려가 페미니스트 철학자들의 많은 관심사들을 구체적으로 표현하게 된다는 점에 대하여 주목해야 한다. 왜냐하면 그것은 사랑과 친애로부터 자연스럽게 흘러나오며 또한 그것들에 부수된 강한 감정들을 통하여 강화되기 때문이다. 우리는 사랑하는 이들의 선에 대해서 통절하게 관심을 가져야 한다. 그런 선들은 지성으로 알 수 있는 선이므로 배려하는 일이 결코 전적으로 감정에 의해서만 인도되어서는 안 되며, 항상 (그리고 궁극적으로는) 이성에 의하여 인도되어야 한다. 우리는 남자든 여자든 진정한 선들이 명백하고 감정에 호소하여 충전된 배려의 행위 속에서 촉진되고 있는지 아닌지에 대해서 분간할 줄 알아야 한다. 때때로 배려는 놀란 아이에게 면역 주사를 놓으라고 요구받은 간호 담당 학생의 경우처럼 우리의 감정들과 충돌할 수도 있다.

또한 배려는 하나의 행위 지침으로서의 공평에 대해 단언된 결점들을 해명한다. 배려의 활동 안에는 자신의 배우자, 자녀, 가까운 친척, 친구, 동료들에 대해서 자신이 그들과 특별한 관계에 있기 때문에, 또 이런 관계들이 일정한 책임을 산출하기 때문에 그들을 더 선호하도록 하는 합리적인 범위가 있다. 그러나 만일 우리의 선호가 우리와 가깝지 않은 이들에 대하여 심각한 차별 대우와 선의 실제적인 박탈을 수반한다면 공평이라는 지침은 위반되었을 수 있다.

앞으로 우리가 보게 되겠지만 배려의 지침은 적극적인 도덕규범들을 위한 근저를 제공해 줄 것이다. 다만 배려가 여러 가지 형태로 나타날 수 있는 이상 그같은 규범들은 존중에 기초를 둔 규범들보다 덜 특수하며 덜 엄중할 것이다.

존중

기본적 선들에 대한 존중이라는 지침은 어떤 기본적인 선과 관련된 경우를 고의로 공격하거나 훼손하는 것(다시 말하면, 직접적으로 해악을 일으키는 것)이 합리적이지 못하다는 점을 드러낸다. 그러므로 그것은 몇몇 철학자들이 '악행 금지의 원리' (라틴어 표현법 malum non facere에서[4] 나온 것이다)라고 부르는 것과 대충 맞먹는다. 즉, 그것은 "어떤 악도 행하지 말라"는 훈령이다.

이 지침은 또한 그것을 깨뜨리는 것이 선을 행하며 추구하는 일과 반대되는 이상 형식적 원리에 의하여 정당화되고 있다. 이 지침은 보다 특수하다. 즉, 동 지침이 형식 원리에 보태는 특수함이란 고의로 야기된 해악을 언급하는 것이다. 당신에게 병을 줄 수 있는 음식을 피하지 못한 것은 분별 없는 행위이지만 누군가 먹으려는 음식에 독을 넣는 것은 분별 없으며 또한 비도덕적인 행위이기도 하다. 사실 이 지침은 소극적인 도덕규범들—그 성격상 가장 특수하고 가장 엄중하며 또한 공평하게 적용될 수 있는 규범들—에 통하는 지침이 될 것이다.

배려와 달리 선에 대한 존중은 엄밀한 공평성에 의해서 의무지워진다. 이 지침은 우리에게 어떤 경우의 인간의 선을 고의로 파괴하는 것은 실천적 비합리성의 행위가 되기 때문에 결코 그런 일이 없도록 해야 한다고 말한다. 그렇기에 다른 사람들을 대신하여 몇몇 사람들을 의도적으로 해치거나 또는 다른 선들에 우선하여 몇몇 선들을 의도적으로 파괴할 이유는 없게 된다. 이것이 배려의 경우에는 적용되지 않음을 상기하길 바란다. 건강한 아이보다 병난 아이를 더욱 잘 돌보는 일이 합리적일 것이며, 또 상황에 따라서는 놀이보다 건강을 우선하는 것이 합리적일 수 있지만 누구의 건강이든 건강을 침해하는 것은 항상 합리적이지 못하다.

어떤 이는 '존중'이 전통적으로 인간과 그 존엄성에 대하여 적절한 태도를 나타내는 데 사용되어 온 용어라는 점에 반대할지도 모른다. 그렇지만 여기서는 그것을 선과 관련하여 사용하고자 한다. 이같은 선택은 존중이라는 막연한 관념을 인간에 대해 적용시켜 줄 수 있는 기준들을 제공하려는 욕구에 정확히 입각하고 있다. 배우자를 기만하는 것, 친구에게 거짓말하는 것, 게임에서 속이는 것, 혹은 동료를 비방하는 것들은 단지 그들이 참여하고 있는 어떤 선들이 이런 일들에 의해서 침해받고 있다는 이유만으로 관련된 사람들의 존엄성을 존중하지 못하는 경우들이다.

배려에 실패하는 일은 고의가 아닐 수도 있다. 그렇지만 참으로 인간의 선에 대하여 공평하게 존중하지 못하는 일은 행위자의 입장에서 보아 해악을 끼치려 하든가 또는 바로 그 성격상 기본적인 선에 대한 공격을 수반하는 무엇—예컨대 부부 간의 배신 행위—을 노리는 어떤 명백한 고의를 필요로 한다. 누가 그런 행동을 했다는 이유가 해악을 일으키지는 않을지 모르지만 행동은 바로 그 성격상 해악을 일으킨다. 이 논점은 인간 행위자에 대한 문제들을 일으키는데, 이는 우리가 도덕적 규범들을 정당화하려고 시도하기 이전에 다루어야 할 사항이기도 하다.

주

1 코핑(coping)은 코우프를 입히는 일을 말한다. 담 위에 갓돌을 얹는 것은 그 대표적인 예이다. 단독 주택의 경우 꼭대기에 병조각을 박은 담들을 볼 수 있다.역자 주

2 매저키즘(masochism)은 상대방으로부터 신체적 · 정신적 고통을 받음으로써 성적 만족을 얻는 이상 성욕을 뜻하며, 그같은 경향이 있는 사람을 매저키스트라 칭한다.역자 주

3 라틴어의 bonum은 명사로서 '선, 좋은 것'을, 그리고 facere는 동사로서 '행하다, 형성하다'는 뜻이다.역자 주

4 라틴어의 malum은 명사로서 '악, 나쁜 것'을 뜻하며, non facere는 facere의 부정형이다.역자 주

제5장

동인, 행위, 결과

앞의 여러 장에서 제기된 문제들은 성격상 규범적이었다. 그것들의 주요한 목적은 우리가 '당위' 라는 신중한 의미에서 인간으로서 해야 할 요구사항들을 정당화하는 것이었다. 도덕 이전의 선들을 추구하지 않거나 신중함에 관하여 제안된 지침들을 소홀히 하는 것은 어리석은 일이리라.

우리는 신중한 고려로부터 그 하위 세트인 도덕의 영역에로 내려가기 전에 단순히 규범적이지 않은 몇 가지 문제들을 명료화해야 한다. 우리가 인간 행위의 본질적인 특징들에 대하여 몇 마디 짚고 넘어갈 필요가 있는 이유는, 앞으로 살펴보게 될 것이지만 도덕규범들이란 일차적으로 행위에 적용되기 때문이다. 품성—혹은 개인이 일정한 방식으로 행동하는 습관적 성향—역시 도덕적 평가의 주제이지만 오직 파생적으로만 그렇다. 우리는 정상적으로 어떤 종류의 행위들을 실행하려는 성향이 되는 품성의 특징들(우리는 그것들을 각각 '덕' 과 '악덕' 이라고 부른다)에 대하여 도덕적으로 칭송하거나 또는 비난한다.

자신의 행위와 다른 이들의 행위를 도덕적으로 판단하기 위해서 우리는 다음과 같은 3중의 물음에 답변할 수 있어야 한다.

"누가, 무엇을, 왜 행하였는가?"[1]

동인

누가 어떤 일을 행하였는지에 관한 물음은 행위의 동인(動因) 내지 '창시자' (아리스토텔레스의 용어에 따르면 그 arché 또는 '출발점')에[2] 대하여 묻는 것이다. 이는 하나의 상식적인 문제이다. 왜냐하면 누가 전혀 행하지 않은 일에 대해서 그에게 책임이 있다고 비난하는 것은 당연히 도덕적으로 타당하지 않기 때문이다.

그러므로 동인 문제에 있어서 누가 어떤 결과에 대하여 직접적으로 원인이 되고 있는지 아닌지, 그리고 그가 그 일에 대해서 한 원인이 될 수 있는지를 확증하는 일이 중요하다. 이러한 대안들을 명확하게 하기 위하여 다음과 같은 두 가상적인 사례를 검토해 보기로 한다.

첫 번째 사례

만일 피터가 메리를 살해하기 위해 폴을 고용했고 폴이 실제로 메리를 살해했다면 폴이 동인이다. 그렇지만 피터 역시 책임의 원인이 되는 이유는 그가 폴로 하여금 살해하도록 유발했기 때문이다. 폴 자신이 피터로부터 고용된 업무에 대하여 행동을 일으키지 않았다면 메리는 살해되지 않았을 수도 있다. 누군가의 생명에 대하여 청부하는 일은 살인의 먼 원인이지만 아직 살인은 아니다. 폴은 돈을 받고서 도망칠 수도 있다(또는 피터를 경찰에 고발할 수도 있다). 메리의 죽음은 멀게는 피터에 의해서, 그리고 직접적으로는 폴에 의해서 야기된 것이다. 피터에게서 폴에게로 그리고 다시 메리의 죽음에로 이르는 어떤 연쇄가 있지만 피터와 폴의 연결은 폴과 메리의 죽음 사이의 연결과는 차이가 있다.

두 번째 사례[3]

스무 명을 유괴한 악당 잭(Jack)은 만일 우연히 마을에 도착한 여대생 질(Jill)이 그들 중 한명을 살해하지 않을 경우 그들 모두를 살해하겠다고 위협하고 있다. 만약에 그녀가 시키는 대로 행동한다면 잭은 나머지 열아홉 명을 석방시켜 주겠다고 약속한다.

이런 예는 대개 다음과 같은 도덕적 문제를 발생시킨다. 즉, 다른 열아홉 명을 구하기 위해 한 명을 살해하는 것은 허용될 수 있는 게 아닐까? (어떤 이는 그게 의무적이라고 말하기조차 할 것이지만) 내 생각에 답변은 "아니다"이다. 이런 응답은 뱃심 좋고 아마도 조심성 없게 들릴지도 모른다. 그렇지만 나는 그것이 유일한 합리적 응답이라는 점을 보여주고자 한다.

만약에 질이 인질 하나를 살해하는 것을 거부하였고 잭이 실제로 스무 명 모두를 살해했다면 질은 살인에 대하여 아무런 원인적 책임을 지지 않는다. 왜냐하면 질이 거부한 것과 잭이 일으킨 행위를 연결시켜 줄 어떤 직접적인 또는 먼 동인도 없기 때문이다. 질로부터 잭 그리고 스무 명 인질의 죽음에까지는 아무런 연쇄도 없다(첫 번째 사례에서 피터와 폴 그리고 메리의 죽음에까지의 연쇄와 비교해 보라). 질은 잭을 유인하거나 혹은 그로 하여금 스무 명을 살해하도록 움직이기 위해 아무 일도 하지 않았다. 메리가 살해되기를 원했던 피터와 대조적으로 질은 인질들의 죽음을 바라지 않았다. 원인이 되는 책임은 이제 전적으로 잭의 어깨 위에 드리워진다. 잭 오직 그만이 살인자이다.

그러나 질이 이른바 '소극적인 원인의 책임'이라는 것을 져야 하는 것은 아닐까? 질은 잭으로 하여금 뭔가 하도록 적극적으로 조장하지는 않았지만 잭의 행위를 막는 데 실패한 점에 대해서는 아무튼 책임이 있는 게 아닐까?

질의 딜레마는 다음과 같이 간주될 수 있다. 즉, 배려라는 지침 아래서 형식적 원리(FP)는 질에게 "만일 그것이 좋다면 그 일을 행하라"고 말한다. 그리고 열아홉 명의 생명을 구하는 것은 좋다. 그렇지만 존중이라는 지침 아래서 FP는 질에게 "만일 그것이 나쁘다면 그 일을 행하지 말라"고 말한다. 그리고 무고한 한 명의 인질을 살해하는 것은 그것이 생명을 파괴하기 때문에 나쁘다.

그러나 질의 선택은 한 명의 생명과 열아홉 명의 생명 사이의 선택이 아니라—처음에는 그렇게 보일 수도 있겠지만—(a) 독립적인 동인으로서의 잭이 존중이라는 지침을 깨뜨리지 않을 것이라는 기대 속에서 한 생명을 파괴하는 것과, (b) 독립적인 동인으로서의 잭이 존중이라는 지침을 깨뜨릴 것이라는 두려움 속에서 한 생명을 살리는 것 사이의 선택이다. 어느 쪽의 동인인가는 결정적인 숙고를 행하고 있다.

하나의 동인으로서 질은 직접적으로 존중의 지침을 받는다. 그녀는 단지 간접적으로만 배려의 지침을 받을 뿐이다. 왜냐하면 그녀의 경우에 선을 보호할 필요성은 다른 동인의 위협과 있을 수 있는 미래의 행위로부터 발생하기 때문이다. 더구나 그 다른 동인은 농담을 할 수 있거나 또는 자신의 마음을 바꿀 수도 있다. 다만 죄를 범할 마음이 있는 동인이 뭔가 조치를 취하리라는 가능성이 높다 할지라도(결코 절대적으로 확신할 수는 없다) 질은 자신이 선택하는 일에 있어서 여전히 존중의 속박을 받고 있는 셈이다.

질이—FP와 존중의 지침 아래에서—잭의 요구사항에 굴복하는 것이 합리적이지 못할 것이라는 점은 명백해 보인다. 일이 터졌다 하더라도 우리가 질에게 잭의 심각하게 비도덕적인 행위를 막지 못한 데 대하여 책임을 지울 수는 없다. 다시 말하건대 잭, 그만이 살인자가 된다.

좀 더 광범한 관점에서 보아 질에게 잭이 행동하기를 결심한 바에 대하여 책임을 지우는 것은 결과적으로 위협이 확실하고 도박 수준이 높을 때마다 약탈자에게 굴복해야 한다는 점을 인정하는 것이나 마찬가지이다. 그렇다면 한 사람의 결정이 도덕적으로 옳은지 혹은 그른지의 여부는 철저히 사악한 동인들의 손에 달려 있게 될 것이다. 그들이 더욱 더 사악할수록 우리는 그들의 요구에 응해야 한다. 이같은 상황이 견딜 수 없는 것임은 확실하지 않은가!

하나의 동인으로서 나는 내 스스로 실행하려는 행위에 대하여 먼저 판단해야 한다. 그럼에도 불구하고 여전히 몇몇 비평가들은 행위는 예견 가능하거나 실제적인 결과와 분리하여 판단될 수 없다고 주장할 것이다.

행위

하나의 행위가 그 동인의 더 큰 의도와 상관없이 그리고 행위 자체에 수반하는 것과 상관없이 판단될 수 있을까? 만일 질의 의도가 인질들이 풀려나는 것을 보는 것이고 또한 그녀가 요령껏 그런 일을 해낸다면 그녀가 잭의 요구를 인정하는 것이 정당하지 않을까?

나는 그렇게 생각하지 않는다. 간단한 예 하나를 들기로 한다. 내가 당신의 지갑을 훔쳐서 이제 막 발매된 유명한 CD 몇 장을 살 수 있게 되었다고 가정해 보자. 그런데 CD를 사지 않고 그 돈을 가난한

이들을 위한 무료 식당에 기부했다고 하자. 이 경우 당신이 수단적으로 좋은 것들 몇 가지를 빼앗겼다는 사실은 여전히 그대로 남아 있다. 내가 당신의 돈을 의도한 바대로, 아니면 현실적으로 사용한 것이 좋은지 또는 나쁜지의 여부에 상관없이 당신은 부정적으로 영향을 받았다. 훔치는 일은 절도범이 갖는 그 다음의 목표와는 관계없이 판단되어야 한다.

하나의 행위는 그것이 가까운 장래에 좋은 것들에 대해서 어떻게 영향을 미치는지에 의해 평가되어야 한다. 핵심적인 고려사항은 행위 자체의 주요한 직접적 목표이다. 내가 '주요한 직접적 목표'라는 까다로운 표현을 끌어들인 것은 그것이 지시하는 대상과 (a) 한 행위의 직접적으로 부분적인 목적들, (b) 동인의 보다 멀거나 확대된 목적 사이의 차이에 주목하기 위해서이다. 앞으로 설명이 곁들여지겠지만 이같은 목적들 모두는 인간이 의도하는 표적들이기도 하다.

한 행위의 주요한 직접적 목표란 당신이 '그가 무엇을 하고 있는가?'의 질문에 응답하기 위해 확인하고자 시도하는 것이다. 어떤 행위든 부분적인 목표를 얻고자 하는 부분적인 행위들을 동반하지만 우리는 대개 전반적으로 무엇이 행해지고 있는지를 식별할 수 있다. 만일 한 사람이 총을 뽑아들었고 그러자 누군가가 자기의 지갑을 건네주었다면 우리는 그가 무장 강도짓을 저질렀다고 말할 수 있다. 그의 주요한 직접적 목표는 폭력을 쓰거나 또는 폭력을 쓰겠다고 위협함으로써 남의 돈을 빼앗는 것이었다. 이것이 그가 행한 바이다. 만약에 총을 뽑아드는 그의 주요한 목표가 잠재적 구매자에게 총을 보여주는 것이었다면 우리는 무장 강도짓이 일어났다고 말할 수는 없을 것이다. 한 가지 이상의 부분적인 움직임이 두 경우 모두 비슷했다는 사실에도 불구하고 매우 다른 두 가지 종류의 행위가 실행된 셈이다.

대부분의 철학자들은 인간의 행위를 충분히 만족스럽게 분석한다는 일이 얼마나 어려운지에 대하여 너무도 잘 안다. 그리고 몇몇은 어떤 행위에 대하여 한 가지라도 정확하게 기술해내는 가능성조차에 대해서도 회의적인 반응을 보여 왔다. (예를 들어 그들의 주장에 따르면 안락사라는 행위는 의도적으로 죽음을 야기하는 것 및 의도적으로 환자에게서 고통을 덜어주는 것이라고 똑같이 훌륭하게 기술될 수 있다). 그렇지만 윤리학에 있어서 우리는 외과 의사와 법정의 모범을 따라야 한다는 것이 내 생각이다.

외과 의사들은 자신이 어떤 종류의 수술을 실행하려고 하는지 환자에게 말해주어야 한다. 대부분의 외과 의사들은 수술 부위를 열어젖히는 일부터 시작하며, 그것을 통해서 어떤 부분적인 목적을 이룬다. 만일 수술의 주요한 취지가 맹장을 떼어내는 것이라면 그들은 맹장 수술을 하려고 한다고 말한다. 또 자궁을 들어내는 수술의 경우에 그들은 당신이 자궁절제 수술을 받을 것이라고 말해줄 것이다. 만약에 의사가 당신에게 수술 받기를 권하면서 단지 "나는 당신의 건강을 회복시켜 드리려고 합니다"라고 말한다면 당신은 단호하게 거절해야 한다. 그의 막연한 목표는 그가 당신에 대해 정확하게 무슨 일을 하려고 하는지에 대하여 말해주지 않는다. 그는 그의 주요한 직접적인 목표를 밝혀야 한다.

법정들 역시 피고인의 앞선 동작이 무엇이었으며 뒤에 그 돈으로 무엇을 의도하였는지에 상관없이 그가 돈을 꾼 것인지 아니면 훔친 것인지를 판결해야 한다. 환자 그리고 배심원이 어떤 행위의 실행에 있어서 동인의 주요한 직접적 목표를 의심할 수는 없다. 당신이나 나 같이 평범한 사람들은 우리 자신의 행위에 대하여 의심할 수 없다.

다시 한 번 우리가 고찰했던 두 번째 사례로 돌아가 보자. 만약에 질이 잭의 위협에 굴복하여 방아쇠를 당겼다면 그녀는 무슨 짓을 한 것일까? 잭이 남은 인질들을 상대로 무슨 행동을 할지(또는 하지 않을지)에 상관없이 그녀는 사람을 죽인 것이다. 잭의 행위의 결과가 질의 행위의 주요한 직접적 목표는 그녀의 그 다음의 의도와 상관없이 인질 한 명의 생명을 박탈하는 것이었다는 사실의 가치를 떨어뜨리는 것은 아니다. 질이 열아홉 명의 생명을 구했다고 말하는 것은 그 행위에 대하여 부적절하게 묘사하는 셈이다. 왜냐하면 다른 여건의 상황에서는 그 똑같은 그 다음의 목표가, 이를 테면 인질들을 풀어주는 대가로 몸값을 지불한다든지 혹은 경찰을 부른다든지 아니면 인질 대신에 자기를 죽이라고 요구하는 영웅적인 행동을 함으로써 성취될 수 있기 때문이다. 원칙적으로, 그 주요한 직접적 목표가 사람을 죽이는 것과는 다른 여러 가지 일들이 행해질 수 있을 것이다.

우리는 행위들에 대하여 그 주요한 직접적 목표가 무엇인지 검토함으로써 이러저러한 종류의 것이라고 분류해야 한다. 실행된 행위의 종류를 감정하는 일은 어렵다. 왜냐하면 우리의 도덕적 판단은 인간의 선이 어떤 동인이 실행하고자 선택하는 각 종류의 행위에 의해서 얼마나 직접적으로 영향을 받는가 하는 점에 달려 있기 때문이다.

그러나 때때로 목적이 수단을 정당화하는 것처럼 보인다. 즉, 그 다음의 동작이나 혹은 예기되는 결과가 어떤 행위를 평가하는 데 있어서 가장 중요한 요인처럼 보이는 것이다. 실제로 결과, 그리고 결과만이 도덕적으로 옳고 그른 행위를 따지는 기준이 된다고 주장하는 도덕 이론들(적절하게 '결과주의론' 이라는 명칭이 붙여진)이 있다.

결과

우리가 뭔가를 행하고자 할 때는 분명히 그 행위의 결과에 대하여 고려해야 한다. 만일 룸메이트의 코트를 빌려 입은 일(그가 명백하게 동의하지는 않았다)이 그로 하여금 어느 추운 아침에 따뜻한 옷을 걸치지 못한 채 수업을 받으러 가게 한다면 그런 행동은 나쁘다.

그러나 모든 결과들이 똑같게 산출되는 것은 아니다. 표준적인 결과들이 행위를 판단하는 데 있어서 매우 중요할 것이지만, 누군가의 어떤 새로운 행위로부터 발생하는 결과들은 그렇지 않을 것이다. 이같은 결과들의 대부분은 동인으로서 우리들의 수중에 있지 않다. 앞에서 살펴보았듯이 우리가 해야 할 합리적인 것은 행위에 직접 적용되는바 존중이라는 지침을 깨뜨리지 않는 수단들을 통하여 나쁜 결과들을 예방하려고 노력하는 일이다. 배려는 잭의 위협을 받고 있는 질에 대하여 오직 간접적으로 적용될 뿐이다. 왜냐하면 생명을 구하는 것이 사람을 쏘는 일의 표준적인 결과는 아니기 때문이다. 그것은 전적으로 우연의 결과이다.

사실 여러 종류의 행위들에 대하여 우연의 결과들과 비우연의 (혹은 표준의) 결과들을 구분하는 것이 현명한 이유는 한 동인의 책임이 그에 따라 달라지기 때문이다. 만일 어떤 결과가 행위의 본질에 연결되어 있기에 그 행위를 적절하게 기술하는 것이 그것을 설명하는 일이 된다면 결과는 비우연적이다. 예를 들어, 임신이 섹스의 뜻밖의 우연한 결과는 아니다. 성교에 대하여 생리학적으로 정확하게 기술하는 것이 수태를 설명해낸다. 이는 임신을 유발시킬 의도가 없는 남자에게도 책임이 있으며, 또한 그에게 아이를 부양하는 일이 요구되는 이유이기도 하다. 이른바 '사람을 쏜' 행위에 대하여 아무런 기술도 하지 않는 것은 그 자체로서 몇몇 인질들이 목숨을 부지했던 이유를 설명한다.

의도

우리가 목표로 하는 것이란 우리의 의도가 지니는 목표를 뜻한다. 실로 만일에 우리가 효과적인 수단들을 통해서 어떤 바람직한 업무 상태를 선택하여 추구한다면(다시 말해서 우리가 그것을 그저 희망하는 것이 아니라 그에 대하여 의도한다면) 그것이야말로 우리의 목표가 된다.

이 점은 우리가 자신이 하는 일에 대하여 부분적인 목표들 및 주요한 직접적인 목표를 의도한다고 말할 수 있는 이유가 된다. 비우연의 결과들은 의도될 수도 있고(한 여성을 임신시키기를 원하는 남성의 경우처럼) 또는 의도되지 않을 수도 있다. 그러나 당사자가 자신의 의도된 행위(앞서 말한 경우에서처럼)의 비우연적인 결과에 대한 책임에서 벗어나는 것은 아니다. 우연의 결과들 또한 의도될 수 있거나 아니면 의도되지 않을 수도 있다. 이런 형태의 경우에는 잭과 질의 사례에서처럼 특히 그 결과들이 다른 이들의 자유로운 선택에 의해 중재된다면 아무런 책임도 부과될 수 없다.

도덕적 판단이 주로 행위에 대하여 내려지기 때문에, 그리고 행위는 의도된 목표에 의하여 특성이 부여되기 때문에 의도야말로 도덕철학에 있어서 중심적인 역할을 한다. 결과와 관련하여 이는 동인의 의도하지 않았지만 예견 가능한 나쁜 결과—(잭과 질의 이야기와는 달리) 어떤 제3자의 자유로운 선택에 의해 중재되지는 않은—에 대한 책임이라는 유명한 문젯거리와 통한다. 이제 분석은 전통적으로 이중 효과의 원인이라 불린 행위들에 대하여 초점을 맞춘다.

✣ 이중 효과의 원인 ✣

다음의 예들을 고찰해 보자.[4] 당신의 집 욕실에는 스위치가 둘이 있다. 당신이 불을 켜고 싶은 경우 왼쪽 스위치를 누르면 되고, 환풍기를 돌리고 싶다면 오른쪽 스위치를 누르면 된다. 당신은 두 개의 원인들(두 종류의 스위치를 누르는 행위)을 가지며, 또한 두 개의 효과들을 갖는다. 당신이 두 가지 효과를 의도할 경우 그냥 스위치 두 개를 누르면 된다.

한편, 지하실에도 조그만 욕실 한 개가 있는데, 스위치 하나로 불도 켜고 또 지독한 소음을 내는 환풍기도 돌린다. 하나의 원인이 두 개의 효과를 갖고 있는 것이다. 만일 당신의 의도가 뭔가를 볼 수 있는 데 있다면 당신은 스위치를 켤 것이며, 이어서 불을 켠 일의 의도된 효과를 얻을 것이다. 그러나 당신의 행위는 의도되지 않은 부작용도 갖게 될 것이다. 즉, 당신은 환풍기를 돌리게 되며, 그것은 불쾌한 소리를 낼 것이다. 만일 당신이 불을 켜는 일과 환풍기 돌리는 일을 떼어놓을 수 있다면 그렇게 할 것이다(당신이 위층에 있는 욕실에서 분명히 그렇게 할 수 있는 것처럼). 그렇지만 그렇게 할 수 없다면 당신은 자신이 선택하여 불을 켠 일이 가져오는 예견 가능하지만 의도하지 않은 결과에 대하여 그저 참아야만 한다. 이것은 당신이 환풍기도 똑같이 돌아가기를 원하는 경우들이 있을 수 있다는 가능성을 배제하지 않는다. 그런 경우에 당신은 두 가지 효과를 의도하고 있는 셈이다.

"당신은 왜 그것을 행하였나요?"라고 문제 삼는 것은 하나의 동인의 행위에 있어서 더 장기적인 목표 내지 의도된 결과를 확인하고자 시도하는 것이다. 어떤 행위가 이중 효과의 원인일 때, "당신은 이러한 제2의 효과를 산출하려고 역시 의도했었나요, 아니면 그것은 당신이 견뎌야 하는 것일 뿐이었나요?"라고 묻는 것은 지극히 당연하다. 이에 대한 응답이 반드시 외관으로부터 결정될 수 없음은 물론이며, 주의 깊은 관찰자에 의해서조차도 그렇다. 왜냐하면 그것은 동인의 내면적인 결정이기 때문이다. 이같은 문제에 스스로에게조차 정직하게 응답하기 위해서는 때때로 거의 영웅적인 고결함이 요구된다.

어느 만큼은 의도들을 식별하는 일이 어렵기 때문에 의도된 결과와 의도되지 않은 결과를 구별한다는 생각은 여러 방면에서 공격받아 왔다. 많은 논의가 핵심 용어들의 의미에 초점을 맞추고 있다. 만일 '비의도적으로' 라는 말이 '무심결에' 또는 '우연히' 와 가깝게 쓰인다면 당신이 환풍기를 비의도적으로 돌렸다(지하실의 욕실에서)고 말하는 것은 이상할 것이다. 당신은 그 일이 일어나리라는 것을 알고 있었다. 그렇지만 '비의도적으로' 라는 말이 '당신의 선택이 목표로 하는 바는 아닌' 이라거나 '행위의 목표는 아닌' 과 같은 의미였다면 환풍기를 돌리는 것이 비의도적이었다고 말하는 것은 완전하게 자연스럽다.

'바람' 에 대해서도 비슷한 문제들이 있다. 만일 '바라지 않음' 이 '그것을 당신 행위의 목표로 삼지 않음' 을 뜻한다면 뭔가 행하기를 바라지 않음(그럼에도 불구하고 그것을 행함)은 그것을 비의도적으로 행한 셈이다. 이에 반하여 만일 '바라지 않음' 이 단순히 '그것을 행하기를 희망하지 않음'을 뜻한다면 그것은 그 일을 의도적으로 행한 것이라고 간주될 수 있다. 우리는 종종 바라지 않거나 행하기를 희망하지 않는 어떤 것들을 행하려고 선택하고 (따라서 의도적으로 행한다). 이를 테면 상당히 진절머리 날 것으로 예상되는 파티에 가는 경우이다. 반대로, 우리는 무엇인가를 희망하면서도 그것을 의도적으로 일으키거나 해내기를 선택하려 하지 않을 수 있다. 영국의 작가 이블린 워프(Evelyn Waugh)가[5] 상당히 나이 들었을 때 죽음을 달라며 기도했다고 전해진다. 그러나 그는 자살이라는 예상에 대해서는 소름끼쳐 했을 것이다. 내가 제안하였듯이 희망하고 갈망하는 것과 그것을 얻기 위해 효과적인 수단을 선택하여 취하는 것은 같지 않다. 오직 후자의 경우만이 그것을 의도적으로 행하는 일이라고 간주된다.

이처럼 말뜻에 관하여 고찰하였다고 해서 이중 효과의 원인으로서 분석 가능한 행위에 관하여 비평가들이 제기해 온 문제들이 모두 해결될 수는 없을 것이다. 우리는 그 분석을 도덕적 영역에 적용하는 일을 시도하지 않았다. 그렇게 하기 위하여 우리는 제6장에서 이중 효과의 원리(Principle of Double Effect : PDE)라는 하나의 규범적인 원리를 공식화할 것이다. 이는 임신중절이나 안락사의 행위와 밀접하게 닮은 비극적인 경우들에 실행되는 특수한 종류의 행위를 도덕적으로 정당화하는 데 있어서 중요한 역할을 할 것이다. 다만 그같은 정당화는 행위에 대한 도덕적 평가라는 일반적인 문제가 제기된 연후에만 나올 수 있다. 행위에 대한 이론의 기초를 요약함으로써(이는 이 책의 앞부분과 논리적으로는 관계없다) 이 장은 그런 일반적인 문제를 위한 방법을 준비하고자 할 뿐이다.

이제 이 장에서 얻은 결과들을 요약해 보기로 하자. "누가 무엇을 왜 하였는가?"라고 묻는 것은 결과적으로 다음과 같은 일들을 말한다. (1) 그 행위를 실행한 동인을 확인하는 일, (2) 가까운 장래에 일어날 행위의 주요한 직접적 취지를 결정하는 일—이는 결국 행위의 종류를 결정짓는다(예를 들어, 무장 강도 아니면 무기의 판매), (3) 동인이 지니고 있는 그 다음의 의도(다시 말해서, 동인이 일으키려고 효과적으로 지향했던 결과)를 확인하는 일. 우리들 각자는 우리가 일으킨 행위들, 우리가 실제로 실행한 행위의 종류들, 우리의 행위들이 가져온 의도된 결과들, 그리고 의도되었든 의도되지 않았든 그 행위들의 비우연적 내지 표준적인 결과들을 이유로 비난을 받든가 아니면 칭찬을 받아야 한다. 한편, 우리는 우리가 행하지 않은 점(또 기본적인 선을 직접 침해하는 일 없이 예방하는 방법을 갖고 있지 않은 점), 한 가지 이상의 효과를 가진 행위들의 의도되지 않은 결과들, 우리가 행했던 것의 전적으로 우연한 결과들을 이유로 비난 받아서는 안 된다.

우리는 어떻게 행위를 한 동인들에 대하여 칭찬하거나 혹은 비난하는 일에 착수하는 것일까? 즉, 우리는 어떻게 하나의 주어진 행위에 대하여 도덕적 판단을 내리는 것일까?

주

1 행위를 둘러싸고 있는 상황에 대하여 묻는 것은 종종 중요하다. 여기서는 가능한 한 설명을 간소화하기 위하여 이같은 문제는 무시하기로 한다.

2 Aristotle, *Nicomachean Ethics*, 6.2.1139b5. 원어 '아르케' 와 어근이 같은 '아르케인' (archein)은 '시작하다. 처음이 되다' 의 뜻을 지니고 있다. Arché는 시작이라는 의미의 측면에서 보면 탐구를 시작하는 '출발점', 어떤 행위의 시발을 나타내는 '단초' 라고 이해할 수 있으며, 나아가 훗날의 모습을 지배할 '원리' 로 풀이할 수 있다. 더 구체적이고 전문적인 의미로는 추론 과정에서 더 이상 소급이 불가능한 '제일 원리' 로 이해되기도 한다. **역자 주**

3 Smart & Williams (1988), 98에서 각색된 것임.

4 Beauchamp and Childress (1994), 209에서 각색된 것임.

5 Evelyn Waugh (1903–1966)는 영국의 작가이다. 그는 특히 영국의 귀족들과 상류 사회를 풍자하여 묘사하였는데, 『쇠퇴와 몰락』, 『비열한 육체』, 『국자』, 『한줌의 먼지』와 같은 풍자소설들로 이름을 날렸다. 그는 또한 가톨릭적인 관점에서 쓴 많은 작품들을 남겼다. **역자 주**

제6장

행위에 대한 판단 : 도덕규범

도덕규범의 기능은 그 주요한 직접적 목표에 따라 열거되는 여러 종류(또는 부류)의 행위들에 대하여 도덕적 속성을 매기는 데 있어서 우리를 인도하는 것이다.

"여느 X에 관해서이든 만일 X가 훔치는 행위라면 X는 나쁘다"라는 일반적인 규범이 진술하는 것은, 그 주요한 취지가 자기 것이 아닌 것을 소유자의 승낙 없이 도용하는 데 있는 어떤 행동도 도덕적으로 받아들여질 수 없다는 점이다. 우리에게 행위의 유형들을 분류해 줌으로써 이같은 규범들은 우리의 행위 및 다른 이들의 행위를 도덕적으로 평가되는 불가피한 일에 있어서 합리적인 지침을 제공한다.

규범들을 명백하게 공식화하는 일은 도덕교육에 있어서 중요하다. 왜냐하면 그것들은 신념과 확신—이것들은 그 정당화가 적절하게 이해되는 경우 도덕적 지식이 될 수 있다—을 스며들게 하는 데 도움을 주기 때문이다. 도덕규범들에 대하여 아는 바가 없는 인간 공동체는 그 구성원들로 하여금 매 경우마다 도덕적 판단을 정정하는 데 필요한 기준들을 재구성하도록 강요할 수도 있다. 말할 필요도 없겠지만 이런 여건 아래서는 행동에 있어서 일관성을 이루기가 어렵다.

실제로 어떤 중요한 것들에 대하여 일관된 행동을 지향하는 일, 또 그에 의하여 도덕규범들을 가르치는 일은 분명히 어느 인간 공동체에서든 발견되는 하나의 관례이다. 왜냐하면 그런 것들 없이는 함께 살아간다는 진행형의 업무에 종사하는 일이 불가능할 것이기 때문이다. 사람들은 공동의 목표를 추구하면서, 궁극적으로는 기본적인 인간의 선을 추구하면서 함께 살아간다.

그러므로 도덕은 해도 되고 안 해도 되는 어떤 임의의 사회적 협정이 아니다. 즉, 우리는 도덕 없이 지낼 수가 없다. 왜냐하면 그것은 우리 모두가 가장 소중히 하는 것들을 강화하고 보호하는 데 결정적이기 때문이다. 만일 이 말이 옳다면 도덕적 규범들은 그것이 기본적인 선에 근거하고 있다는 점을 보여줌으로써 정당화되어야 한다.

사실 도덕적 성숙함이 이루어지는 것은 도덕적 규율들을 맹목적으로 (사회적 압력 아래서, 부모님과 선생님의 격려에 따라서, 혹은 종교 지도자들의 권위에 입각해서) 따르던 사람이 그 규율들의 이론적 근거를 이해하기 시작하는 때이다. 해답은 그가 도덕규범들을 따르는 것이 심리적 억압 안에서의 활동을 의미하지 않으며(설사 어떤 사람들의 경우 규범들이 신경병적인 자멸의 수단으로 될 수 있다 하더라도), 또한 자신의 자유를 자의적으로 제한하는 것을 의미하지는 않는다고 이해하는 데 있다. 이에 반하여 우리는 이같은 규범들이 자신의 자유에 대해서 선을 성공적으로 보호하고 추구하도록 적용하는 데 지침을 제공하고 있다는 점을 이해하여야 한다. 실제로 그것들은 종종 우리 자신과 다른 이들의 선한 삶에로 나아가는 데 있어서 우리를 여러 오류와 장애로부터 자유롭게 해준다.

규범들이 또한 중요한 이유는 우리가 일상의 생활에서 의무와 책무에 호소할 경우 그에 대한 정당화를 제공하기 때문이다. 대학에서 우리는 학생들에게 부정행위를 하지 말아야 할 의무가 있다고 말한다. 왜 그럴까? 그 이유는 부정행위는 나쁘기 때문이다. 즉, 지식을 부적절하게 얻거나 사용하는 어떤 행동도 허용될 수 없다는 규범이 있기 때문이다. 이것이 의미하는 바는 무엇일까? 이것들은 어떤 종류의 규범들일까?

허용될 수 없는 행위

어떤 규범들은 부정적이다. 그런 규범들은 우리에게 이러이러한 종류의 행위들이 인간 선의 중요한 사례들에 대하여 부정적으로 영향을 미치며, 그렇기에 도덕적으로 그릇되다고 말한다. 따라서 부정적인 규범들은 선에 대한 존중이라는 신중한 지침에 의거한 다음 부정적으로 영향받은 선 내지 선들을 열거함으로써 정당화되어야 한다.

부정적인 규범들은 존중이라는 지침에 의존하기 때문에 우리가 살펴본 바와 같이 그것들은 엄밀한 공평성을 충족시켜야 한다. 만일 인간의 기본적인 선의 사례를 고의로 공격하는 것이 도덕적으로 나쁘다면 해악을 입히는 일에 있어서 정당화된 선호 혹은 정당화된 차별을 위한 여지는 없다.

✤ 허용될 수 있는 행위 ✤

만일 그 어떤 기본적인 선도 부정적으로 영향받지 않는다면 그에 상응하는 행위는 허용 가능하며, 행해도 좋다. 어떠한 규범도 허용 가능성을 위해서 요구되지는 않는다. 그러므로 허용 가능한 행위는 어떤 불이행의 영역과 유사한 것을 구성한다. 즉, 만약에 그 어느 규범도 어떤 행위가 허용될 수 없다든가 아니면 의무적이라고 말하지 않는다면 그것은 허용 가능한 것이 된다.

✣ 의무적인 행위 ✣

어느 규범들은 긍정적이다. 즉, 그것들은 우리에게 무엇이 우리가 하지 말아야 할 허용될 수 없는 것인지에 대하여 말하며, 그에 상응하는 선(혹은 하나 이상의 것이 문제되는 경우엔 선들)과 함께 배려라는 신중한 지침에 호소함으로써 정당화되어야 한다.

부정적인 규범들에 비해서 긍정적인 규범들은 덜 특수하다. 인간 생명에 대한 존중은 우리가 고의로 사람을 죽이는 일처럼 어떤 특수한 종류의 행위를 실행하는 일을 삼가야 한다는 점을 수반한다. 살인 행위는 여러 가지 방법으로 이루어질 수 있지만 그 주요한 직접적인 목표는 동일하다. 한편, 생명에 대한 배려는 많은 행위들을 수반할 수 있으며, 각각은 다른 동일하지 않은 주요한 목표—어린 아이에게 음식을 먹이는 일부터 사고 희생자의 수송을 담당할 훌륭한 앰뷸런스 봉사를 위해 적립하는 일에 이르기까지—를 갖는다.

긍정적인 규범들은 배려의 지침에 따라 조정되기 때문에 엄밀한 공평성을 필요로 하지 않는다. 우리가 주목해 왔듯이 몇몇 사람들은 다른 이들보다 우리의 배려에 더 직접적으로 영향받는다.

✤ 규범 ✤

이제 규범 자체에 대하여 살펴보기로 한다. 나는 지금까지 '규범'에 대하여 어떤 독특한 모습이 있다는 함의를 가지고서 이 용어를 사용해 왔다. 이같은 주장은 그것만으로 매우 논의의 여지가 있다. 어떤 사람들은 다른 문화는 다른 규범을 갖는다는 사실을 지적할 것이며, 몇몇 철학자들은 마치 우리가 새로운 규범들을 만들어내서 그것들로 하여금 우리 자신들을 속박하게 할 수 있는 것처럼 말할 것이다.

규범들에 대하여 어떤 명확한 모습이 있다고 생각하는 이유야말로 규범들이 갖고 있는 이론적 근거이다. 만일 규범들이 기본적인 선들을 촉진하고 보호한다면, 또 객관적이고 보편적인 기본 선들의 경우 어떤 특이한 모습들이 있다면 우리가 규범들이 어떤 독특한 세트를 형성하리라고 기대하는 것은 당연하다. 만일 한 공동체의 구성원들이 어떤 기본적인 선을 보호하는 규범(예컨대 여성의 생식기 훼손이 실행되는 곳에서 젊은 여성의 육체적 고결함을 보호하는 규범)을 인정하지 않는다고 여겨지면 우리는 무서운 형태의 해악에 대해 둔감하다는 이유로 그 문화를 비판할 이유를 갖는다. 그리고 우리는, 설사 상응하는 규범이 현재 인정되고 있지 않다 할지라도 그것은 엄연히 존재하며 또한 확실히 인정되어야 한다고 덧붙일 수 있을 것이다.

한편, 새로운 규범들을 도입하는 것은 그것들이 적절하게 정당화되는 이상 멋진 일이다. 그러나 그것들이 진정으로 '새로운' 것이 되는 게 아니라 일반적으로 인정된 규범들에 대하여 단지 더 낫게 또는 더 특수하게 공식화되는 것일 가망성이 높다. 나아가 기본적인 선들에 대하여 제안된 목록이 불완전하다고 (즉, 한 가지 이상의 항목이 추가되어야 한다고) 논박할 가능성도 있다. 이같은 경우에 우리는 여태까지 일반적으로 인정되지 않았던 규범들을 얻을 수 있을 것이다. 내 생각에 환경윤리의 발전이 이런 방향에서 우리를 이끌 것으로 본다.

과거에 인정되어 왔음에도 불구하고 각각의 도덕규범들을 공식화하는 데 있어서, 그리고 목록을 설정하는 데 있어서 변화의 여지는 분명히 있다.

제안된 이론적 근거와 모순이 없도록 하기 위하여 나의 우선적인 관심은 주로 행위의 직접적인 취지에 의해 영향받은 선에 따라 분류된 규범들의 무리를 제시하는 데 있다. 우리는 인간의 삶이 복잡하다면 우리가 행하는 것이 종종 한 가지 선 이상의 것에 영향을 미친다는 점을, 또 그에 상응하는 규범이 다른 표제들에 따라 분류될 수 있다는 점을 잊어서는 안 된다. 친구에게 거짓말을 하는 것은 인식에 대한 공격이자 우정에 대한 공격이다. 그러므로 여기서 제시되는 분류가 불변의 것은 아니다. 그것은 선택과 행위를 할 때 알아야 할 중요한 것들에 대하여 어느 정도의 명쾌함에 이르는 한 방법을 표현한 것이다.

이 책의 목적이 '우리가 공유하는 도덕'의 기초에 대하여 단지 광범한 개요를 제공하는 데 있기 때문에 나는 가장 일반적인 형태의 도덕규범들을 도입하고자 한다. 나는 결의론(決疑論, casuistry)이나[1] 곤

란한 경우들에 대한 특수한 응용과 같은 문제들을 해결하려고 시도하지는 않는다. 이같은 탐구는 일반적인 규범들이 공식화되고 정당화된 다음에 이루어져야 한다. 더구나 다음에 이어지는 설명이 완벽하다는 의미도 아니다. 포괄적으로 다루려면 적어도 성윤리 및 사유재산에 관한 규범들을 포함해야 할 것이다.

(R. 1) 인간 생명에 관한 규범

생명은 매우 기본적인 것이어서 "살인하지 말라"는 도덕 명령은 마땅히 도덕적 사고의 근본이라고 간주될 수 있다.

이 규범으로부터 일견하여 임신중절, 영아 살해, 살인, 자살, 적극적 안락사, 사형, 전쟁에서의 살해, 자기 방어 등이 모두 도덕적으로 나쁜 행위들이라는 점이 나오는 것 같다. 이런 종류의 행위들 중 몇몇은 크게 논쟁을 일으켜 왔으며, 나는 그것들 가운데 두 가지(임신중절과 안락사)에 대해서는 장들을 따로 하여 논하려 한다.

논의의 대부분은 주어진 사례가 이 규범에 해당하는지 여부의 문제에 집중되고 있다. 만일 태아가 사람이 아니라면 임신중절은 이 규범과는 해당사항이 없다. 만일 살해가 고의적이 아니라면 자기 방어 또한 그러하다. 물론 이 규범에 대하여 정당한 예외들이 있다고 주장할 수 있을 것이다. 만일 공동체의 선이 범인의 처형을 필요로 한다면 사형은 정당한 예외가 될 수 있으며, 마찬가지로 한 나라가 공격당하고 있는 경우 방어를 위한 살해 역시 허용될 수 있을 것이다. 다만 핵심적인 요점은 논쟁의 모든 당사자들이 함축적으로 아니면 명쾌하게 '고의로 사람을 죽여서는 안 된다는 취지의 규범이 있다'는 점을 인정하는 것이다. 규범으로부터의 일탈은 무엇이든 공들여 정당화해 보는 일을 요구한다.

이 책에서 사형이나 전쟁을 다루지 않기 때문에 여기서는 간단히 이같은 형태의 살해가 전통적으로 받아들여진 것은 사람들이 이 규범을 '무고한' 인간을 죽이는 일을 금지하는 것으로서 이해해 왔다는 사실과 관계 있다는 점만을 언급해 둔다. 범인과 침략자는 부정적인 규범의 범위를 넘을 수 있다.

직접적으로든 아니면 간접적으로든 인간의 생명을 구하고 보호하기를 수반하는 모든 종류의 행위들은 긍정적인 경향이 있다. 만일 헤엄을 잘 치는 당신이 한 어린이가 수영장에 빠져 있는 것을 보았다면, 당신은 자신으로 하여금 점프해 들어가서 아이를 구하라고 요구하는 규범의 속박을 받는다. 더구나 만일 당신이 당번 중인 수영장 감시원이라면 더욱 엄밀한 규범에 따라 그렇게 행동할 의무가 있다. 따라서 보호되어야 할 선(善)이 당신 직업의 이름으로 명백하게 나타나는 것이다. 반면에 만일 당신이 호수에 있고 기온은 얼음이 얼 정도로 춥다면, 또 당신이 거의 헤엄칠 줄 모르고 심장에 문제를 지니고 있다면 당신이 점프해서 뛰어드는 일은 영웅적일 수 있다. 그렇지만 당신이 스스로 그렇게 행동하도록 의무지우는 규범의 제약을 엄밀하게 받는 것은 아니다. 이유는 똑같은 규범이 당신에게 당신 자신의 목숨을 보호하라고 명령하기 때문이다.

앞의 예는 모든 도덕규범에 대하여 적용될 수 있는 무엇인가를 보여준다. 즉, 상황을 고려하는 것이 규범이 적용되는 조건과 때를 정하는 데 결정적이라는 점이다. 다만 상황은 문제가 되고 있는 일반적인 선들에 비추어서 검토되어야 한다. 당신의 새 장신구가 망가지는 것을 피하기 위해 점프해서 뛰어드는 일을 거부한다면 그것은 명백히 적절하지 못하다.

건강이라는 선이 생명이라는 선과 밀접하게 연관되어 언급된 적이 있었는데, 그에 관한 일반적인 규범들 대부분은 식별하기가 쉽다. 그런 규범들 중 몇몇은 모든 사람에게 적용되며(예컨대 음식에 독을 넣는 것, 강과 환경을 오염시키는 것, 마약을 팔거나 권하는 것, 지나치게 흡연을 하거나 음주를 하는 것 등을 금하는 규범들), 몇몇은 헬스 케어 분야 종사자들(의사, 간호사, 약사, 물리치료사 등)에게 보다 직접적으로 적용된다. 직업윤리에 관한 규약들이 종사자들의 특수한 의무를 명백하게 확인하기 위하여 그간 개발되어 왔고 지금도 개발되고 있다.

이러한 맥락에서 하나의 부정적인 규범이 포함되어야 하는데, 이는 보통 정치적인 목적으로 사용되면서 건강과 신체적 안녕에 대하여 공격(인간 존엄성에 대한 공격은 물론)하는 관례, 즉 고문(拷問)을 가하는 일을 거부한다. 결과주의자들(그리고 고문을 행하는 이들!)은 고문이 많은 사람들에게 큰 혜택을 가져다 줄 수 있다는 이유로 이같은 규범에 대체로 반대할 수도 있다. 그들은 자신들의 논거를 만들기 위해 강력한 폭탄이 뉴욕 시 안에 숨겨져 있었는데 오직 폭탄을 장치한 사람을 고문함으로써만 그것을 발견하여 제거할 수 있었다는 등 종종 기발한 시나리오들을 지어내기도 한다.

내 의견을 말하자면 이같은 상상의 예들은 우리를 그릇되게 한다. 왜냐하면 그것들은 고문 행위 자체의 본질과 도덕적 책임의 문제를 흐리게 하는 경향이 있기 때문이다. 해악을 끼치는 성향의 사람들이 있는 것은 사실이지만, 해악을 방지하는 일이 거꾸로 심각한 해악을 가하는 사람 자체를 희생하여 이루어져서는 안 된다.

따라서 해악을 가하지 말라는 부정적 규범은 긍정적 규범보다 우선한다. 왜냐하면 그것은 잠재적 고문가의 행위에 직접적으로 적용되는 규범이기 때문이다. 그는 범죄 혐의자의 도덕적 책임과 상관없이 그의 고문 행위에 대하여 도덕적으로 책임이 있다. 사실 현실의 세계에서(윤리는 현실 세계에서의 행위규범에 관한 것이다), 당신이 옳은 사람을 고문하고 있는지의 여부는 대개 분명하지 않다. 용의자가 유죄인지 아니면 결백한지를 결정하기 위해서는 사법상의 심리가 수행되어야 한다. 다만 이런 경우에 적극적인 유인(탄원 교섭과 같은)이 고문보다는 더 효과적일 수 있으며 또한 도덕적으로도 허용될 수 있을 것이다.

그러므로 유엔(UN)이 고문으로부터의 자유는 기본적인 인권으로 간주되어야 하며, 한 사람을 고문하는 것이 많은 사람들에게 심각한 해악을 가하는 일을 방지할 수 있을 것처럼 보이는 경우에서조차 침해되어서는 안 된다고 선언한 것은 전통적인 도덕적 사고에 대한 비결과주의적 구조와 완벽하게 일치한다.

존중의 지침이 살인, 해악, 고문을 금하는 부정적 규범들의 기초를 이루는 것과 마찬가지로 배려의 지침은 우리 자신과 다른 이들에 있어서 생명, 건강, 신체적 안녕을 지키고 촉진해야 할 도덕적 필요성을 정당화한다. 이는 확실히 주요한 도덕적 관심사의 영역이다.

(R. 2) 기초적 인간 공동체에 관한 규범

주로 이 선과 관련되면서 가장 잘 알려진 전통적 도덕규범은 "간통을 범하지 말라"이다. 그에 대한 충분한 통찰을 위해서 우리는 가정의 특성을 규정하는 일을 상기해야 한다.

가정은 결혼이라는 계약으로부터 발생하는 공동체이며, 따라서 결혼은 가정이라는 제도 자체를 결정한다. 여기서 나는 법적 용어보다는 도덕적 용어를 쓰고자 하는데, 때때로 아무런 민사상의 (또는 종교적인) 결혼식이 거행되지 않은 경우조차도 하나의 계약은 이루어질 수 있다.

만일 결혼이 하나의 계약이라면 그것은 상호 간의 협정, 상호 간의 약속, 상호 간의 위탁을 맺는바 매우 광범한 인간 관례에 있어서 특별한 경우이다. 우리의 일상생활을 간략하게 고찰해 보면 우리는 협정들의 두터운 네트워크에 잠기어 살고 있음을 알 수 있다. 대학은 수업료를 대가로 젊은이에게 교육하는 것에 동의하며, 선생은 봉급을 받고 가르치는 일을 맡는다. 학생은 기숙사 생활의 규칙에 따를 것을 약속하며, 친구와 점심을 함께 할 언질을 주기도 한다. 만일 일정한 조건들이 충족되기만 한다면 여러 협정들이 사람들이 지켜야 할 의무들을 산출한다는 점은 분명해 보인다. 여기서 조건들 중 가장 중요한 것 두 가지는 협정은 자유롭게 맺어진다는 점, 그리고 어떤 속임수도 없다는 점이다. 강압과 기만은 보통 계약이나 협정을 무효로 만든다.

왜 우리는 계약을 첫 번째로 꼽는가? 이같은 관례—이는 일견하여 개인의 자유를 포기하는 비합리적인 단계를 포함한다—의 이론적 근거는 여느 때처럼 인간의 선의 추구에서 탐구될 수 있다. 많은 좋은 것들(확실히 가장 중요한 좋은 것들)이 다른 사람들과 격리된 채 성취될 수는 없기 때문에 우리는 다른 사람들과 뭔가 언질을 주고 또 받는 것이 도리에 맞음을 안다. 언질로부터 떨어져 나가는 이는 솔직히 일정한 선들을 향유할 수 없다. 만일 당신이 집을 사는 일에 언질을 주는 계약서에 끝내 사인을 하지 않는다면 당신은 결코 집을 소유하지 못하게 된다. 모든 언질들로부터 '자유로운' 사람은 어쩔 수 없이 마침내 빈 손이 되고 말 것이다.

선에 주목하는 것은 몇몇 협정들이 다른 것들보다 더욱 엄밀하게 구속력이 있는 이유를 설명해 준다. 카페에서 만나자는 별 신경쓰이지 않은 협정을 깨뜨리는 일은 그렇게 심각한 문제가 아니다. 만일 당신 친구가 감정을 상하게 되고 당신의 우정이 위태롭게 될 이유가 없다면 말이다.

확실히 결혼은 그것을 대하는 경의(敬意)에 달린 선의 무게—그 안에서 사랑, 우정, 그리고 생명의 전수를 주요 목표로 하는 단단하게 결합된 공동체가 창출된다—로 말미암아 인간이 할 수 있는 가장 중대한 언질 가운데 하나이다. 일단 아이들이 태어나면 새로운 목표들이 생기는데, 이러한 새 목표들은 대개 아이를 기르고 교육하는 등 매우 요구사항이 많다.

가정에 관한 전통적인 도덕규범들은 앞서 말한 목표들 내지 선들에 의하여 정당화된다. 혼외의 섹스와 부정(不貞)은 나쁘다. 왜냐하면 그런 종류의 행위들은 가장 엄숙한 계약(일부 문화에서는 그것을 '서약'이라고 부른다)의 위반이며, 따라서 계약의 목표를 확보하는 중심적인 선들을 직접 공격하기 때문이다. 부정한 행위의 결과로서 결혼이 깨지고 실패에 이르러 누구에게든 놀랄 만한 사건으로 되지 않도록 해야 한다. 이런 행위들은 대개 기만, 신뢰 및 칭찬의 상실, 나아가 궁극적으로 원한과 증오를 동반한다.

이같은 경로를 따라 긴밀하게 관련된 규범에 의해 단단히 물리쳐야 할 다른 종류의 행위들이 발견된다. 이를 테면 배우자, 자녀, 또는 (나이 든) 부모에 대한 태만, 유기(遺棄), 구타, 언어적 및 신체적 학대 등 부부 간의 강간은 기초적인 인간 공동체에 대한 특히 가증스러운 공격이다. 반대로 가정의 구성원들에 대한 상호 존중, 정절, 사랑, 친애, 헌신은 배려의 지침을 받는 도덕적 의무들이다.

앞서 언급한 의무들 가운데 몇몇은 계약상의(다시 말해서 자유롭게 선택된) 것이고 또 몇몇은 그렇지 않다는 점을 주목하는 일은 흥미롭다. 누구든 한 사람의 배우자가 되기 위하여 다른 사람을 자유롭게 선택하지만(물론 강요된 결혼은 무효의 계약이다) 자신의 부모와 형제자매를 선택하지는 않는다. 자녀를 선택하지도 못한다. 자녀를 갖는 일을 선택할 수는 있겠지만 특별히 이런저런 아이들을 선택할 수는 없을 것이다(이 경우에 놀랄 만한 여지는 많이 있다!).

자신의 배우자 (혹은 양자로 들인 자녀) 외의 가족 구성원들에 대한 의무는 전통적으로 그것들이 자유롭게 착수된 언질에서 유래하는 것이 아니라는 뜻으로 '자연적인' 의무라 불려왔다. '자연'을 의미하는 라틴어 natura는 (그에 상응하는 그리스어 physis처럼) 자신의 선택에 종속되어 있지 않은 행위, 즉 타고난 것이라는 관념과 밀접하게 연관되어 있다. 나는 사람이 일정한 가정에서 태어났다—이는 그가 선택한 것이 아니다—는 사실로부터 나오는 의무들이 존재한다고 강조하는데, 이는 도덕규범들에 대해서 순전히 계약상의 근거를 제공하기 위한 노력들이 우리의 의무들의 중요한 부분을 설명할 수는 없다는 점을 보여주고 있다.

(R. 3) 보다 큰 공동체 안에서의 친애에 관한 규범

이처럼 확대 지향적인 선에 관하여 아마도 가장 일반적인 부정적 규범은 "제 멋대로 하지 말라"는 금지 명령에 의해서 시사될 수 있을 것이다. 친애는 관대함의 결여로 인하여, 즉 이익을 할당하는 데 있어서, 또는 귀찮거나 부담스런 일을 피하는 데 있어서 자신에 대하여 과도하게 우선권을 줌으로 인하여 위협을 받는다.

긴밀한 친애는 불성실, 위선, 부정(不貞) 등에 의하여 훼손된다. 사업상의 제휴처럼 친밀성이 덜한 친애는 계약이나 공식적인 협정을 어김으로써 훼손된다. 다른 이들을 지배하려 하거나 그들에게 위력을 발휘하려는 시도 역시 친애에 대하여 위해를 끼치며, 폭력을 사용하는 것도 마찬가지이다. 데이트 상대를 강간하는 것은 특히 관련자들이 아는 사이를 끝낸 경우라면 친애라는 선의 심각한 위반이다.

우리로 하여금 온당한 이기주의에서 행동하도록 명하는 긍정적 측면의 규범들은 대단히 일반적이며, 따라서 특별한 상황에 대하여 상상력을 통해 숙고하는 일을 필요로 한다. "내가 지금의 상황에서 어떻게 내 친구의 선을 향상시킬 수 있을까?"라는 질문에 대한 올바른 응답은 사람마다 다르며 심지어 날마다 달라질 수 있다. 덧붙여 말하건대, 이같은 발언이 도덕적 상대주의에 기회를 주는 것은 아니다(어떤 응답들은 확실히 틀릴 것이다). 다만 그것이 표시하는 바는 도덕적 추론은 그 목적이 모든 종류의 친애를 높이는 데 있는 규범들을 따르려고 노력하는 데 있어서 새롭고 창조적인 발전을 이룰 여지를 많이 남긴다는 점이다.

친애가 하나의 공동체를 좋은 공동체로 만드는 이상 그것은 다른 중요한 도덕적 요구들, 즉 정의에 대한 요구들을 '그만큼 더' (a fortiori) 충족시킨다. 친애는 진정한 친구들은 서로를 공정하게 대우하는 일에 대하여 걱정할 필요가 없다—그들은 서로 공정하게, 아니 훨씬 더 그 이상으로 대우한다—는 점에서 "보다 강하다"(이것이 '그만큼 더'라는 표현이 의미하는 바이다). 그렇지만 친애가 쇠퇴하거나 사라질 때 정의는 특별히 탁월함을 얻는다. 행복한 결혼생활 중에 방문권은 아무런 의미가 없다(부모와 자녀들은 같은 집에 산다). 그러나 이혼 후에는 이런 문제들을 공정하고 분명하게 해결하는 일이 긴급하다. 왜냐하면 아이들의 복리가 소원해진 부모 간의 조정을 여전히 필요로 하며, 따라서 정리되어 있지 않은 공동체를 산출하기 때문이다. 그것이 잘 되어 나가는 데는 정의가 필요하다.

우리는 또한 예를 들어 큰 회사 혹은 거대한 나라처럼 더 큰 공동체들—이 안에서 애정의 결속은 매우 약하거나 아니면 실제로 불가능하다—의 구성원이다. 그러므로 이같은 공동체들 및 동료 구성원들에 대한 도덕적 의무 역시 정의의 요구를 수반할 것이다.

비록 정의가 공동체들의 선과 관련하여 우리의 담화 중에 나타났지만 그것은 도덕 세계의 어디에서나 있는 듯하다. 이렇게 정의의 의무를 관리하는 규범들은 보다 특수한 규범들이 열거된 다음에 확대되는 규범으로서 가장 잘 표현되고 있으며, 그것들 중에는 다음과 같은 기본적 선들을 보호하는 데 알맞은 규범들이 있다.

(R. 4) 노동과 놀이에 관한 규범

이같은 선들에 관하여 가장 일반적인 부정적 규범은 "속이지 말라"이다. 노동을 하는 중에 혹은 놀이 가운데 속이는 일은 분명히 나쁘다. 게임은 엉망이 되며, 일상의 일들에서 요구되는 신뢰는 파괴된다.

비록 앞서 말한 주장들이 사실이긴 하지만 그것이 매우 불충분하다는 점에 당신도 동의할 것이다. 오늘날 사실상 어디에서든지 노동에 관한 선은 자유 시장이라 불리는 사회 메커니즘과 직접적으로 교차한다. 이런 메커니즘이 이번에는 전통적인 도덕규범들에 의해서는 거의 판단될 수 없는 새롭고 복잡한 상황들을 만들어낸다.

만일 직업을 갖는 일이 개인을 위해서 좋다면 결과적으로 피고용인을 해고하는 것은 나쁘다. 하지만 우리는 더 이상 필요 없는 일들에 인위적으로 보조금을 지급하는 것이 간혹 인플레이션의 형태로 경제의 다른 부분들에 의해서 부담될 수 있는 손실을 갖는다는 점을 알고 있다. 그렇다면 어떤 온전한 군사작전 지역에서조차 노동자들을 해고하는 것이 비도덕적이지 않을 수 있다. 직업을 잃는 것이 생명을 잃는 것만큼 중대한 것은 아니다. 새로운 직업을 구할 수 있을 것이며, 실업으로 인해서 받는 혜택은 상실된 선을 일시적으로 보상할 수도 있다. 반대로 만일 전반적인 취지가 노동자들의 일터를 노동법이 심각하게 결함이 있거나 또는 전혀 시행되지 않는 국외의 한 장소로 이동시키는 것이라면 피고용인들을 해고하는 것이 비도덕적일 수 있다. 때때로 이같은 결정들이 시장의 조건 안에서 효율성에 의해 정당화된다는 주장이 있지만, 우리는 자유로운 시장을 통해서 만들어지는 모든 선의 할당이 도덕적으로 옳다고 가정해서는 안 된다.

어느 것이 옳고 어느 것이 옳지 않은지를 결정하기 위하여 철학자들과 경제학자들은 노동에 관한 선에 직접 영향을 미치는 영역에서 적절한 행동과 부적절한 행동을 낱낱이 가리는 규범들을 공식화하거나 수정하는 일에 있어서 협력해야 한다. 일부의 회사나 대기업들이 기업윤리 전문가들의 도움을 받아 윤리강령을 채택하였으며, 이런 방향에서 보다 큰 발전이 기대될 수 있을 것이다. 직업적인 스포츠처럼 노동과 놀이가 교차하는 영역에 대해서도 같은 말을 할 수 있다. 사람들은 이미 스포츠 윤리 강령의 필요성을 감지하고 있다.

개인의 관점에서 볼 때 긍정적인 규범은, 사람은 노동과 놀이에 관한 자신의 경우를 보호하고 강화해야 한다는 점이다. 의무에 대한 부주의 내지 태만으로 인하여 해고당할 위험에 부딪치는 것은 규범을 위반하는 셈이다. 이같은 주의의 요구, 특히 놀이에 관한 주의의 요구가 생명, 건강, 신체적 안녕에 관한 주의의 요구만큼 엄중하지 않다는 점은 관련된 선들을 신중하게 비교함으로써 분명해져야 한다.

(R. 5) 미적 경험에 관한 규범

이 영역에서의 도덕적 규범들은 미적 가치와 도덕적 가치를 구별하려는 자연스런 경향으로 말미암아 그간 지속적인 고찰의 대상이 아니었었다. 예술가들과 시인들은 종종 자신의 작품이 '선악을 초월하는' 차원의 것을 드러내며 십중팔구는 옳다고 주장한다. 도덕이란 궁극적으로 인간 실존에 관한 전반적인 일화(逸話)가 아니다. 도덕을 무시하는 연극, 영화, 사진에 대하여 풍부하고 충만한 인간 삶에 있어서 어떤 본분을 갖는 경험을 선동하고 교란시킨다고 보아도 무리는 아니다.

그렇다면 미에 관한 도덕규범들은 저작물에 대하여 표준을 명령한다든지 예술작품을 허용하는 것과는 아무런 관계가 없다. 부정적인 규범들 중에는 예술작품을 방자하게 파괴하는 것(히틀러가 독일 표현주의파의 그림들을 반대한 것은 하나의 좋은 예이다)처럼 사람들에게서 미를 경험하는 일을 박탈하는 행위를 금지하는 규범들이 있다.

무엇이 예술적 아름다움의 진정한 사례로 간주되는가는 도덕철학자들이 결정할 사항이 아니며, 따라서 여기서는 그에 관하여 어떤 기준도 제안될 수 없다. 다만 어쨌든 아름다움이 있다는 점, 또 아름다움이 인간의 복리에 중요한 공헌을 한다는 점에 대해서는 논의의 여지가 없어야 한다. 그렇기에 생태윤리라는 새롭게 출현하는 분야의 몇몇 관심사는 이같은 표제 아래서 논의되어야 한다. 자연은 그것을 파괴하는 것이 인간의 건강과 신체적 안녕에 대하여 심각하게 부정적인 영향을 미칠 수 있기 때문만이 아니라, 환경을 파괴하거나 허약하게 만드는 것이 우리에게서 자연적 아름다움에 대한 근본적인 경험을 빼앗아 가기 때문에 보존되어야 한다(도덕적 의미에서의 '당위'로).

(R. 6) 지식에 관한 규범

이 선을 보호하는 가장 일반적인 규범은 거짓말을 하지 말라는 전통적인 금지 명령 속에 반영되어 있다. 그리스의 역사가 헤로도투스(Herodotus, BC 5세기)는 고대 페르시아 인들이 젊은이들에게 말 타기, 활 사용하기, 그리고 진실 말하기의 세 가지 기본적인 사항들을 가르쳤다고 쓰고 있다(*Histories*, 1.136). 이는 그들이 말하는 데 있어서의 정직한 습관을 두 개의 가장 기초적인 군사적 기술만큼 값진 것으로 간주했음을 시사한다. 이유는 말의 안장에서 활을 쏠 수 있는 능력이 나라를 지키고 확장하는 데 있어서 극히 중대했던 것처럼, 진실을 말하는 것이 공동체를 내적으로 통일시키고 보존하는 데 있어서 결정적이라고 간주되었기 때문이다.

거짓말 하는 것—알 권리가 있는 누군가를 속이려는 의도를 가지고 자신이 생각하는 바와 반대되는 것을 말로 표현하는 것—은 신뢰를 파괴하며, 또한 공동의 목표를 추구하는 데 있어서 장애가 된다.

하나 또는 여러 개인들 측에서 습관적인 거짓말이 있다면 우정은 깨지고 파트너십은 분해된다. 때로는 누군가에게 거짓말을 하고 속이는 하나의 사례를 아는 것만으로도 슬픈 결과를 가져올 수 있다.

이는 우리의 행위들이 한 가지 선 이상에 대하여 영향을 미칠 수 있다는 관점을 확증한다. 따라서 거짓말에 대항하는 규범 또한 친애를 위반하는 것으로 분류될 수 있다.

오늘날 우리는 인간 안에 스스로를 속이려는 깊은 경향이 있다는 사실을 알고 있다. 우리는 종종 진실이 어디에 있는지를 짐작한다(아니 알기조차 한다). 그럼에도 불구하고 우리가 그에 직면하기를 원치 않는 것은 그럴 경우에 오는 바람직스럽지 못한 결과들 때문이다. 사람들은 간혹 자기네 나라에서 고문이 시행되고 있다는 점에 대하여 듣고 싶어하지 않는다. 왜냐하면 단순히 그 점을 인정하는 것만으로도 증거를 대보라고 강요당할 수 있기 때문이다. 기만당한 배우자가 자신이 의심하는 바에 대하여 듣기를 원치 않는 것은 다툼과 이혼 이후에 혼자 살아야 하고 수입이 줄어드는 등 고난이 예기되기 때문이다.

자신에게 또는 다른 이들에게 하는 거짓말은 많은 형태를 취하며(예를 들어 허위로 선전하기, 과학적 자료 위조하기, 고의로 틀린 정보 제공하기), 또한 언제나 이론적이든 실천적이든 지식과 진실에 대하여 공격적이다. “자신과 다른 이들에게 거짓말을 하지 말라”는 하나의 중요한 도덕적 규범을 표시한다.

이에 대해서 보통 거짓말을 하지 않는 것(즉, 늘 진실을 말하는 것)이 나쁜 결과들을 가져올 수 있다는 이의가 제기되기도 한다. 예컨대 당신이 나치스 관리에게 당신 집 지하실에 유태인 이웃이 숨어 있다고 말할 경우 뒤이어 일어나게 되는 끔찍한 결과 말이다. 결과주의자들에게는 쉬운 해결책이 있다. 즉, 이런 경우에 거짓말은 정당화되며, 어쩌면 의무적이기까지 하다.

중요한 가치들이 위태로울 때 인간 선의 전통으로 인하여, 그리고 너무 쉽사리 포기하는 일을 마음 내켜하지 않음으로 인하여 거짓말과 속임수 간의 구별이라든가 알 권리를 갖는 것과 갖지 못하는 것 간의 구별과 같은 미묘한 구별을 포함하여 일종의 복잡한 결의론을 산출시키게 되는 참으로 당혹스러운 일이 일어난다. 또한 침묵, 핑계, 얼버무림, 심적 은닉에 관한 전략들도 권고되어 왔다. "나는 그가 집 옆을 지나서 걸어가는 것을 보았습니다"(그때 그 이웃이 뒷문을 통해서 지하실로 들어가기 위해 방향을 바꿨다는 사실에 대하여는 어떠한 발언도 보류하면서)라고 말함으로써 관리자를 속이는 일은 진실에 대하여 변함없이 충성을 다하려는 영웅적인 노력의 일부로서 완전히 허용될 수 있을 것이다.

앞서 말한 심적 은닉의 예(다시 말해서, 고의적 살인을 반대하는 규범을 깨뜨리는 일에 여념이 없는 누군가에게 모든 진실을 폭로하지는 않음)가 많은 독자들에게는 자연스럽지 못하게 들릴 수도 있다. 그 이유는 수단을 전적으로 그 효과에 따라 판단하는 표준적이고 기술적인 심성 때문이리라. 한편, 인간 선의 전통은 우리로 하여금 어떤 행위가 동인이 갖고 있는 그 다음의 의도와 관계없이 인간의 선에 대하여 어떻게 영향을 미치는지에 대해서 숙고하도록 명한다. 심적 은닉의 직접적인 취지는 진실이라는 선을 공격하는 데 있는 게 아니라, 진실을 그것을 악용하려는 누군가로부터 손대지 못하게 하는 데 있다. 중요한 업무들을 놓고서 절친한 친구들 사이에 심적 은닉을 실행하는 것은 물론 허용될 수 없다.

다행히도 이 책을 읽는 독자들 중 대부분은 자신의 생애에서 많은 나치들을 만났을 것 같지는 않다(도덕철학에 있어서 나치는 현실 세계에서는 좀처럼 일어나지 않지만 냉혹성 및 확고한 예언 가능성의 감정을 산출하는 것을 뜻한다). 보다 일반적인 유혹들로는 예를 들어 부정한 행위 뒤에 배우자에게 거짓말을 하는 것, 또는 치명적인 질병을 가진 환자에게 거짓말을 하는 것 등이 있다. 내 주장은 이런 경우들이 거짓말을 반대하는 일반적인 규범에 바로 해당된다는 점이다. 앞에서 제의된 것처럼 진실을 인식하는 일이 속임을 당하는 당사자들에게는 중요한 선이다. 왜냐하면 그것이 그들로 하여금 새로운 상황에 대하여 자유롭게 반응하도록 허용하기 때문이다. 이런 경우들에 있어서 무지야말로 그들이 어떤 관계를 종료시키거나 아니면 다시 긍정할 수 있는 자유를, 혹은 때에 알맞게 죽음을 준비할 수 있는 자유를 제한한다.

진실에 대하여 적극적으로 관심을 갖는 것에 관한 규범들은 여러 가지이며, 아마도 학문적 및 과학적 연구에 내포되는 의무들에 의해 가장 잘 설명될 것이다. 그것들 중에는 편견을 갖지 않을 의무, 명확한 사고를 위해 노력할 의무, 정성스런 연구와 검사에 관여할 의무, 불리한 결과 내지 불쾌한 의견을 수용할 의무 등등이 있다. 보다 광범한 측면에서 보자면, 언론의 자유를 지지하는 일이야말로 진실이라는 선에 입각한 규범 하에서 하나의 도덕적 의무라는 점을 인정하는 것이 합리적이다.

(R. 7) 고결함에 관한 규범

고결함 내지 내적 조화에 관한 선은 우리로 하여금 어떤 열정이 우월성을 가짐으로써 우리를 갈기갈기 찢어놓는 행위를 하지 못하게 하는 부정적인 규범들에 의하여 보호된다. 탐욕—더욱 더 많은 물질적 선들을 소유하려는 열정—은 채워지는 경우 내적인 조화를 파괴하며, 더욱 더 많은 영예와 사람들로부터 인정받고자 분투하는 열정인 허영심의 경우도 그렇다. 포르노그라피, 성적으로 난잡함, 강간 등도 가해자의 고결함을(피해자의 존엄성은 물론) 공격하는 일들이다. 결혼과 사랑이라는 환경 밖에서 이루어지는 간음(즉 성행위)을 금지하는 전통적인 규범이 여기서 제 역할을 갖는다.

그러나 고결함은 스스로 한계를 갖는다. 고결한 사람은 자신의 확신에 따라서 변함 없이 행동하는 사람이다. 그러므로 방금 들었던 예에서 추정해 본다면 탐욕, 허영심, 또는 단순한 성욕에서 유도된 행위는 나쁘다고 확신하는 사람이다. 그러나 만일에 어떤 사람이 이같은 확신이 부족하고, 거꾸로 예컨대 유능하고 형편이 맞는 성인들과 무차별의 성행위를 갖는 것이 괜찮다고 생각하며 그렇게 행동한다면 어떻게 되겠는가? 그에게 있어서는 사고와 행위 사이의 조화의 결핍이란 없다. 덧붙여 말하건대, 모든 유태인들은 근절되어야 한다고 생각하는 나치에게도 똑같은 생각이 적용될 수 있다. 그 어느 경우든 위선이나 고결함의 결핍으로 고발될 수는 없다.

이같은 예들은 인간의 선이란 절대적인 것이 아니라는 점, 즉 모든 다른 이들과 고립된 채로 유익한 것이 아니라는 점을 다시 한 번 보여준다. 사랑과 친애 없는 가정(또는 섹스)이 참으로 좋은 것은 아닌 것과 꼭 마찬가지로 실천적 인식에 관한 선이 없는 고결함은 당사자(혹은 주변 사람들)에게 심히 해로울 수 있다. 다만 몇 가지 선들에 대하여 오해하고 있으며 그리하여 몇몇 규범들에 대하여 잘못 판단하고 있는 경우, 그는 도덕적으로 비난받을 필요가 없다. 이에 대해서는 우리가 인간 행위에서의 양심의 역할을 논할 때에 살펴볼 것이다.

고결함을 보호하는 긍정적 규범들은 "언제나 당신의 신념에 따라서 행동하라"—합리적인 사람은 그런 신념들을 비판적으로 고찰하기를 사양치 않는다는 점에 대해 이해하면서—는 규범 아래 요약될 수 있다. 억제와 자제는 고결함이라는 선에 주목함으로써 얻어지는 자연스러운 열매여야 한다.

(NJ) 정의의 규범

정의에 대한 요구는 도덕이라는 지도(地圖) 위의 도처에 존재한다. 내가 논하였듯이 그 이유는 대체로 인간의 기본적인 선들이 오직 공동체 안에서만 효과적으로 추구될 수 있기 때문이며, 어느 공동체든 그것이 적절하게 기능하기 위해서는 정의가 요구되기 때문이다—이혼한 부모들에 의해 형성되는 공동체 같은 부류의 경우도 그렇다. 우리가 살펴보았던 바와 같이 친애의 행위들은 정의에 대한 요구를 방대하게 초과할 수 있다.

정의는 공동체의 관점 혹은 개인의 관점으로부터 효과적으로 접근될 수 있다. 여기서 우리는 두 번째 접근을 따르고자 한다. 왜냐하면 그것이 당신과 나 같은 사람들을 위해서 선한 삶에 관한 개요를 제공하려는 우리의 계획에 가장 잘 어울리기 때문이다. 우리가 정의에 대하여 결사체들의 관점에서 바짝 달려들 때, 보통은 배분에 있어서의 공정성을 위한 갖가지 원리들에 대해 일찌감치 논하면서 배분적 (또는 사회적) 정의에 대한 개념들로부터 시작한다. 이같은 형태의 정의를 다루는 현대의 것들 가운데 유명한 한 가지가 "공정성으로서의 정의"라는[2] 명칭에 의해 확인된다. 한편, 개인에 관한 정의는 주로 매우 소중한 인간적 특성인 정직('결백함'과 '곧음'이라는 의미에서)의 이름 이면에 있는 일상의 언어에서 나타나고 있다.

정직한 사람은 "훔치지 말라"는 전통적인 명령 안에 요약된 정의의 초보적 규범을 따른다. 누군가에게 속하는 수단적인 선을 다시 돌려주겠다는 아무런 의도 없이 착복하는 것은 부정직함을 예증하는 하나의 사례로서, 이는 정당한 소유자가 스스로 뭔가를 추구하면서 그것을 사용하는 일을 못하게 막는다. 사기, 횡령, 도용(盜用) 등등은 훔치는 일의 복잡한 형태들이며, 모두 똑같은 이유에서 나쁘다. 즉 그것들은 개인이 어떤 좋은 것을 향유하지 못하도록 막으며, 그렇기에 부정적 영향을 입은 공동체들에 대한 공격으로 여겨져야 한다. 정의에 관한 규범들은 공공의 친애에 대한 공격을 금하는 규범들에 대하여 한층 더한 개념적 결정을 덧붙인다. 즉, 그것들은 '다른 사람들'에 대하여 고려하는 일뿐만 아니라 '정당하게 그들에게 돌려야 할 것'에 대하여 고려하는 일을 포함한다. 한 자동차의 정당한 소유자는 (누군가가 회사 주차장에서 차를 몰고 가버린 후에) 정의의 의무로서 자신에게 반환해 줄 것을 요구할 수 있다. 누구든지 그 차를 몰고 가버렸던 사람은 주인에게 그것을 빚지고 있는 셈이다.

이런 방향에서 다음 단계는 재산권들, 그리고 보다 일반적으로는 인간적이고 법적인 권리들을 설명하는 일이 될 것이다. 그러나 이 같은 설명은 이 책의 범위를 넘는다.

우리가 외면적인 선들로부터 자유라는 내면적인 선에로 이동할 때, 우리는 이 내면적인 선을 적절히 고려하지 못함으로써 명백하게 부당한 행위들의 부류를 확인할 수 있다. 노예로 만들기, 유괴, 강요된 매음 등등이 정말 나쁜 것은 그것들이 재산권을 침해하기 때문이 아니라 보다 깊은 이유 때문이다. 즉, 그것들은 인간의 존엄성을 적절히 고려하지 못하고 있기 때문인 것이다. 인간의 존엄성을 중시하는 것이야말로 우리가 모든 사람들에게 돌려야 할 가장 기초적인 일이다.

그렇다면 자유를 제한하는 것은 모두 인간 존중에 대한 실패일까? 개인이나 공동체들로 하여금 자유를 제한하는 일을 부과하지 못하도록 막는 어떤 부정적인 도덕규범이 있을까? 물론 그렇지는 않다. 자유를 제한하지 않는 이유는 개인들이 선한 생활을 성공적으로 추구함에 있어서 자기 지도(自己指導)를 발휘할 필요가 있다는 데 있다. 사람들에게 완성된 삶을 달성하도록 강요하는 일은 불합리할 뿐이다. 그렇지만 뭔가를 추구하는 가운데 각자는 서로에게서 좋은 것들을 빼앗을 수 있으므로 서로에 대하여 해악을 가할 수 있는 것이다. 그러므로 밀(J. S. Mill)과 다른 이들에 의해 옹호되었던 고전적 자유주의의 기초 규범("누군가가 다른 이에게 해악을 끼치지 못하도록 막기 위해서가 아니면 자유를 제한하지 말라")은 인간의 선이라는 관점에서 보아 완전히 분별 있는 것이다.

다만 개인들은 간혹 스스로를 해칠 수 있다. 여기 고전적인 자유주의 (및 자유지상주의의) 응답은 "그건 그들의 일이다!"이다. 개인의 자유를 스스로의 선을 위하여 제한하는 것은 '온정주의'(溫情主義)라고[3] 불리며, 자유주의의 규범 하에서는 부당한 일이다. 그러므로 고전적 자유주의의 지지자라면 일정한 사회 정책들(예를 들어, 안전벨트 법규 혹은 사회 안전 기금)을 거부하든지 아니면 그들의 심층적인 이론적 근거가 다른 이들에 대한 해악을 피하는 데 있음을 보여줄 나선형(螺旋型)의 논거들을 찾아내야 한다. 인간 선의 관점으로 보아 이것은 불필요하다. 만일 불편함이 의미 있지 않으며 또 문제의 선들이 큰 비중을 갖는 것이라면(노인층의 생명, 손발, 수입처럼), 사람들에게 안전벨트를 착용하라고 또는 퇴직 이후를 위해 저축하라고 요구하는 일에 있어서 비도덕적인 것은 아무 것도 없다.

물론 이런 제한들 가운데 어떤 것들은 아마도 무분별하고 무익할 것이다. 만일 그렇다면 그것들은 부당한 것이리라. 이 점은 온정주의에 대한 총괄적 거부에 입각해서가 아니라 문제의 선들에 대한 신중한 고찰을 근거로 하여 (배려에 관한 지침 아래서) 결정되어야 한다.

정의는 우리에게 (만일 자유로운 선택들이 다른 사람들 혹은 자신에게 해롭지 않다면) 그저 그 선택들을 존중할 것만을 요구하지 않는다. 그것은 우리에게 사람들을 평등하게 대우하도록 요구한다. 인종, 성별, 국적, 종교적 신념, 성적 경향 등에 입각하여 제멋대로 차별 대우하는 것은 부당하다. 다만 만일 선호하여 대우하는 어떤 행위가 유력한 근거를 갖고 있다면 그 행위는 더 이상 독단적이지 않을 수 있다. 여성 전용 교도소의 경우, 남성 간수들이 가하며 증거도 뚜렷한 추행을 막기 위해서 여성 간수를 우선하여 고용하는 일은 적절한 예가 될 것이다. 이같은 경우의 차별 대우는 그것이 수용자들의 존엄성을 보호할 필요성에 입각하기 때문에 정당화된다. 만일 인간의 선에 관하여 그 어떤 경우도 직접 공격당하고 있지 않다면 배려라는 지침에 근거한 규범들이 우선성을 가질 수 있다.

만약 우리가 자유와 존엄성에 관한 선들로부터 행위를 통해서 성취 가능한 기초적인 선에로 주의를 돌린다면, 여태까지 고찰된 부정적인 규범들을 위반하는 것은 고결함을 보호하는 규범들을 예외로 하고서는 대부분 또한 정의를 위반하는 것이라고 정리될 수 있다. 이러한 예외는 정의의 관념이 우리가 살펴본 것처럼 다른 이들에 대하여 본질적으로 주목하는 일을 포함하는 데 반하여, 고결함은 주로 자신을 위한 목표라는 사실에서 생긴다.

직접적인 의미에서 간통과 사기는 정의에 대한 위반이라는 점이 분명해져야 한다. 왜냐하면 그것들은 결과적으로 관련된 다른 이들에게 돌려주어야 할 바에 대해서 명쾌하게 진술하는 계약과 맹약을 깨뜨리는 일이 되기 때문이다. 살인과 신체적 해악을 입히는 일 역시 부당하다. 왜냐하면 설사 그것들이 계약상의 의무를 엄밀하게 위반하는 것이 아니라 할지라도 우리는 서로에게 정의의 문제로서 생명과 건강에 대한 존중을 빚지고 있기 때문이다. 정의는 우리로 하여금 다른 사람들의 자산(다시 말해서 그들이 갖고 있는 실체적이고 수단적인 좋은 것들)을 존중하도록 요구한다. 따라서 그것은 신중히 비교한 결과에 따라 외적인 선보다도 의미 있게 더 중요해 보이는 선들을 다른 이들에게서 빼앗지 말라고 우리에게 훨씬 더 강력히 요구한다.

이와 같은 고찰에서 볼 때 인간을 복제하는 것은 매우 부당한 일이 된다. 유전학적으로 조작되었다는 의심과 기형이라는 위험 부담은 별 문제로 치고, 복제된 인간은 한 아버지와 한 어머니를 갖는—이는 가정의 핵심 성분이다—초보적인 선을 고의적으로 박탈당하는 경우이다. 입양된 자녀들은 그들이 원칙적으로 생부모를 찾아낼 수 있다는 점—그들이 사랑하는 양부모를 모시고 있을 때조차도 종종 그렇게 한다는 것은 주목할 만하다—에서 처지가 다르다는 것에 유의하라. 우리에게는 생명을 전해준 사람들과 관계할 깊은 인간적 필요성이 있다. 사람을 제조하는 일은 이런 욕구를 충족시키는 것이 절대로 불가능한 경우로서 그에게 심각한 해악을 가할 것이 분명하다.

그러므로 만일 다른 사람들의 존엄성을 존중하는 것이 그들의 선들을 적절하게 존중하는 관점에서 설명될 수 있다면 이같은 선을 보호하는 규범들 역시 존엄성과 정의의 관점에서 공식화될 수 있을 것이다. 요컨대 정의는 다른 사람들에 대하여 반드시 관심 갖는 일을 수반하며 나아가 동등한 것을 동등하게 대우할 것을 요구한다. 그것은 또한 동등하지 않은 것(관련된 내용에서)을 동등하지 않게 대우할 것도 요구한다. 다만 모든 경우들에 있어서 올바른 행동에 관하여 궁극적인 참조점을 규정하는 것은 다른 사람들의 선이다.

✢ 규범에 관한 주의사항 ✢

앞서 말한 규범들은 기본적인 선 및 신중한 지침들—특히 공평한 존중의 지침, 배려의 지침, 그리고 궁극적으로 실천적 합리성의 첫째 원리—에 대한 리스트를 용인하는 사람이라면 누구든지 받아들여야 할 일반 명령들에 관하여 하나의 목록을 구성한다.

때때로 사람들은 도덕규범들을 '추상적이다' 고 폄하여 평한다. 마치 그것들이 현실 생활 및 그것이 요구하는 바와 암만해도 연결되어 있지 못하다는 듯 말이다. 도덕규범들은 실제로 추상적이다. 왜냐하면 비슷한 사례들로 이루어진 큰 무리에 대하여 지침을 주기 위해서는 일반적일 필요가 있기 때문이다. "거짓말을 하지 말라"는 규범은 특별하게 숙고된 거짓말들 중의 차이들에서 발췌하여 추상한다. 즉, 그것은 정확히 어떻게 이같은 명령이 진실과 신뢰에 관한 특수한 사례들을 보호하는 일을 수행하는지에 관한 것이다.

사람들은 간혹 마치 도덕규범들이 자유를 제한하는 것처럼 말한다. 그러나 이런 태도는 크게 의심스럽다. "간음하지 말라"가 결혼한 개인의 인생길에 넘을 수 없는 장애물을 놓는 것은 아니다. 그것의 주된 기능은 그에게 결혼생활에서 신의를 지키겠다는 약속을 깨뜨림으로써 중요한 선을 해칠 수 있다는 점을 시사하는 데 있다. 그는 여전히 둘 중 어느 하나의 길을 자유롭게 선택할 수 있다.

도덕규범들은 행위에 관하여 유용한 길잡이가 되지만 모든 도덕적 딜레마들을 해결하지는 못한다. 우리가 살펴본 것처럼 그것들이 일반적이라는 사실에서 많은 난처한 일들이 생겨난다. 우리는 종종 어떤 특수한 종류의 행위가 주어진 규범에 해당하는지의 여부에 대하여 확실히 알지 못한다. 규범들은 상세하게 열거하는 일—즉, 규범이 지금 문제시되고 있는 사례에 미치는지를 살펴볼 목적으로 특수한 상황을 고려하는 일을 포함하는 일종의 실천적 사고과정—을 필요로 한다. 예를 들어 몇몇 철학자들은 알 권리가 없는 사람들에 대하여 진실을 허용하지 않는 것은 거짓말이 아니며, 따라서 거짓말을 금하는 규범에 해당하지 않는다고 주장한다.

규범들 간의 갈등

서로 대립하는 도덕적 요구들 사이에서 괴로워하는 동인에 대하여 갈등이 있을 수 있다. 공평성이 존중과 밀접하게 연관되어 있다고 본다면 이 갈등은 대략적으로 (i) 배려에 대한 두 요구 간의 갈등, (ii) 배려에 대한 요구와 존중에 대한 요구 간의 갈등, (iii) 존중에 대한 두 요구 간의 갈등으로 분류될 수 있다.

나는 (iii)의 경우는 무의미하다고 본다. 왜냐하면 존중에 대한 지침의 본성으로 보아 그에 기초를 두고 있는 부정적 규범들은 충돌하지 않기 때문이다. 만일 한 개인이 A를 살해하지 말아야 할, 그리고 B

를 신체적으로 해치지 말아야 할 의무가 있다면, 동시에 단지 관련된 행위들을 수행하지 않음으로써 (다시 말해서 전혀 아무런 조치도 취하지 않음으로써) 두 가지 요구사항 모두 공평하게 이행될 수 있다.

배려하는 일은 뭔가 조치를 취할 것을 요구하며, 이것이 순수한 (i) 유형의 갈등이 있는 이유이다. 간혹 우리는 두 개의 선을 동시에 바랄 수 없다. 수영장의 물에 빠진 아이가 제시되었던 예에서 우리는, 감시원에게는 어떤 갈등도 없지만(그는 물에 뛰어들 명백한 도덕적 의무를 갖는다) 반면에 심장에 제약이 있고 수영 실력도 서투른 나이 많은 신사에게는 갈등이 있음을 보았다. 그가 갈등을 해결하는 일은 선과 상황들을 고려하는 것(그의 심장 상태가 얼마나 나쁜지, 물은 얼마나 깊은지 등등)에 일차적으로 기초를 두어야 하지만, 그가 (자신의 목숨을 걸고) 물에 뛰어들겠다고 결정하는 것이나 또는 (자신의 목숨을 보호하기 위하여) 뛰어들지 않겠다고 결정하는 것 그 어느 것도 도덕적으로 나쁘다고 볼 수는 없을 것이다. 물에 뛰어드는 것은 당연히 의무의 요구를 넘으며('직무 이상의 것') 영웅적이기까지 하다. 그렇지만 이 경우에 그런 행위를 하지 않았어도 그것은 자신의 목숨을 돌보라는 규범을 따르는 것으로서 어떤 도덕적 규범을 위반하는 것은 아니다. 아이가 정말 슬프지만 익사했다 하더라도 그 일이 나이 지긋한 방관자에 의해서 일어난 것은 아니다(만일 그가 맨 처음에 그 심술궂은 아이를 물에 빠지도록 떠밀지 않았다면!).

배려에 관한 몇몇 갈등들이 단지 피상적인 이유는 양자의 선들이 동시에 배려될 수 있기 때문이다. 이같은 경우에 일단 두 가지 대안들 중 하나에서 어떤 심각한 해악의 위험성도 없음이 드러나면, 한

번에 양자를 배려하지 못한 사람은 결국 소홀히 한 잘못을 저지른 셈이다.

윤리에 관한 서적들에서 논의되고 있는 바 가장 잘 알려진 딜레마들 대부분은 유형 (ii)의 것이다. 즉 제5장의 잭과 질의 예에서처럼 동인들이 존중과 배려의 요구들을 동시에 받고 있을 때 직면하는 갈등들이다. 질이 불운한 한명의 인질을 죽이라고 요구받았을 때, 그녀는 고의적인 살인을 금지하는 부정적인 규범의 제약을 받았다. 그러나 그 행위가 나머지 인질들을 구해내기로 되어 있기 때문에 그녀는 동시에 생명들을 구해내라고 명하는 긍정적인 규범의 제약을 받았던 것이다. 우리가 지금 살펴보게 되겠지만 존중에 대한 지침을 위반하는 것이 결과적으로 중요한 선을 고의로 파괴하는 일이 되는 이같은 모든 경우에 있어서는 부정적인 규범이 긍정적인 규범에 대하여 우선한다.

부정적 규범의 우선

어떤 상황에서 부정적 규범들이 긍정적 규범들에 대하여 우선하는 것은 제5장에서 고찰된 바 인간이라는 동인의 일반적인 특징에 근거를 두고 있다. 되풀이를 감수하고서라도 질에게로 계속 초점을 맞춰보기로 하자.

부정적인 규범의 위반은 질로 하여금 하나의 선을 직접 깨뜨리는 행위를 선택하여 수행하도록 요구한다. 이때 행위자는 해악의 원인이 된다.

이에 반하여 긍정적인 규범의 위반은 질에게 하나의 해악을 막는 행위에 실패하도록 요구한다. 해악의 원인은 다른 사람(이를 테면 잭)이어야 하며, 혹은 그저 인간이 아닌 동인의 경우(이를 테면 아이는 우연히 미끄러져서 수영장에 빠지게 되어 익사함)여야 한다. 만일 우리가 해악이 누군가 혹은 무엇인가에 의해서 일으켜졌다고 추정하지 않는다면 우리는 부정적 규범의 위반이라는 앞의 선택으로 되돌아가게 된다.

주지하는 바와 같이 사람은 자신이 의도적으로 행하는 바에 대해서는 직접적으로 책임을 지지만 다른 사람이 행한 것 또는 우연히 일어난 것에 대해서는 그렇지 않다. 그가 후자의 경우들에 대해서 질 수 있는 책임은 파생적 책임일 것이다. 그것은 자신의 직접적인 통제를 넘는 선택이나 사실에서 유래될 수 있다.

그러므로 만일 직접 자신의 통제 하에 있는 행위가 부정적 규범에 해당한다면 그는 자신의 행위를 이 규범에 따라서 판단해야 한다. 만일 그것이 부정적인 규범에 해당하지 않는다면, 즉 그 어떤 중요한 선도 자신의 행위 안에서 고의로 공격받지 않는다면 행위는 적용될 수 있는 여느 긍정적인 규범에 따라서 판단되어야 한다. 부정적 규범에 의해서 표시되는 요구사항이 우선적으로 충족되어야 하는 이유는 그것이 행위자의 선택에 조건 없이 적용되는 규범이기 때문이다. 긍정적 규범은 다른 이들이 선택한 것을 조건으로 한다. 잭의 위협이 없으면 배려라는 명령은 일어나지 않을 것이지만, 인질을 죽이지 말아야 할 의무는 어떤 경우에든 효력이 있다.

다만 때때로 우리는 하나의 부정적 규범이 우선권을 갖는지 그렇지 않은지의 여부를 신중하게 결정해야 한다. 만일 부정적인 규범에 의해서 보호되는 선이 긍정적인 규범에 의해서 보호되는 선보다 명백하게 덜 중요하다면 긍정적인 규범은 행위자의 선택을 인도해야 할 규범이 될 수 있다. 건물 안에 갇힌 사람을 구하려는 소방수는 확실히 재산의 파괴를 금지하고 있는 규범을 따르지 말아야 한다. 창문이나 출입문 같은 외면적인 선은 사람의 목숨과 동등하지 않다. 생명이 인간에 있어서 가장 중요한 선이기에, 그리고 인간 생명에 관한 모든 사례들은 똑같이 소중하기에 "무고한 인간을 죽이지 말라"는 부정적 규범을 고의로 위반한 일에 대하여 정당화할 수 있을 만큼 더 큰 인간적 선이란 없다.

예외 없는 규범

만일 어떤 특수한 부정적 규범들이 항상 여느 긍정적 규범들보다 우선한다면 적어도 몇 가지 예외 없는 도덕규범들(혹은 그들이 간혹 잘못 불려지고 있는 것처럼 '절대적인' 규범들)이 있다는 점이 명백해진다. 실제로 어떤 종류의 행위들은 언제나 나쁘다는 관점과 관련된 오랜 전통—적어도 고대 그리스 철학자들에게까지 거슬러 올라가는—이 있다.

플라톤의 『크리톤』에서 소크라테스는 사람은 다른 이에게 부당한 것을 결코 행해서는 안 된다는 명제를 옹호한다. 부당하게 대우받아 왔다는 것이 어떤 예외를 정당화하지는 않는다. 보복하는 일이 나쁜 이유는 그것 역시 부정(이에 상응하는 그리스 용어 antadikein은 글자 뜻대로 '대꾸하여 부당하게 대우하는 것'을 의미한다)의 형태로서 일반적인 규범에 해당하기 때문이다.

소크라테스의 명제와는 반대로 "결코 죄악을 저지르지 말라"는 명령은 그것이 그저 분석적으로 참되기(즉, 용어의 의미에 의하여 참되기) 때문에 예외 없이 유효하다고 주장될 수 있다. 뭔가가 나쁘다 혹은 부당하다고 말하는 것은 그것이 행해져서는 안 되는 것들 중 하나임을 말하는 것이다. 우리는 어떤 특별한 행위가 정당한지 아니면 부당한지에 대하여 이해할 기준을 여전히 필요로 한다. 만일 우리가 예를 들어 우리에게 저질러진 부정에 대꾸하여 행한 일이 (이런 기준에 따라) 부당하지 않다면 그것은 보복이 되지 않을 것이며, 따라서 명령을 깨뜨리는 일이 아닐 것이다. 그것은 합법적인 응징일 것이다. 규범의 보편성은 유효하다. 즉, 소크라테스의 명제를 적용하는 핵심 문제는 어떤 특수한 종류의 행위에 대하여 판단하는 일이 된다.

분석적이지 않으면서, 즉 옳거나 혹은 그르다고 단언된 행위를 서술하는 데 있어 도덕적인 용어들을 포함하지 않으면서 예외 없는 도덕규범들을 갖는 일이 가능할까? 아리스토텔레스는 간음, 절도, 살인은 항상 나쁘며, 그런 이름들이 이미 나쁨을 내포한다고 주장하였다.[4]

그가 명쾌하게 규범의 관점에서 이런 주장을 한 것은 아니지만, 이 주장 자체는 세 개의 예외 없는 규범 세트에 논리적으로 상응한다. 그것들은 분석적인가? 이 점은 전적으로 명백하지는 않다. 왜냐하면 아리스토텔레스는 단순히 자신의 도덕 공동체 안에서라면 누구나 그 같은 행위들이 도덕적으로 나쁘다는 데 동의할 것이라는 점을 나타내려고 했기 때문이다. 이는 동일한 행위에 대하여 도덕적 용어를 사용하지 않고서 기술할 가능성을 배제하지 않는 언어 용법에 반영되어 있는 사실이다. 만일 그리스에서 간음이 결혼한 여자가 자신의 배우자가 아닌 남자를 취하는 것을 포함하는 성적 행위라고 규정되었다면, 간음이 언제나 나쁘다는 주장은 설사 그것이 예외를 인정하지 않는다고 할지라도 분석적인 것은 아닌 것으로 나타난다.

그러나 예외 없는 도덕규범들을 말하는 것은 오늘날 대개 어떤 불쾌함을 초래한다. 우리가 보다 융통성이 있어서는 안 되는 것일까? 특수한 상황에서 예외들이 허용되어야 함을 부정하는 것은 비합리적인 것이 아닐까? 결과주의 철학자들은 변함없이 예외에 대하여 호의적이다. 왜냐하면 우리가 알고 있듯이 그들은 의도적이든 아니든 간에 자신의 주의를 행위 자체(또한 그에 의해서 영향 받은 선들)로부터 결과에로 옮기기 때문이다. 그들은 말하자면 부부의 충실함이 바람직하지 못한 결과에 이른다는 예들을 조작할 수 있으며(잭과 질에 관한 시나리오의 변형을 생각할 수 있는데, 여기서 잭은 인질들을 살려주는 대가로 기혼자인 질과 함께 잠잘 것을 요구한다), 따라서 간음의 허용 불가능에 대하여 하나의 예외를 새겨넣을 수도 있다.

나는 이같은 극단적인 형태의 강요가 현실 세계에서는 좀처럼 일어나지 않으리라 확신한다. 현실에서의 간음은 대개 전혀 다른 길을 따른다. 나는 다시 한 번 한 가지 선에 대한 공격을 대가로 해서 중요한 선들이 '극대화' 되는 상상의 예들은 도덕에 대한 중요한 측면들을 흐리게 하는 경향이 있음을 강조해 둔다. 이런 경우에 우리는 어떤 한 가지 기본적인 선이 우리에게 주문할 수 있는 절대적인 요구를 볼 수 없게 될지도 모른다. 실제로 과거에 그리고 오늘날조차도 많은 사람들은 자신이 어떤 도덕적 요구들을 절대적인 것으로서, 그리고 결과에 상관없이 도덕법에 따라야 할 의무—예컨대 그 판단이 발생시킬지도 모르는 폭동 내지 정치적 소요에 개의치 않고 항상 올바른 판단을 송달해야 할 재판관 혹은 배심원의 의무—로서 경험한다고 보고하고 있다.

예외 없는 도덕규범들은 부정적 규범들이고 수적으로 몇 안 되며, 가장 중요한 선들을 보호하는 일을 한다. 서로에 대하여 평생의 언약을 맺고 가정을 위해 초석을 놓았던 두 배우자의 성적 친밀함은 매우 귀중한 것이어서(그리고 허약한 것이어서!) 이러한 선을 보호하기 위한 예외 없는 도덕규범은 완전히 정당하다.

한 쌍의 커플은 간음 사건 이후에도 용서와 화해를 통하여 결혼생활을 요령껏 꾸려나갈 수 있겠지만 상실된 생명은 원상태로 될 수 없다. 그러므로 우리로 하여금 의도적으로 생명—내 것, 네 것, 또는 누구의 것이든—을 빼앗는 일을 피하도록 명령하는 규범에 대하여 예외를 새겨넣으려는 노력에 대해서 우리는 특히 비판적이어야 한다.

✣ 이중 효과의 원리(The Principle of Double Effect : PDE) ✣

예외 없는 도덕 규율들을 도입하는 일은 일정한 선들을 보존하기 위해 뭔가가 행해질 수 있을 때 무활동(無活動)을 명령함으로써 스스로 도덕적 난국을 만들어내기 쉽다. 어린 아이가 공격당하거나 고통받고 있을 때 우리가 해악을 가하고서라도, 그리고 궁극적으로 죽음을 희생해서라도 개입해서는 안 되는 것일까? 만일 자기 조국이 침략당하고 있는 판에(뒤이어 정복 세력들의 강간, 파괴, 살인 등이 일어나고 있는 경우에) 우리가 조국을 지키기 위해 싸우거나 죽여서는 안 되는 것일까?

전통적인 도덕철학은 이런 문제들에 고심해 왔으며, 아울러 의도적으로 야기된 해악이 좋은 효과의 수단이 되는 경우들(그러므로 존중의 지침 아래에서는 여전히 허용 불가능하다)과 해악이 선을 추구하는 데 있어서 의도되지 않은 부작용인 경우들을 빈틈없이 구분하여 다루어 왔다.

제5장에서 인간 행위의 핵심 측면들을 고찰하는 가운데 우리는 두 개의 효과를 가질 수 있는 원인들이 있다(불을 켜고 환풍기도 돌리는 스위치처럼)는 생각을, 그리고 다른 것을 의도하지는 않으면서 하나를 의도하는 일이 가능하다는 생각을 옹호하였다. 앞서 말한 주장들은 설명적이었다. 이제 우리는 실제로 이중 효과의 원인이 되는 행위에 대하여 실천적 합리성이라는 형식 원리, 즉 FP의 적용을 좁히는 하

나의 규범적 원리를 도입하기로 한다.

이중 효과의 원리는 다음과 같이 공식화될 수 있다.

> 한 행위가 두 개의 효과를 가지는데, 그 중 하나는 나쁘며 오직 다음의 조건들이 충족되는 경우에 한해서만 도덕적으로 허용될 수 있다 :
>
> (1) 행위 자체는 도덕적으로 허용될 수 있다. 즉, 그 주요한 직접적 목표는 인간의 기본적인 선의 사례를 공격하는 것도 아니고 해악을 막는 데 실패하는 것도 아니다. 행위 그 자체는 도덕규범들을 따라야 한다.
>
> (2) 의도된 좋은 효과가 나쁜 효과에 의해서 얻어지는 것은 아니다.
>
> (3) 행위자는 나쁜 효과를 의도하지 않는다. 나쁜 효과가 기대되거나 추구되는 목표여서는 안 된다. 그것이 예견되고 예언될 수 있으며 또는 관대하게 취급될 수 있지만 직접적으로 의도되지는 않는다.
>
> (4) 좋은 효과와 나쁜 효과 간에는 (신중하게 판단된) 유망한 균형 내지 조화가 있다. 만일 좋은 효과가 최소이고(예를 들면 불편함 피하기 또는 수단적인 선 보호하기) 나쁜 효과가 의미 있다면(기본적인 선의 상실), 그 행위는 도덕적으로 정당화되지 않는다.[5]

모든 예견된 효과들이 의도되고 있다는 반대는 별문제로 하더라도 이중 효과의 원리를 비난하여 몇 가지 비판들이 제기될 수 있다. 불 켜기와 환풍기의 예는 간혹 우리가 행위의 결과들에 대해서 그저 견디고 있다는 점을 보여주기 위해 의도되었다. 우리는 그것을 뜻하지는 않으며, 혹은 그렇지 않은 경우 효과적인 수단을 통해 그것을 추구하기를 선택한다.

이 규범적 원리에 대하여 가해지는 적절한 반대는 그것이 너무 많은 것을 정당화한다는 점이다. 질이 불운한 인질을 쏘겠다고 선택하는 것은 PDE에 맞는 이중 효과의 원인이라고 해석될 수는 없을까? 그녀가 다른 인질들의 보호를 의도하지는 않았을까? 그녀의 처분대로 된 인질의 죽음이 기대되지 않은 결과라고 해석될 수는 없을까? 그렇지는 않을 것이다. 인간의 생명이 양쪽 모두 위태롭기 때문에 설사 그녀의 행위가 조건 (4)를 충족시킨다고 해석될 수 있을지라도 그녀의 행위는 분명히 다른 세 개의 조건들을 충족시키지 못한다. 조건 (1)이 위반되는 이유는 무고한 사람을 죽이는 것은 허용될 수 없는 행위이기 때문이다. 조건 (2)가 위반되는 이유는 인질의 죽음이 잭으로 하여금 자신의 위협을 단념하게 하는 수단이기 때문이다. 그리고 조건 (3)이 위반되는 이유는 질이 자기 행위의 주요한 직접적 목표를 지정해야 하기 때문이다—그렇지 않으면 그녀는 아무런 조치를 취할 수 없을 것이다.

앞서 말한 예가 시사하는 것처럼 이중 효과의 원리가 정당하게 적용되기 위해서 충족되어야 하는 조건들이 너무 엄격하기에, 스펙트럼의 다른 끝 쪽 관점에 선 사람들은 이 원리가 정당화시키는 것이 너무 적다는 이유로 반대할 수 있다. 이 점은 아마 사실일 것이다. 이중 효과의 원리는 인간의 기본적인 선들을 엄밀하게 보호하는 데 대하여 예외들을 새겨넣으려는 어떤 총괄적인 변명거리가 아니다. 그것은 예외 없는 규범들에 의해 보호되는 선들의 가치를 확인하려는, 그리고 어떤 극단적인 경우들에 있어서 조치를 취할 필요성을 확인하려는 성실한 노력의 표본이다. 결과주의자들이 이같은 경우들에 있어서 중재해 줄 원리에 대하여 고민할 필요가 없다는 점에 주목해 보라. 그들은 예를 들어 풍부한 좋은 결과들이 적절하게 기대되는 곳에서 인간 생명은 고의로 처분 가능한 수단으로 간주될 수 있다는 관점에 젖어 있는 것이다. 지금까지 소개된 규범 체계를 받아들이는 일은 이런 관점을 단호하게 부인하는 방향으로 나아간다.

우리는 이제 엄밀한 부정적 규범들로 채워진 생명 및 죽음에 관한 문제들에로, 그리고 이중 효과의 원리와 다른 고려사항들 아래서 그 문제들에 대하여 있음직한 예외들에로 화제를 돌리고자 한다.

주

1 결의론이란 윤리학이나 종교에서 사용되는 일반적인 도덕 원리들을 구체적인 사례들에 추론하여 적용함으로써 도덕 문제를 해결하려는 방법을 말한다. 최근에 사례 분석을 통한 사례 속의 추론 방법이 중시되면서 응용윤리학에서 관심을 받고 있다. 결론을 미리 정해놓고 짜맞추며 추리하려는 경향이 있다고 비판되기도 하지만, 학문적 원칙에 입각해서 이전의 사례 경험에 비추어 더 나은 방향으로 문제를 해결하려는 장점이 있다. 역자 주

2 Rawls(1971) 참조.

3 온정주의(paternalism)는 보통 종적인 인간관계와 권위주의에 입각해 있고 외관과 형식을 존중하며 이성보다 감정을 앞세우는 성향을 말한다. 대체로 이같은 성향을 보이는 행동의 부정적 특성을 논할 때 사용된다. 역자 주

4 Aristotle, *Nicomachean Ethics*, 2.6.1107a9–12.

5 Fagothey(1976), 32–33 ; Beauchamp & Childress(1989), 128 참조.

제7장

임신중절에 관하여

이 책을 읽는 대부분의 독자들은 이 장과 다음 장에서 다루어지는 생명과 죽음의 문제들에 대하여 마음에 드는 것을 골라서 선택하지는 않을 것이지만 몇몇 독자들은 그렇게도 할 것이다. 한편, 많은 독자들은 적어도 이런 업무를 다루는 법률에 찬성하거나 아니면 반대하는 시민으로서 관련된 논쟁들에 직면할 것이다—설사 본인의 논점 혹은 주변의 가까운 누군가의 논점은 아니라 할지라도. 우리가 정치 공동체의 구성원인 이상 우리 모두는 이같은 논쟁들에 의하여 영향을 받는다.

뒤에 이어지는 내용에서는 임신중절과 안락사에 관련되어 법적 및 정치적 논쟁들을 일으키는 그 어떤 시도도 이루어지지는 않는다. 이는 논쟁들이 적합하지 않기 때문이 아니라(그것들은 실제로 매우 중요하다), 법적 · 정치적인 결정들은 원칙적으로 다름 아닌 도덕에 따라야 하기 때문이다. 이것이 모든 종류의 비도덕적인 행위는 아무리 하찮은 것이라도 불법적인 것이 되어야 한다는 점을 수반하는 것은 아니다. 경험에 비추어 보면 법률의 제정을 통해서 도덕을 부과하려는 노력은 종종 불필요한 억압과 부당함을 산출한다. 다만 도덕이 다수의 사람들이 인정하고 규정하는 것과는 관계없다는 (그리고 그에 앞선다는) 점은 여전히 사실로 남아 있다. 물론 다수가 옳을 수 있다. 그러나 그 점이 그 세력 내지 숫자 때문인 것은 아니다. 만일 다수의 결정들이 실천 이성에 따르고 있다면 다수는 옳을 것이다.

이같은 문제들 각각에 대하여 특별히 장(章)을 배당하는 데는 또한 보다 깊은 동기가 있다. 그것들이 생명의 시작과 끝에 대하여 영향을 미치기 때문이며, 기초적인 선에 직접적으로 관련되어 있기 때문이다. 그러므로 그것들은 우리가 실행할 수 있는 대부분의 다른 행위들보다 더 크게 도덕적으로 중요하다. 이처럼 논의의 여지가 있는 영역에 있어서 명석한 판단을 유지하기 위해서라면 우리는 하나의 숙고된 도덕적 판단에 대하여 작업을 할 때 행위자의 문제(누가), 행위 자체의 본바탕에 대한 문제(무엇을), 그리고 동기의 문제(왜)를 제기해야 한다.

✣ 누가 ✣

RU-486이라는 알약(미페프리스톤 및 미소프로스톨)이[1] 개발된 이래로 임신중절은 임산부 스스로에 의해서(RU-486), 또는 임산부의 요청에 따라 임신중절에 대해 훈련된 의사에 의해서(수술상의 임신중절) 실행될 수 있다. 한편, 임신중절이 의사가 아닌 사람에 의해서, 아울러 여성의 의지와는 반대로 실행될 수도 있을 것이다. 그러나 이 논의에 대해서는 그 어떤 당사자라도 이같은 경우들은 받아들이기 어려우며 무효가 되리라는 데 동의할 것이다. 분명한 것은 여성이 위험하다는 점, 그리고 여성의 자유에 대한 존중이 결여되어 있다는 점이다.

그렇다면 이 행위에 대하여 직접적으로 원인이 되는 책임은 여성 자신이나 의사 어느 한 쪽에 있으며, 또한 그녀로 하여금 그렇게 선택하도록 자극하거나 유도했을 누군가에게(남자 친구, 남편, 부모, 친구, 상담원 등) 일정 부분 책임이 있다. 흔히 사람들은 궁극적으로 그것은 여성의 자유로운 선택이어야 한다고, 아울러 (설사 그녀가 임신중절 수술을 위해서, 또는 RU-486 알약의 처방을 위해서 기꺼이 도와줄 의사를 필요로 한다고 할지라도) 여성이 결정해야 한다고 말한다. 그러나 이 점을 인정하는 경우조차도(아버지와 더 큰 공동체가 발언권을 가져야 한다고 논의될 수 있을지라도) 최후의 선택은 그녀의 것이라는 사실이 그것을 도덕적으로 정당하게 만들지는 못한다. 자유롭게 선택된 행위들이 나쁜 경우는 많다. 우리는 한 행위가 사실상 옳은지 아니면 그른지 확인하기 위해서는 그 행위 자체를 검사해야 한다.

✣ 무엇을 ✣

어떤 종류의 행위가 임신중절일까? 그것의 주요한 직접적 목표는 무엇일까? 일반적인 용어로 임신중절이란 임신한 여성이 자신의 임신 상태를 중단시키기 위하여 겪는 절차이다. 남성은 임신중절을 경험하지 않으며, 임신하지 않은 여성도 마찬가지이다.

임신은 여성의 자궁 안에서 하나의 새롭고 생물학적으로 인간인 유기체가 성장하는 것으로서, 난자의 수태 과정(잉태)으로부터 시작하여 아이의 출생으로 끝난다. 임신에 대해서는 철학적인 논쟁들이 있을 수 있지만, 예를 들어 태아의 나이 혹은 여성의 분만 예정 일자를 측정하고자 하는 개업 중의 산부인과 의사들은 마치 틀림없이 정해진 서술인 것처럼 임신에 관한 기재 사항을 가지고 일을 한다. 잉태와 출생은 임신 상태의 바깥쪽 한계선이다.

중절은 어떻게 이루어질까? 두 개의 RU-486 알약들 중 첫째 것은 자궁의 근육들을 이완시키면서 작용하며, 두 번째 것은 근육의 수축을 일으키면서 결국에는 태아가 제거되도록 한다. 수술상의 임신중절에서 태아는 임신 상태가 얼마나 진행되었는가에 따라 의사의 흡입술이나 다른 방법들을 통하여 추출된다. 두 경우 모두 공정하게 말하자면 행위의 직접적인 의도는 태아가 더 이상 성장하지 못하도록, 그리하여 출생하는 일이 없도록 태아를 제거함으로써 임신 상태를 끝내는 데 있다.

내가 임신중절에 대하여 우려하는 바는, 우리가 자라나는 한 인간에 대하여 태어나기도 전에 생명을 마치게 하는 일이 현실화되는 것을 피할 방법이 없다는 점이다. 그렇기에 서술적으로 말해서 임신중절은 하나의 의도적인 살인 행위이다. 이 점에 대하여 어떤 사람은 일차적인 의도가 당연히 아이의 죽음이 아니라 단지 생명 지속의 철회에 있다는 이유로 반대할 수도 있다. 그렇지만 아이의 죽음이 이같은 철회의 우연이 아닌 결과이기 때문에 유아에게 음식 먹이는 일을 중지하는 경우에서처럼 원인적 책임은 여전히 있게 된다.

임신중절이 직접적으로든 혹은 의도된 행위의 우연이 아닌 결과로서든 고의적 살인이라고 정확히 묘사되는 행위임을 인정하는 것은 그것이 도덕적으로 정당화되는지 그렇지 않은지에 대하여 우리에게 말하지는 않는다. 이는 세 번째 기술적 요인에 대하여 고찰한 다음에 제기될 또 다른 문제이다.

✣ 왜 ✣

민감하며 인정 많은 사람이라면 임신을 하고 어머니가 된다는 것이 무척 무거운 짐이 될 수 있다는 데 많은 이유들이 있음을 깨닫게 마련이다. 여성이 10대의 나이일 수도 있는데, 이 경우 그녀가 아이를 갖는다는 것은 학교를 끝마치지 못함을, 그리고 저임금 일자리를 가질 운명에 처함을 암시한다. 보다 나이든 여성의 경우에는 임신이 성공의 기회를 위협할지도 모른다. 어머니가 된다는 것은 그의 상태를 참으로 가혹하게 만드는 다른 요인들과 함께 아이를 돌본다는 일로서 이미 과도한 부담을 진다. 실제로, 한 쪽 끝에서는 어머니의 생명을 위협하는 점으로부터 다른 쪽 끝에서는 그저 많은 귀찮은 일들에 직면하고 싶지 않은 점에 이르기까지 넓은 범위의 부정적으로 있음직한 일들이 있다.

임신시키는 상황 역시 중요한 이유는 임신시키는 일이야말로 남성의 중대한 책임이 개입되는 데 있기 때문이다. 만일 임신이 강간이나 근친 성교의 결과라면, 또는 자기 아내를 버릴 생각이 없는 어떤 기혼 남성과의 연애 사건의 결과라면, 아니면 무책임한 남자 친구의 압력에 굴복하여 일어난 것이라면, 이런 경우의 임신을 철저히 나쁜 것이라고 보는 것은 아마도 자연스러울 것이다. (성행위에 대한 규범들은 대부분 이같은 일들을 고려함으로써 결정된다.) 그렇지 않고 이미 자녀들을 두고 있으며 행복하게 결혼생활을 하는 여성의 경우마저도 새로운 임신은 특히 가정의 재정 상태가 나쁜 경우에는 심각한 근심거리를 만들어낼 수 있다. 이런 경우들에서 임신중절을 모색하는 대부분의 여성이 의도하는 바는, 다른 선들을 훌륭하게 추구하는 것을 위협함으로 말미암아 자신에게 나쁘게 보이는 임신 상태를 중단하는 것이다.

핵심이 되는 도덕적 문제는 교육, 성공, 혼인 밖의 아이의 출생 피하기, 가정의 재정적 복리 등과 같은 선들을 적극적이고 충분히 합리적으로 추구하는 일이 과연 임신중절을 정당화하는지의 여부이다. (나는 어머니의 생명에 위협이 되는 경우는 뒤에서 고찰하도록 남겨둔다.)

인간의 기본적인 선들에 대하여 객관적인 모습이 있다면 정확한 답변은 의심할 여지없이 부정적이다. 이는 하나의 부정적인 규범이 긍정적인 규범들에 대하여 우선하는 경우들 가운데 하나이다. 바꾸어 말하면 인간 생명(네 것이든 내 것이든 혹은 아무개의 것이든 모든 인간의 생명)의 가치는 너무도 중요해서, 아무리 다른 선들이 그 파괴를 통해서 얻어질 수 있을지라도 그것을 직접적으로 공격하는 일은 결코 허용될 수 없다. 임신중절은 무고한 이들에 대한 고의적 살인을 금지하는 도덕적 규범에 곧바로 해당하는 행위이다.

이같은 응답은 가혹하고 둔감해 보인다. 임신 상태를 지속하는 것이 참으로 끔찍한 경우들은 없을까? 이러한 비극적인 경우들에 충분히 민감해지려면 우리는 자신을 어머니와 아이 양자의 입장이 되어봄으로써 자신의 상상력을 발휘해야 한다. 이리하여 우리는 여성이 직면하게 될 고통에 대하여 돌아볼 수 있게 된다. (이런 고통은 그녀가 자신의 품안에 미소 짓는 아이를 안고 있을 때 기쁨으로 변할 수 있거나, 아니면 아이를 입양 보내기 위해 포기해야 하는 경우에는 더 큰 고통—아이가 생존할 수 있고 잘 될 거라는 생각에서 어쩌면 약간의 위로와 함께—으로 변할 수 있다.) 그러나 아이의 입장에서 임신중절은 그저 죽음을 의미한다. 이는 근본적으로 나쁜 것, 당신도 나도, 그리고 여느 이성적인 행위자도 생명의 초기 단계에서 겪어보고 싶지 않은 것이다. 물론 태아는 죽음에 의해서 야기되는 상실에 대하여 의식하지 못한다. 그러나 태아 역시 결국에는 (모든 것이 잘 된다면) 바로 지금의 당신 및 나와 똑같은 사람—생명의 가치를 의식하는 인간—이 될 그런 종류의 존재이다.

요약하여 말하면 임신중절이 허용될 수 없다는 것에 대한 근본적인 논거는 다음과 같은 형태로 정리될 수 있다:

(전제 1): **고의로 기본적인 인간 선의 사례를 공격하고 해치거나 파괴하는 데 그 목표가 있는 행위는 합리적이지 못하며, 도덕적으로 나쁘다.** (인간 선의 존중에 관한 지침)

(전제 2): **생명은 기본적인 인간 선이다.** (실천적 합리성에 관한 첫 번째 보충적 원리)

(전제 3): **임신중절은 그 목표가 인간 생명이라는 특수한 사례를 고의로 공격하고 해치며 파괴하는 데 있는 행위이다.** (임신중절의 특성화)

(결론): **임신중절은 합리적이지 못하며, 도덕적으로 나쁘다.**

논법은 흠 없고 설득력 있어 보인다. 그렇다면 왜 그토록 많은 사람들이 임신중절은 때때로—어쩌면 항상 그렇기도 하다—정당화될 수 있다고 믿을까? 왜 흔히 그것이 누군가의 생명을 배려하는 데 있어서의 비극적인 실패라고 간주되지 않는 것일까?

나는 이에 관해 임신중절을 계속해서 마지막 피임 수단으로 이용하려는 인지된 필요성에서부터 생명의 가치에 대하여 전반적으로 퍼져 있는 문화적 둔감성에 이르기까지 아마도 많은 다양한 설명들이 제공될 수 있으리라고 생각한다. 그렇지만 우리에게 정말 중대한 것은 임신중절이 실로 허용될 수 있음을 보여주려는 시도에 '철학적' 논거들이 제공되어 오고 있다는 점이다. 나는 학문적 문헌들에서 널리 퍼져 있고 많은 지지자를 두고 있는 두 가지 논의 방향에 대해서 살펴보고자 한다.

"태아는 인간이 아니다."[2]

이런 문제들에 대해 생각하는 여느 사람들처럼 이 입장을 지지하는 이들도 사람을 죽이는 것이 나쁘다는 원칙은 받아들인다. "사람을 죽이는 일(살인 행위)은 우리의 형법과 모든 문명 공동체들에서 용인되는 도덕규범들 양자 모두에 의해서 금지된다. 만일 태아가 그 발달에 있어서 어떤 면으로든 하나의 인간이라면 바로 그 점에서 그것을 죽이는 것은 살인 행위이다. 또한 이유 없이 혹은 완화 없이 이루어진 경우에 그것은 모살(謀殺)이다."[3]

그들이 내딛는 다음 단계는 태아가 요구된 의미에서의 인간이라는 점을 부인하는 일이다. 실제로 그들은 '인간'이 두 가지의 매우 다른 것을 의미할 수 있다고 주장한다. 즉 그것은 (a) '도덕 공동체의 충분히 성장한 구성원', '하나의 인격'을, 그리고 (b) '인간이라는 종(種)의 구성원', '사람들에 의해서 이해된 하나의 개체'를 뜻할 수 있다. (a)의 의미는 '인간'에 대한 도덕적 의미이며, (b)의 의미는 유전학적 의미이다.

살인 행위를 금하는 도덕규범은 오직 인격들에게만 적용되기 때문에(이는 자명한 도덕적 진리로 생각된다) 문제의 핵심은 하나의 유전학적으로 인간인 태아가 인격인지 아닌지의 여부에 있게 된다. 이 문제에 대답하기 위하여 내가 기억하는 저술가들은 두 가지 조치를 취하고 있다. 첫째, 그들은 인품(人品, personhood)에 대하여 중심적인 기준들을 열거한다. 둘째, 그들은 태아가 그런 기준들을 충족시키는지 여부를 묻는다.

인품으로 제안된 기준들에는 의식, 추론, 스스로 동기화된 활동, 의사소통 능력, 자기 인식이 있다. 누구든지 여기에는 뭔가 모호한 점이 있다는 것, 그리고 그런 속성들을 모두 갖추지 않고서도 인격이 될 수 있다는 것을 인정한다. 저술가들의 논의에 따르면 분명한 것은 이 속성들 중 아무 것도 갖추지 못한 실재물은 인격이 아니라는 점이다. 그리하여 마지막 단계는 태아들은 이같은 특징들을 아무 것도 갖지 못하고 있으며, 따라서 인격이 아니라고 진술한다.

이런 관점을 지지하는 이들은 7-8개월 된 태아가 아주 작은 배아보다 더 사람 같다는 사실에서 생겨나는 좀 복잡한 점들이 있음을 인정한다. 그렇다고 이것이 임신 상태의 후기 단계에서조차 임신중절을 허용할 수 없게 만들 정도는 아니다. 워렌(M. A. Warren)이 표현하고 있는 바와 같이 "임신 7개월째인 여성이 단지 유럽 여행을 연기해야 하는 일을 없게 하기 위해서 임신중절을 하는 것이 꼴불견이든 (이것이 어떤 의미로든지) 아니든 간에 그것은 본질적으로 '비도덕적인' 것이 아니며, 따라서 허용되어야 한다."[4]

이러한 논의의 방향은 옳은 것일까? 우리는 그 결론을 받아들여야 할까?

근원적인 어려움이 오래 전에 지적된 적이 있다. 즉 발달된 태아와 신생아 사이에 거의 차이가 없다는 게 사실이라면 이 논의 역시 영아 살해(다시 말해서 아기를 죽이는 것)를 정당화한다. 몇몇 저술가들은 이런 결론을 보증하기도 한다.[5] 한편, 또 다른 저술가들은 "어린 아기가 태어나는 순간 … 아기의 보존은 아기 어머니의 어떤 권리도 더 이상 침해하지 않는다"는[6] 주장을 근거로 하여 영아 살해에 반대하는 별개의 논의들을 내놓고 있다. 물론 이같은 응답은 적절하지 못할 것이다. 왜냐하면 살인의 허용 가능성이 (i) 만일 어떤 존재가 인품에 관한 기준들을 충족시키지 못할 경우 그것을 죽이는 일은 허용될 수 있으며, (ii) 신생아들은 이같은 기준들을 충족시키지 못한다는 논의에 전적으로 입각하기 때문이다. 산모의 권리(혹은 다른 누군가의 이권)는 염원된 전제들과는 논리적으로 관계없다.

논의의 보다 깊은 결함은 인품에 대한 그 주장들에서 발견될 수 있다. 이 관점의 주요 지지자들 중 한 사람이 시인하는 것처럼 제안된 기준들은 사실상 '보통의 성인 인간'을 묘사한다.[7] 그렇기에 논의는 단지 우리로 하여금 태아는 보통의 성인 인간이 아니라는 하찮은 결론에 이르도록 정당하게 허용할 뿐이다.

이 점은 역으로 사람임과 인격임 간을 구별하는 이들에게서 나타난 문제에 대하여 답변하는 일이 불가능했었던 이유를 설명해 준다. 그들은 태아가 시초에 하나의 인격이라는 점을 부인하기 때문에 "언제 태아가 인격체가 되는가?"라는 문제에 직면하게 마련이다. 달리 말하여 언제 이런 결정적인 변화가 (그 뚜렷한 결과들을 가지고서) 일어나는가 하는 문제이다. 참된 취지의 기준들이 있다면, 이 문제가 실제로 뜻하는 바는 "언제 한 아이는 인격체로 간주될 수 있을 만큼 충분히 어른처럼 되는가?"이다. 확실히 임신 기간 동안에 '경계선을 긋기'를 기대하기는 어려우며,[8] 또 나중에 어느 정도 정확성을 가지고 경계선을 그을 수 있으리라 크게 기대하기도 어렵다. 이는 영아 살해에 관한 허용 가능성의 끝에 대해서 어떤 결정된 한계가 없다는 점을 수반한다. 결론은 (아무리 어리다고 하더라도 신생아에게 고의로 해악을 끼치는 일을 인정하는 것에 덧붙여) 우리에게 그것을 추론하는 전제들 안에 뭔가 중대하게 그릇된 것이 있음에 틀림없다는 점을 경고하기에 충분하다.

우리가 '인간'에 대해서 도덕적 의미로부터 유전학적 의미를 구별해야 한다는 것이 진정으로 맞는 말일까? 우리는 참으로 '유전학적 인간'과 '인격'이라 불리는 두 가지 근본적으로 다른 성분들의 합성체일까, 그리하여 예컨대 하나를 잃고서 다른 것을 보유할 수 있을까? 우리의 본성에 대한 이같은 개념이 틀림없는 것일까?

내가 낱말의 용법에 대하여 고민하는 것은 아니다. 많은 언어들에서 사람들을 가리킬 때 '인간'이나 '인격'과 동의의 낱말들이 서로 교환 가능하도록 사용된다. 다만 나는 작은 아기나 태아 또는 배아를

'인격'이라고 부르는 것이 뭔가 언어적인 맥락에서 이상하게 들릴지도 모른다고 상상해 본다. 진정 중요한 것은, 어떤 사람은 전적으로 갖지 못하는 반면에 인격체는 충분히 가지는 일단의 객관적인 특성이 있는지 여부이다.

하나의 정상적인 성인이 제안된 속성들을 가지고 있다고 가정해 보자. (그것들은 과거에 철학자들이 '자유와 이성'이라고 명명했던 것을 위하여 대충 본분을 다한다.) 그 속성들은 어떻게 얻어지는가? 의심할 여지없이 그것들의 충만한 활동은 오늘날 우리가 알고 있는 바와 같이 (아리스토텔레스는 이미 짐작하였지만) 우리의 유전학적 구조에 의해 인도되는 오랜 시간의 느리고 지속적인 과정의 정점에서 일어난다. 우리가 천천히 성인 인간에로 발달하는 것은, (그리고 원숭이나 고래로 발달하지 않는 것은) 우리가 바로 애초부터 인간이기 때문이다.

우리의 역량들 가운데 많은 것들은 시기적으로 늦게 발달한다. (이런 의미에서 그것들은 초기 단계 동안에 오직 '잠재적으로' 존재한다고 말할 수 있다.) 그렇지만 인간 생명 자체는 정자와 난자가 결합한 직후에 하나의 새롭고 자기 발전적인 유기체를 출발시킨 그곳에 잠재적으로 있는 것이 아니라 '실제로' 존재한다. 생명의 기초적인 기능들(영양물의 섭취, 성장, 번식)은 바로 출발점부터 충분히 실현된다. 인간의 생명이 언제 시작하는지 우리가 모른다는 진술은, 인간 생리학에 관한 여느 모범적인 대학 교재에서든 난자의 수정을 다루는 내용을 통해 거짓임이 입증되고 있다. 물론 그것은 경험적 문제로서 철학적 (또는 신학적) 문제는 아니지만 말이다.

인간 염색체의 표준 세트(또는 인간의 유전학적 변형을 구성하는 그것으로부터의 일탈)는 수정의 과정에서 형성된다. 세포들은 전체 유기체의 생존 기간 내내 염색체를 보유하며 또한 유기체의 발달을 인도한다. 몇 개의 분리된 세포들이나 하나의 추출된 조직 조각 혹은 몇 방울의 혈액은 그것들이 나오는 개체로서 동일한 유전자 부호를 갖게 마련이다. 그러나 그것들이 하나의 완전한 유기체를 이루는 것은 아니다. 그것들은 오직 인간의 부분들일 뿐이다.

일단 우리 각자가 한때의 우리 모습이었던 배아(그리고 태아, 신생아, 10대 등등)와 유전학적 동일성을 보유하는 하나의 유기적 통일체라는 초보적 사실이 이해되면, 사람과 태아가 마치 서로 다른 혹성에서 온 존재인 양 논하는 몇몇 철학자들의 이야기는 우리에게 아마 이상야릇한 인상을 줄 것이다. 우리들 각자는 자신의 생물학적 생애의 초기 단계에서 태아였었다. 만일 우리가 당신의 생애에 있어서 끊임없이 당신을 추적해 갈 수 있다면, 우리는 당신이 옛날 당신 어머니의 자궁 안에 있었던 그 태아와 똑같은—그러나 당신 누이의 태아와는 같지 않은—개인이라는 점을 보게 될 것이다. 당신 누이의 생애와 당신의 생애 사이에는 아무런 공간적으로 존재하는 시간적 연속성이 없다. 우리들 각자는 유일무이하며 바꿀 수 없는 일시적인 존재이다. 비록 정체성에 관한 문제들이 직업적인 철학자들 간에 논의의 여지가 있기는 하지만 "나는 이러이러한 병원에서 이러이러한 날짜에 태어났다. 후에 이러이러한 초등학교를 다녔고, ~로 이사를 갔으며"(다시 말해서 내 자신의 과거에 대한 여느 진실한 주장들)와 같은 기본적인 주장들은 내가 여러 가지 방법으로 변해 왔을지라도 나는 여전히 예전의 나와 똑같은 개인이라는 상식적인 관념에 의해 지탱된다.

따라서 우리가 일생을 통하여 자신의 정체성을 보유하는 생물학적 유기체라면 우리가 스스로를 '인격'으로 부르는지 아니면 '사람'으로 부르는지 여부는 중요하지 않다. 이에 대하여 '태아'와 '인격'이라는 용어들은 '도토리'와 '참나무'의 경우와 같은 관계에 있다는 이의가 제기되어 왔다. 즉, 도토리는 참나무로 발육하지만 "도토리가 참나무인 것은 아니며, 혹은 우리가 그렇게 말하는 편이 나은 것도 아니다"는 것이다.[9] 내 의견을 말하자면 다툼이 일어나는 이유는, '도토리'와 '참나무'라는 용어들은 동일한 유기체의 서로 다른 단계들을 묘사하며, 따라서 그것들은 인간의 경우에 있어서 '태아'와 '어른'에 참으로 상응하기 때문이다. 비록 우리가 도토리라는 유기체의 전반적인 생물학적 생애 모두를 아우르는 어떤 용어를 갖고 있는 것 같지는 않지만, 모든 참나무가 한때 도토리였던 것과 동일한 유기체라고 말하는 것이 결코 틀린 것은 아니다. 모든 참나무는 정말이지 생물학적으로 성공한 도토리이다. 마찬가지로 모든 어른은 생물학적으로 성공한 태아이다.

돌이킬 수 없을 만큼 혼수상태에 빠진 개인은 "사람이지만 도덕적 인격이라고 간주하기에는 의심스럽다"는 이의 역시 제기되어 왔다.[10] 이같은 관점에 대한 합리적인 응답은 여느 계층의 생명체들에 있어서도 소수의 불완전한 개체들(즉, 그 계층에 있는 보통 개체들의 특성들을 완전히 드러내지 않는 개체들)은 있을 것이라는 점이다. 다리 하나를 잃어서 달릴 수 없는 개는 정상적인 개가 아니지만 그럼에도 불구하고 그것은 개이다. 어떤 매우 중요한 인간적 기능들을 상실한 환자는 불완전한 상태에 있지만, 그를 '혼수상태의 인격'—그가 여전히 존경받을 가치가 있다는 도덕적 함의를 가지고서—이라고 부른다고 해서 그릇될 것은 아무 것도 없다. 이는 능력이 뒤처진 사람들이나 다른 장애인들에게도 적용될 수 있다. 무능력 상태(정신적인 또는 신체적인, 일시적인 또는 영구적인, 심각한 또는 경미한)는 인간됨을 부인하는 데 적당하지 못하다. 이런 개인들은 어느 정도인가 하면 약하고 상처 입기 쉬운 사람들로 간주되어야 하며, 따라서 다른 이들보다도 우리의 연민과 보살핌을 받기에 족하다.

요컨대 태아가 사람이 아니라는 주장은 틀렸으며, 만일 '이 조그마한 실재물'[11]을 인격이라고 부르는 것이 불쾌하게 들린다면 우리는 대신 "태아는 맨 처음 발달단계에서의 인격이다"라고 말할 수 있겠다. 중요한 것은 우리가 어떤 단계를 경험하고 있는지 혹은 우리가 세월 속의 어느 주어진 순간에 어떤 상태로 있는지(유아, 청년기, 수면, 무능력함, 충분한 인식, 나른함, 혼수상태 등등)가 아니라 우리가 어떤 종류의 존재인지이다. 우리는 그 정상적인 구성원들이 스스로를 도덕적 행위자—즉 자유롭게 선택할 수 있으며 서로에 대하여 존중을 요구할 수 있는 행위자—로 만드는 뚜렷한 특징들을 드러내는 생물학적 종(種)에 속한다.

인간이라는 종에 속하는 부모에 의해 수태된 자는 누구나 인격이라는 결론은 역시 사람이면서도 우리와 매우 다른 여타의 존재들이 있을 수 있다는 가능성을 배제하지 않는다. 어떤 미래의 과학소설에서 우리는 어느 날 화성인(火星人)들 또는 다른 은하에서 온 사람들과 접촉하고 있는 것을 상상할 수 있다. 신학적인 맥락에서 우리는 유태인 및 무슬림들처럼 신을 하나의 인격으로 생각하거나 또는 (그리스도교인들처럼) 세 위격을 가진다고 생각할 수 있다.

매우 용납하기 어려운 것으로 간주되어야 할 관점은 우리에게 알려진 다른 동물 종의 멤버들이 인간됨에 대한 어떤 합리적인 기준들—즉, 자유와 이성이 부여되어 있으며, 따라서 책임 있는 도덕적 행위자인 생물학적 종의 개체들에 관한 것을 요령껏 하나하나 다 표현하는 기준들—을 충족시킨다고 보는 경우이다. 돌고래 및 고래들이 의사소통을 한다거나 침팬지들이 수단과 목적의 관계에 대해 인식을 보인다는 것은 정말인 것처럼 생각된다.[12] 그렇지만 이는 우리가 특히 인간에 대하여 돌리는 추상적 사고와 도덕적 (및 법적) 책임 능력과는 현격한 차이가 있다. 나는 당신이 나쁜 짓을 했다는 이유로—우리는 나쁜 짓을 한 동료 인간들을 기소(起訴)한다—개나 고릴라를 법정으로 데리고 간다는 것은 어리석은 일이라는 내 의견에 동의하기를 희망한다. 목장 안에 머물러 있는 암소에 대하여 재산권과 도덕법을 존중해 주었다고 칭찬하는 것도 또한 어리석은 일이리라. 우리가 처음에 진술하였듯이—유명한 동물 권리 대변자의 권위를 믿는다고 해도—솔직히 동물들은 도덕적 행위자가 아니다.[13]

물론 우리가 동물들을 적당한 관심을 가지고 다루어야 하지만, 진화론적 생물학의 교훈에도 불구하고 오늘날 복잡하고 넓은 간격이 인간을 다른 종들로부터 분리하고 있다는 사실에 대하여 스스로 눈감아서는 안 된다. 우리의 솔직한 경험적 증거 안에서 우리가 모든 것들 가운데 유일한 인격체라는 점은 실로 매우 놀랄 만하다.

그러므로 부정적인 도덕규범들을 적용하는 순간에 인간 종(種)과 다른 종들을 구별하는 것은 유용하고 상식적인 증거 위에 확고하게 입각하는 그 무엇이다. 이에 반하여 인간 종 안에서의 개체들을 차별하는 것, 그리고 나이를 따져가며 그렇게 행동하는 것(임신중절은 정당화하면서도 영아 살해나 성인 살해는 정당화하지 않는 것)은 독단적이다. 만일 나이 사십인 한 사람의 생명을 박탈하는 것이 도덕적으로 나쁘다면 그가 동일한 개인일 경우 육십일 때 혹은 스무 살, 열 살 혹은 한 살일 때 아니면 아직 태어나지 않았을 때 그렇게 행동하는 것이 허용될 수 있을 아무런 이유가 없다. 그러므로 인간 태아가 아직 인격이 아니라는 주장을 근거로 하여 임신중절을 정당화하는 일은 거부되어야 한다.

"자기 방어로서의 임신중절"

임신중절이 도덕적으로 허용될 수 있음을 다른 방식으로 생각하는 몇몇 철학자들은 처음부터 태아가 인격이 아니라는 견해에 직면하는 어려움들을 깨달았다.[14] 따라서 그들은 태아가 인간이라는 점이 인정되는 경우조차에서도 몇몇 임신중절을 허용 가능하게 만들 수 있는 논의들을 찾아나섰다. 그들의 입장은 특별히 고찰될 만한데, 왜냐하면 그것은 어머니와 아이 사이의 이해관계의 갈등—오직 산모와 태아에 대하여 충분한 인간성이 인정되는 경우에만 이치가 닿는 갈등—에 초점을 맞추기 때문이다. 만일 태아가 인격체가 아니라면 실제로 아무런 심각한 이해관계의 갈등도 없으며, 임신중절은 한 가지 하찮은 수술상의 절차가 된다.

일상생활에 있어서 이해관계의 갈등은 대개 권리에 대한 관계를 통해서 이해된다. 그래서 임신중절에 관한 논쟁 역시 권리의 갈등이라는 관점에서 이루어져 왔다. 태아의 권리는 어머니의 권리를 무시해야 할까? 선택에 관한 권리가 살 권리를 무시할 수 있는 것일까?

법적 권리에 대한 관념은 비교적 분명하다. 만일 누군가에게 권리를 부여하는 법이나 계약이 있다면 그는 어떤 것에 대하여 법적 권리를 갖는다. 예를 들어, 외국인들은 만일 어떤 나라들이 그들에게 소유권을 허락하는 법을 통과시켰다면 그 나라들에서 재산을 소유할 권리를 갖는다. 또 어떤 이는 만일 어느 특정한 집에 대하여 그의 소유권을 인정하는 법적으로 유효한 계약이 있다면 그 집에 대하여 재산권을 갖는다. 그런데 도덕적 권리—실정법 또는 명시된 계약에 입각하지 않은 권리—라는 관념은 보다 모호한 관념으로서, 몇몇 철학자들은 이에 대하여 부인한다. 그러나 철학자들이 태아의 살 권리 혹은 산모의 선택의 권리에 대해서 긍정 또는 부정할 때 문제가 되는 것은 이같은 종류의 권리들이다. 모든 당사자들은 도덕적 권리가 또한 법적 권리여야 한다고 주장한다.

비록 나는 도덕적 권리(혹은 자연권 내지 인권)라는 관념이 인간의 기본적인 선들을 주목함으로써 방어될 수 있다고 생각하고는 있지만, 내가 그것에 호소하는 일을 삼가는 이유는 그것이 불필요한 분규를 끌어들일 수 있기 때문이다. 인간 행위의 보다 근본적인 관념에 그만큼 더 초점을 맞추는 일은 보다 용이하다. 이를 선택하여 행하는데 있어서 나는 내가 지금 벌이고 있는 논의를 받아들이는 사람들의 관례에서 벗어나지는 않고 있다. 왜냐하면 그들의 견해는 자기 방어는 허용될 수 있는 종류의 행위라는 전통적인 주장에 궁극적으로 의존하기 때문이다.

요지는 본질에 있어서 다음과 같다 :

(1) 자기 방어를 위해서 실행된 행위는 도덕적으로 허용될 수 있다.

(2) 어떤 임신중절은 자기 방어의 행위이다.

그러므로

(3) 어떤 임신중절은 허용될 수 있다.

내 생각에 이 논의의 두 가지 전제들 모두 문제가 있다. 첫째, 전제 (1)에 대한 몇 가지 논평들이다. 자기 방어의 행위란 무엇인가? 그것은 무력을 사용해서 공격자를 멎게 하고 그리하여 스스로에 대한 해악의 위협을 피하는 행위이다. 그것은 한 사람의 선, 특히 생명이라는 선의 보호를 지향하기 때문에 배려의 지침을 받는 것으로 보인다. 다만 무력을 사용하는 일은 또한 공격자에게 해악을 가져오며, 심지어 극단적인 경우에는 자기 방어를 위한 살인, 즉 공격자에게서 생명이라는 선을 박탈하는 정도에 이르기까지의 해악을 가져온다. 이는 존중이라는 지침을 위반하는 것이기도 하다. 그러므로 분명한 것은 본질적으로 자기 방어가 이중 효과의 한 원인이라는 점이다. 그것은 불을 켜고 동시에 환풍기도 돌리는 목욕탕 스위치와 비슷하며, 따라서 이중 효과의 원리에 해당한다.

이중 효과의 원리와 꼭 마찬가지로 자기 방어라는 전통적인 교의는 복잡하고 신중하다. 왜냐하면 자기 방어는 문제가 되고 있는 갖가지 선들과 더불어 갖가지 종류의 상황들을 포함할 수 있기 때문이다. 이 교의는 몇몇 특수한 조건들이 충족되는 경우에 한하여 자기 방어 차원에서 해악을 일으키는 일이 허용될 수 있다고 여긴다. 이같은 조건들로서 네 가지가 있다 :[15]

(a) 행위자가 무력을 사용하는 의도된 목적은 자신의 선들을 보호하는 일이어야 한다. 만일 그가 공격자에 대하여 직접 해악을 의도한다면 (그가 공격자를 증오하며 그를 제거하려는 기회로 활용하기를 원하기 때문에) 그의 행위는 도덕적으로 나쁘다.

(b) 무력은 공격 자체가 있을 때에만 사용될 수 있다. 미리 계획된 폭력이나 훗날의 시점에서 가하는 난폭한 복수는 허용될 수 없다. 실제로 그런 것들은 거의 자기 방어로 통하지 않는다.

(c) 무력의 사용은 공격을 멎게 하는 아무런 다른 수단이 없는 경우에 한하여 허용될 수 있다. 만일 설득이 효과적일 수 있거나 또는 경찰의 도움을 청할 수 있다면 폭력은 피해야 한다.

(d) 공격을 멎게 하는 데 필요한 만큼 이상으로 해악을 가하는 일은 허용될 수 없다. 위협이 현존하는 혼란스러운 순간에 이 점을 판단하기는 확실히 어렵다. 이같은 조건의 보다 깊은 취지는 자기 방어가 과도한 무력의 사용을 정당화하지 않는다는 점, 또 그것이 고의가 아닌 경우라도 살인에 대한 인가증이 물론 아니라는 점을 명확하게 진술하는 데 있다. 만일 보다 덜한 해악이 위험을 막을 수 있다면 그 덜한 해악이 선택되어야 한다. 누군가의 생명에 대한 위협이 아니라 단지 그의 돈지갑에 대한 위협만이 있다면 그 공격자를 죽이는 것은

나쁘리라.

이러한 조건과 제한들은 자기 방어에 대한 논의의 한 선도적인 지지자에 의해 받아들여지기 때문에[16] 전제 (1)은 참이라고 간주되며(네 개의 조건들이 충족된다고 가정하는 해석 하에) 또한 동의될 수 있다.

주요한 문제들은 전제 (2)에 관해서 일어난다. 임신중절은 자기 방어의 행위라는 것이 참일 수 있을까? 확실히 그릇된 것은 모든 임신중절이 자기 방어에서 실행된다는 점이다. 오늘날 "임신 상태가 한 여성의 신체적 건강에 대하여 명백한 위협이 되게 하는 경우들은 드물다."[17] 그리고 어떤 중요한 선에 대해서 믿을 만한 위협이 없는 경우 자기 방어에 대한 뚜렷한 특징은 없다. 동정심 어린 비판가들은[18] 이같은 생각이 이 논의에 호소함으로써 정당화될 수 있는 경우들의 수를 철저하게 줄인다고 신속하게 단정짓고 있다.

그렇다면 임신중절의 어떤 경우라도 자기 방어의 행위가 될 수 있을까? (남자가 멀리 떠나버렸기 때문에) 훗날에는 바라지 않은 것이 되었지만 처음에는 원했던 임신이나 피임의 실패 내지 소홀함으로 말미암아 일어난 원치 않은 임신은 공격이라는 요인이 결여되어 있다. 따라서 남은 유일한 경우는 강간에 의한 임신 상태의 그것이다. 그러나 강간의 경우에 공격자는 확실히 태아가 아니라 강간 범인이며, 그에 저항하여 무력—나는 치명적인 무력도 포함시키고 싶다—을 사용하는 일은 충분히 정당화된다. 강간은 절도 내지 강도보다 훨씬 심각한 공격이다.

설사 태아가 공격자로 생각될 수 있다 하더라도[공격자의 경우 어떤 종류의 행위를 일으켜야 한다는 점이 사실이라면 이것은 매우 반(反) 직관적이다], 언제나 공격 행위(즉, 강간)가 있은 얼마 뒤에 일어나는 임신중절은 조건 (b)—이는 무력이 공격의 순간에 시용되어야 한다는 것을 요구한다—를 충족시키지 못할 것이다. 조건 (a)가 태아 자체를 제거한다는 의도된 목표를 통해 규정되는 수술 절차에 의하여 충족될 수 있는지의 여부 역시 의심스럽다.

그러므로 우리는 어떤 임신중절도—강간의 경우조차도—자기방어의 규정이나 그것이 허용될 수 있게 만드는 조건들을 충족시키지 못한다고 결론지어야 한다. 만일 강간의 경우에 임신중절이 자기방어로서 정당화될 수 없다면 그것은 다른 근거에 입각하여 정당화되지는 않는가? 원치 않은 임신은 이미 충분히 힘겨운 부담이며 강간에 의한 임신은 참으로 견딜 수 없는 시련이지 않은가? 나는 그렇다고 절대적으로 확신한다. 다만 나는 언젠가 강간의 경우의 임신중절에 관한 토론에서 어떤 여성이 일어나 "내 어머니가 강간당했었죠" 라고 퉁명스럽게 말하며 앉았다는 이야기를 들은 적이 있다. 나는 그 이야기가 사실인지 모르지만 그것은 확실히 잠재적 피해자의 관점을 사로잡는다. 내 어머니가 강간당했었든 아니든 간에 나는 여러 해 전에 내 생명이 사라지는 것보다는 오늘 살아 있는 것이 훨씬 좋다. 나는 똑같은 말이 여느 이성 있는 행위자에게도 적용될 수 있다고 추정한다. 분만은 항상 특별히 관대함과 사심 없음을 요구하며, 어떤 경우에는 참으로 영웅적인 일일 수 있다.

그렇지만 우리가 동반되는 보다 깊은 취지를 놓쳐버리지는 않았을까? 즉, 산모와 아이 사이의 이해관계에 관해 진정한 갈등들이 있어서 때때로 태아의 생명이 산모에 대하여 고생과 아홉 달의 고통뿐만 아니라 산모의 생명을 위협한다는 점 말이다. 말하자면 두 인간의 기초적 선에 관한 요구들이 서로에 대하여 맞붙고 있는 경우이다. 주지하는 바와 같이 이런 경우들은 오늘날 극히 드물지만 일어나기도 한다. 예외적이고 난해한 사건들을 해결하는 것이 이 책의 일차적인 목적은 아니지만 도덕의 일반 원리들을 제시하기 위하여 내가 여기서 하려는 모든 것은, 진짜 갈등이 있는 사건들에서 일의 처리를 진행하기 위하여 어떻게 그것이 도덕적으로 옳게 되는지를 지적하면서 이중 효과의 원리를 불러내는 일이다.

당신이 상기하는 바와 같이 이중 효과의 원리는 하나는 좋고 하나는 나쁜 두 개의 결과를 갖는 어떤 행위들이, 만일 (1) 행위 자체가 허용 가능하고, (2) 가해진 나쁜 효과가 좋은 효과를 이루는 수단이 아니며, (3) 행위자가 나쁜 효과를 의도하지는 않고, (4) 좋은 효과와 나쁜 효과에 있어서 유망한 균형이 있다면 도덕적으로 허용될 수 있다고 여긴다.

이중 효과의 원리의 고전적인 적용은 자궁암으로 고통받는 임산부의 경우에 수술을 정당화하는 데 있었다. 만일 종양이 지속적으로 자란다면 산모의 생명은 위협을 받는다. 만일 종양이 자궁과 함께 제거된다면 태아는 더 이상 살 수가 없다. 확실히 이중 효과의 원리의 적용을 위한 조건들이 충족되고 있다(세 번째 것의 가능한 예외와 더불어). 그 행위 자체는—즉, 자궁절제술의 주요한 직접적 목표는 자궁을 제거하는 것이다—원래 도덕적으로 허용될 수 있다. 태아의 죽음은 암의 근절을 이루는 수단이 아니라, 종양의 제거에 필요한 자궁 절제술의 비표준적인 결과이다. 게다가 행위자는 태아의 죽음을 의도해서는 안 된다. 여기서 의도를 검사하는 한 가지 방법은 전혀 자궁암이 없었을지라도 자궁절제술 내지 임신중절을 요청했을 것인지 여부에 대하여 물어보는 일일 수 있다. 만일 정직한 답변이 "예"라면 그때는 두 결과가 의도되었던 셈이다. 결국 산모의 생명을 보존한다는 목표가 아이의 생명이 상실되는 것과 어울리지 않는 것은 아니다. 왜냐하면 두 생명 모두 똑같이 소중하기 때문이다.

이중 효과의 원리는 이런 형태의 수술에 개입하는 일 역시 이중적인 결과의 원인이기에 어떤 임신중절이든지 정당화할 수 있다는 이유로 반대될 수도 있다. 즉, 그것은 한 여성을 위해서는 부담을 경감시키는 원인이 되면서 또한 태아의 죽음을 야기한다. 설사 우리가 논점을 교묘히 피하기 위하여 조건 (1)에 대한 고찰을 보류한다 하더라도 다른 세 개의 조건들이 충족되지 않는다는 점은 분명하다. 태아의 죽음은 단순한 우연의 결과가 아니라 좋은 목적을 달성하는 데 대한 수단이다. 태아의 죽음이 의도되었다고 보는 이유는, 그것이 행동진행의 주요한 직접적 목표이며 만일 그렇지 않다면 그것은 확실히 그에서 온 표준적인 결과이기 때문이다. 결국 만일 생명을 보호하는 일보다 못한 그 무엇이 의도된 좋은 효과로 있다면, 행위의 두 결과들 간에는 의미 있는 불균형이 있을 것이다.

우리가 살펴보았듯이 이중 효과의 원리는 광범한 상황 속의—여기에는 어쩌면 아무런 조치도 취하지 않으려 하든가 혹은 다른 극단에서 중요한 선들을 그저 여타의 목적을 얻을 수단으로 취급하려 하는 강한 유혹이 있을 수 있다—비극적인 갈등들에 직면하는 데 있어서 하나의 신중하고 주도면밀한 지침이다. 이중 효과의 원리는 배려와 존중에 대하여 의식적으로 충실할 것을 요구한다. 다행히도 방금 언급되었던 식의 생사의 갈등을 동반하는 임신 상태는 거의 없으며, 따라서 그것을 불러낼 필요성 역시 좀처럼 없다. 살인을 금하는 표준적인 도덕규범은 광범한 경우들에 있어서 적절한 지침을 제공한다.

우리의 초기 결과물에로 되돌아와서 우리는 다음과 같이 말할 수 있다. 만일 태아가 사람—즉, 인격(그 발달의 초기 단계에 있는)—이라면, 그리고 무고한 인간의 의도적 살해를 금지하는 도덕규범이 타당하다면 어떠한 직접적으로 의도된 임신중절도 허용될 수 없다. 임신중절의 허용 가능성을 지키는 유일한 방법은 태아의 인간성을 부인하는 일인데, 우리가 깨달았듯이 이것은 지지하기 어렵다.

임신중절에 관한 논쟁에서 문제가 되고 있는 선들을 보다 깊이 고찰하는 일은 실지로 사물에 대하여 긍정적으로 바라보게 할 수 있다. 생명의 전달은 현대의 논쟁에서 간혹 간주되는 큰 재앙 내지 악몽이 아니라, 그 자체가 하나의 인간적 선이다. 임신은 그 결과—아이를 가지는 일—가 보다 넓은 시간적 틀이라는 투시도에서 판단되어야 할 하나의 선이다. 스무 살의 나이에 갖게 된 무섭고 바라지 않던 임신—많은 기회와 전망들을 파괴할 작정이었던 (그리고 아마도 파괴하였던) 임신—이 수십 년 뒤에는 (커다란 희생이 없지 않았지만) 어머니가 그에게 매우 애착을 느끼는 소중한 자식으로 되어 남을 수도 있는 것이다. 형편에 따라서는 그 아이가 어머니가 늘그막에 의지할 수 있는 유일한 사람으로 되어 있을지도 모른다. 설사 상황이 아기를 남의 손에 넘기어 입양시키라고 요구한다 할지라도—아이를 단념하고 입양시키는 것은 실로 엄청난 희생이다—이를 행하는 사람은 배려와 존중의 지침들을 따르고 있으며, 그러므로 행하지 않는 사람보다 더 낫다.

주

1 미페프리스톤(mifepristone)은 임신중절 약으로 스테로이드 차단 효과가 강하다. 미국에서는 미페프렉스(Mifeprex)라는 상품명으로 시판되며, 유럽에서는 RU-486으로 알려져 있다(RU는 프랑스 제약회사 Roussel-Uclaf의 이니셜이다). 미소프로스톨(misoprostol)은 항궤양 작용에 강한 약으로 임신중절용으로도 쓰인다.역자 주

2 Warren(1997) 참조. 나는 이 유력한 논문을 이 단락 내내 기억하고 있다.

3 Feinberg & Levenbook(1993), 212.

4 Warren(1997), 140 (원문으로 강조).

5 Tooley(1972) 참조.

6 Warren(1997), 141-42.

7 Ibid., 139.

8 Thomson(1997), 123.

9 Ibid., 123.

10 Feinberg & Levenbook(1993), 204.

11 Ibid., 227.

12 Singer(1993), 301-03.

13 Regan(1983), xvi쪽의 note.5 참조.

14 Thompson(1997), 123 : "다만 나는 태아의 발달에 있어서 '경계선을 긋는 일'의 전망이 흐려 보인다는 데 동의하고 싶다. 내 생각에 아마도 우리는 태아가 태어나기 상당히 전에 이미 사람이 되었다는 점에 동의해야 할 것이다. 실로 우리가 인간적 특성들을 획득하기 시작하는 일이 생애에서 아주 일찌감치 이루어진다는 것을 처음 알게 될 때, 그것은 놀랄 만한 사건으로 나타난다. 예컨대 10주까지에 태아는 이미 얼굴, 팔다리, 손가락, 발가락을 가진다. 또 내장을 갖추며, 두뇌활동이 탐지될 수 있다."

15 Fagothey(1976), 219.

16 English (1997), 154.
17 Ibid., 155.
18 Warren (1997), 135.

제8장

안락사에 관하여

안락사는 현대의 도덕 이론들에 있어서 최후의 싸움터이다. 흔히 임신중절은 태아의 생명과 산모의 선택의 자유 간의 갈등으로 간주된다. 따라서 그것은 인간의 기본적인 선들을 지지하는 사람들과 철학적 자유주의를 옹호하는 사람들이 필연적으로 의견을 달리하는 이슈이다. 그러나 만일 태아의 인간성이 인정된다면, 밀(J. S. Mill)의 엄밀한 추종자조차도 임신중절은 누군가에 대하여 해악을 수반하기 때문에 도덕적으로 나쁘다는 데 동의할 수 있을 것이다. 그러나 이같은 갈등이 자발적인 안락사의 경우에는 결코 존재하지 않는 듯하다. 문제시되는 생명이나 활용되는 자유나 모두 동일한 사람의 것들이다. 그러므로 선택의 자유를 가장 중요한 인간적 가치로 보는 철학의 입장에서 자발적 안락사의 허용 가능성은 일종의 확실한 도덕적 진리가 되는 것처럼 보인다.

'안락사'라는 낱말은 '잘 죽는 것' 혹은 '좋은 죽음'이라는 관념을 암시하는 그리스어 부사와 명사로 구성되어 있다. 정확하게 어떤 종류의 행위가 안락사일까? 임신중절의 경우에서처럼 "누가, 무엇을, 왜 하였는가?"라는 다각적인 질문이 우리로 하여금 안락사를 다른 형태의 행위와 구별하도록 도와주어야 한다.

✣ 누가 ✣

고려해야 할 첫 번째 이슈는 행위자가 죽는 이와 동일한 사람인가 아니면 누군가 다른 사람인가의 여부이다. 전자의 경우에 행위는 '자살'이라고 적절하게 명칭이 붙여지며 별도의 표제 아래 잘 다루어지고 있다(이 책에서는 지면상의 이유로 시도되지 않는다). 의사의 도움을 받는 자살 또한 안락사와 분명히 구별되어야 하는 이유는 이 경우 역시 주요 행위자는 죽는 사람이기 때문이다. 의사는 오직 자살자가 의도하고 이루려는 목표를 위한 수단을 제공하는 일 정도로 기대된다.

그러므로 안락사는 두 사람을 동반한다. 원칙적으로 안락사의 정의가 계속 모호한 채로 있는 한 누구든지 안락사의 행위자가 될 수 있다. 그러나 만일 그것이 병든 상태가 종말에 있는 환자들이라든가 고통이 더 이상 완화될 수 없는 환자들에로 제한된다면 오직 의사들—또는 적어도 훈련된 헬스 케어 공급자들—만이 안락사의 행위를 실행할 수 있을 것이다. 누군가에 의해서 야기되는 안락사는 아주 특수한 상황을 제외하고는 매우 무책임하게 될 수 있다. 나는 이같은 몇 가지 상황에 대하여 아래에서 논하고자 한다.

⚜ 무엇을 ⚜

안락사는 일종의 고의적인 살인 행위이다. 만일 위험한 의료적 절차의 요지가 예컨대 종양을 제거하는 일이고 그 과정에서 환자가 죽는다면 그 수술은 안락사로 간주될 수 없을 것이다. 의도되지 않은 죽음은 안락사의 사례가 아니다.

안락사는 또한 단순히 환자가 죽기를 바라는 문제가 아니다. 안락사는 누군가가 인간의 죽음을 일으키겠다는 명확한 목표를 가지고서 효과적인 조치를 취하는 일을 필요로 한다.

적극성과 소극성

적극적 안락사와 소극적 안락사를 구별하는 것이 관례이다. 이 구별이 죽이는 일과 죽음을 허락하는 일 사이의 그것과 엄밀하게 같은 것은 아니다. 적극적 안락사와 소극적 안락사 모두에 행위자 측의 행위가 있지만 죽음의 일차적인 원인에 있어서 차이가 있다.

만일 환자가 치명적인 주사액의 투입으로 인하여 죽는다면 그것은 분명히 적극적 안락사 내지 살해의 사례이며, 검시(檢屍)를 실행하는 병리학자는 그렇게 기록해야 한다. 만일 환자가 인공호흡 장치가 꺼짐으로 인하여 죽는다면 병리학자에 의해서 보고되는 죽음의 일차적 원인은 호흡 정지[예를 들어 이전의 급성 기종(氣腫)에서 오는]일 것이다. 중병이 아닌 개인은 기계 장치가 꺼진 뒤에도 생존할 수 있을 것이다. 그러므로 기계 장치를 끄는 일이 엄밀히 보아 환자의 죽음의 원인은 아니다.

기계 장치를 끄는 사람은 환자의 죽음을 의도했을 수 있으며, 따라서 비록 소극적 안락사의 행위이기는 하지만 안락사라는 행위를 실행한 셈이다. 만일 의사의 의도가 단순히 쓸데 없으며 환자와 그 가족에게 고통만을 야기할 뿐인 치료를 중단하는 것이라면, 이 경우 의도된 결과는 아니되 죽음을 예견할 수 있지만 우리는 죽음을 허락하는 사례를 갖게 된다. 인습적으로 이 말은 죽음이 의도되지는 않았으므로 죽음을 허락하는 것이 결코 안락사로 분류되어서는 안 된다는 신호라고 여겨진다. 이런 종류의 행위는 일견하여 이중 효과의 원리가 적용될 수 있는 조건을 만족시킨다.

이중 효과의 원리에 입각하여 정당화하는 일에 대해서 격렬하게 거론되는 반대는 과연 바랄 수 있는 결과조차도 의도하지 않는 것이 가능한지의 여부이다. 나는 이중 효과의 원인에 관한 사례들에 있어서 간혹 누가 부가적인 효과를 의도하고 있는지 아닌지의 여부를 알기는 어렵지만 다른 효과를 의도하지 않은 채 한 가지 효과를 의도하는 일이 가능하다고 주장한 바 있다. 소극적 안락사를 죽음을 허락하는 것과 구별하기 위한 하나의 검사는 만일 기계 장치를 끈 다음에도 환자가 계속 살아 있는 경우에 의사가 무슨 일을 할 것인지 물어보는 데 있을 수 있다. 만일 그가 실망한 나머지 환자의 생명을 끝내기 위해 더 조치를 취한다면 우리는 환자의 죽음이 첫 번째로 의도되었다고 추론할 수 있을 것이다.

그러므로 여기서 채용된 술어로 보아 선재(先在)의 결정적인 조건을 막는 수단을 제거함으로써 죽음을 허락하는 것은 오직 죽음이 행위자에 의해 의도되는 경우에 한하여 소극적 안락사의 한 사례가 될 것이다. 죽음을 허락하는 일은 소극적 안락사와 같은 것이 아니며 대부분의 경우 이중 효과의 원리 아래 정당하다고 인정할 수 있겠다.

자발성, 비자발성, 본의 아님

환자의 관점에서 볼 때 안락사에 대하여 세 가지 유형으로 구별하는 것이 관례이다(어느 유형이든 소극적이든가 혹은 적극적이다). 만일 환자가 죽임을 당하는 데 대하여 자유롭게 동의한다면 안락사는 자발적인 것으로 또는 자유로이 선택된 것으로 생각된다. 만일 환자가 무능력하여 동의할 수 없거나 또는 동의하기를 거부한다면 그것은 비자발적이다. 만일 환자가 유능한 상태에 있지만 죽기를 요청하거나 바라지 않는다면, 혹은 환자가 무능한 상태에 있지만 죽기를 원치 않는 것으로 알려져 있다면 안락사의 행위는 본의 아닌 것이다.

논의에 관련된 모든 당사자들은 적극적이고 본의 아닌 안락사를 살인의 한 예로 간주할 수 있으며, 그럼으로써 철학적 논쟁을 피할 수 있다. 비자발적인 경우들은 대개 권한이 위임된 친척들에게 환자를 대신하여 동의하도록 혹은 동의를 보류하도록 요구함으로써 다루어진다. 그리하여 계획된 안락사는 대리인을 통해서 자발적인 것이 되든가 또는 비자발적인 것이 된다. 주요한 도덕적 논쟁은 자발적인 안락사(적극적인 것이든 소극적인 것이든)의 논점에 관하여 일어난다. 이제 우리가 도덕적 문제들로 향하기 전에 고려 중인 행위에 있어서의 세 번째 요소에 대하여 살펴보기로 한다.

왜

진정한 안락사(또는 흔히 불리어진 대로 '자비로운 살인')의 경우가 있기 위해서라면 행위자는 먼저 사람의 죽음을 의도해야 한다. 이 점이야말로 행위자의 주요한 직접적인 목표 내지 취지이다. 그렇지만 또한 행위자는 죽어가는 사람에게서 커다란 고통을 제거한다는 더 큰 목표를 가져야 한다. 이같은 더 큰 목표가 없다면 그 행위는 살인으로 분류되어야 할 것이다. 만일 어떤 환자가 심한 고통을 받고 있지만 곧 회복될 것 같다든가 혹은 죽기 직전의 병든 상태이지만 고통을 겪고 있지는 않은 경우, 이런 환자를 죽이는 것은 좋은 죽음을 가져오는 것이라고는 거의 간주되기 어려울 것이다. 자비로움이라는 것이 그저 잘못되고 있는 경우이다.

그러므로 안락사에 관하여 그럴 듯한 경우들에 있어서는 만일 고통이 견딜 수 없게 된다면 그만큼 더 예민하게 되는 하나의 갈등이 있다. 그렇지만 그 점이 의도적인 살인을 정당화할 정도로 충분할까? 나는 그렇지 않다고 본다. 여기 적극적 안락사(자발적이든 또는 그 반대이든)에 반하는 기본적인 논의가 있다.

(전제 1) : **그 목표가 인간의 기본적인 선의 사례를 의도적으로 공격하고 해치고 파괴하는 데 있는 행위라면 어떤 행위이든 합리적이지 못하며 도덕적으로 나쁘다.** (이는 실천 이성의 형식적 원리 아래서 기본적인 선들을 존중하는 지침이다. 그 행위가 어느 정도로 심각하게 나쁜가는 공격받고 있는 선의 신중히 결정된 중요성에 달려 있을 것이다.)

(전제 2) : **생명은 인간의 기본적인 선이다.** (실천적 합리성의 첫 번째 보충적 원리)

(전제 3) : **적극적 안락사는 그 목표가 말기 환자의 큰 고통을 덜어주기 위하여 의도적으로 죽이는 데 있는 행위이다.** (적극적 안락사의 정의)

(결론) : **적극적 안락사는 합리적이지 못하며 도덕적으로 나쁘다.**

소극적 안락사를 거부하는 것은 전제 3에 있어서의 변화를 필요로 한다. 행위의 목표는 동일하게 남아 있지만, 목표에 도달하는 일이 희생자의 생명을 직접 공격함으로써가 아니라 치명적인 질병의 경과를 막는 장애물을 고의로 제거함으로써 이루어진다. 회복될 수도 있는 암 환자에 대하여 화학 요법을 고의로 중단하는 것은 하나의 예가 될 것이다.

만일 행위자가 환자의 죽음을 의도하지는 않지만 단지 효과가 없게 되어버린 치료의 부담을 없앤다는 목적에 의해서 마음이 변한 경우라면 존중의 지침이 적극적으로 위반된 것은 아니며, 또한 소극적으로 위반된 것도 아니다. 따라서 환자가 죽도록 허용하는 일은 정당화될 수 있을 것이다. 화학 요법은 엄청나게 괴로울 수 있다. 그러므로 일단 환자가 그에 적극적으로 반응하지 않게 되면 그것을 중단하는 것이 매우 합리적이다. 나는 환자가 죽어가도록 허용하는 것을 정당화하는 조건들을 더욱 품위 있게 하는 일에 대해서는 전문적인 생명윤리학자들의 몫으로 남겨두고자 한다. 윤리(생명윤리는 그 한 하위 영역이다)를 다루는 책에서 강조되어야 할 사항은, 생명이라는 기본적인 가치를 인정하는 것이 가망 없는 병든 환자의 고뇌와 고통의 연장을 명령하지는 않는다는 결론이다. 안락사를 거부하는 것이 불필요한 고통의 유발을 적극적으로 정당화하지 않는다.

그러나 많은 철학자들은 앞서 말한 논법을 받아들이지 않는다. 안락사에 대하여 가장 탁월한 철학적 옹호자 중의 한 사람인 레이첼즈(James Rachels)는 최근의 영미 윤리학에서의 두 가지 주요한 경향(공리주의와 의무론)을 나열하면서 안락사가 도덕적으로 허용될 수 있다는 결론에 이르는 두 가지 유형의 이론을 보여주고 있다.[1]

공리주의적 논의

자신의 공리주의적 논의를 전개시키기 전에 레이첼즈는 메릴랜드 주 베데스타에 있는 미국국립보건원(NIH)의 암 클리닉에서 한 방을 썼던 한 젊은이의 고통을 묘사한 어느 기자의 감동적인 기사를 인용한다. 그 젊은이에게는 약 두 시간 정도의 효과가 있는 진통제가 주사되었다. 다만 의사가 네 시간 간격으로 정맥 주사의 투여를 처방하였기 때문에 주사기가 없는 시간 간격 동안의 고통은 '무자비한 공격'이었다. 젊은이는 "마치 옆에 있는 나를 깨우고 싶지 않다는 듯이 신음하거나 혹은 흐느끼기 시작하였다. 그리고는 개처럼 울부짖기 시작하였다."

기자는 만일 젊은이가 개라면 가축우리에 집어넣은 다음 클로로포름으로 마취시켜 잠들게 할 것이라는 생각으로 결론을 내리고 있다. "조금의 연민이라도 있는 인간이라면 그 누구도 하나의 생물체에 대하여 아무런 좋은 결과도 없으면서 그렇게 고통스럽게 놔둘 수 없으리라."

이 예의 요점은 분명하다. 즉 젊은이를 위해 자비를 베푸는 일은 그를 죽이는 것을 정당화하는 데 있다. 이 사례가 예증하는 일반적인 논법은 다음의 형식을 취하고 있다.

(1) 세상에서 행복의 총계를 늘리거나 혹은 고통의 총계를 줄인다면 어떤 행위라도 도덕적으로 옳다. 반대로 어떤 행위가 행복을 줄이거나

혹은 고통을 늘린다면 그것은 도덕적으로 그르다.

(2) 가망 없는 병든 환자로서 큰 고통을 겪고 있는 이를 그의 요청에 따라 죽이는 것은 세상에서 고통의 양을 줄일 수 있다.

(3) 그러므로 이같은 행위는 도덕적으로 옳다.

또한 철학적 자유주의의 입장에 있는 공리주의자들은 두 번째 전제에서 직면하는 하나의 어려움이 있음을 즉시 알아챈다. 왜 성가시게 환자로부터의 요청을 기대하는가? 만일 전체적인 고통을 줄이는 것이 정당화의 원리라면, 환자는 설사 '사람들이 비참한 삶이라도 전혀 살지 않는 것보다는 더 낫다고 생각한다' 할지라도 죽임을 당해야 한다. 여기서는 자유가 효용성과 충돌하는 것이다. 레이첼즈 자신은 이 문제에 주목하면서 고전적 공리주의에 있어서 '선과 악을 행복 및 불행과 좁게 동일시함'으로 말미암아 이런 문제가 생긴다고 생각하고 있다.

'행복을 극대화하기'에 대해서 말하는 대신에 레이첼즈는 '이익을 극대화하기'라는 개념을 도입하면서 공리주의 논법의 새로운 버전을 산출한다.

(1) 만일 어떤 행위가 모든 당사자들의 최선의 이익을 증진한다면 그 행위는 도덕적으로 용인될 수 있다.

(2) 적어도 몇몇 경우들에 있어서 안락사는 모든 당사자들의 최선의 이익을 증진한다.

(3) 그러므로 적어도 몇몇 경우들에 있어서 안락사는 도덕적으로 용인

될 수 있다.

내 생각에 이같은 논법이 외견상으로 그럴 듯한 것은 '이익을 극대화하기' 라는 관념이 지니는 모호함의 덕택이다. 그것이 '누군가를 위해서 최선의 것을 하는 일' 같은 것을 의미한다고 가정해 보자. 그리고 레이첼즈가 두 번째 전제를 지지하는 것을 살펴보도록 하자. 위의 사례에서 안락사가 활용되었을 경우, 그것은 젊은이의 주변에 있는 사람들에 대한 효과들의 목록으로 구성되어 있다.

(i) 그것은 젊은이를 위한 최선의 이익이었을 것이다. 왜냐하면 그는 '더 이상의 고통 없는 보다 수월한 죽음' 을 맞이했을 것이기 때문이다.

(ii) 그것은 그가 고통당하는 것을 지켜보면서 괴로워하는 그의 아내를 위한 최선이었을 것이다.

(iii) 그것은 병원 직원들의 이익을 위하는 일이었을 것이다. 왜냐하면 그들이 다른 환자들에게 주의를 돌릴 수 있었을 것이기 때문이다.

(iv) 그것은 다른 환자들에게 혜택을 주었을 것이다. '왜냐하면 의료 자원들이 더 이상 젊은이의 생명을 비참하고 무의미하게 유지시키는 데 사용되지 않았을 것이기 때문이다.'

(v) 만일 젊은이가 죽게 해달라고 요청하였다면(기자의 기사에는 그의 행동에 대하여 아무 것도 나타나 있지 않다) 그의 권리들이 침해되지는 않았을 것이다.

처음부터 (iii)과 (iv)가 얼마나 설득력이 없는 논거들인지 주목해 보라. 의사들이 다른 환자들을 돌볼 시간을 얻기 위하여 자신의 환자들 중 몇 명을 죽이는 일이 필요할까? NIH 암 클리닉은 그 정도로 직원이 부족할까? 의사들이 보조원을 요청한다든가 혹은 단순히 근무 시간을 연장하여 일하면 안 되는가? 진통제를 낮춘 나머지 젊은이에게 투여하지 않음으로써 결국 그를 죽게 한 바로 그 진통제들을 다른 환자들에게 돌아가도록 한 이 기관이 국제적으로 유명한 클리닉이란 말인가? 나는 만일 이 글을 읽는 독자인 당신이 미국의 병원이나 NIH에 가본 경험이 있다면 (iii)과 (iv)의 논거들은 무시되어야 할 정도로 비현실적이라는 점에 당신이 동의하리라고 확신한다. 분별있는 사람이라면 그것들이 이같은 특수한 환자를 죽일 좋은 이유들이라고 생각해서는 안 된다. 물론 진귀한 의료 자원들을 대규모로 배분하는 것과 관련하여 예민한 문제들이 있으며, 공정한 형태로 배분했어도 죽음이 이어질 수는 있다. 그렇지만 이는 의약품을 다른 환자들에게 주기 위해서 어떤 환자들을 계획적으로 죽이는 것과는 다르다. 그런 죽음들은 아마도 예견될 수 있는 것이지만 의도된 것은 아니다.

논거 (v)는 전적으로 자유라는 요인을 수용함을 의미하며, 오직 자신의 의지에 반하여 죽임을 당하는 것은 환자에게 최선의 이익이 아닐 수 있다는 의미로만 이해관계라는 관념에 연계되어 있다. 논거 (ii)는 우리로 하여금 주저하게 만든다. 사랑과 친애가 있다면 두 사람 모두에게 고통스러움에도 불구하고 누군가와 함께 보다 많은 시간을 보내야 할 좋은 이유가 있을 것이다. 아내는 사랑하는 남편과 아주 특별한 말들을 주고받으면서 손을 꼭 쥐었던 그 기억—만일 안락사가 일 주일 먼저 실행되었다면 줄어들어 버렸을—을 그녀의 가장 소중한 보물의 하나로 간직할지도 모른다. 만일 그렇다면 안락사는 그녀를 위한 최선의 것은 아닐 것이다. 우리는 지금 당장은 알지 못한다. 우리가 예정 시간보다 빨리 말할 수는 없다. 이제 신중하게 고려되어야 할 유일하게 남은 논거는 (i)이다.

만일 추가로 고통을 당하지 않는 것이 환자에게 최선이라면 왜 젊은이에게 네 시간마다가 아니라 두 시간마다 주사액이 공급되지 않았을까? 실제로 레이첼즈는 자신의 견해들을 공표하는 가운데 한 번은 (늘 그런 건 아닐지라도) 명확하게 말한다. "나는 보다 많은 분량의 진통제를 잭(그 젊은이)에게 투여하지 않았다고 분개하는 몇몇 의사들과 이 사례에 대하여 토론하였다."[2] 그렇다면 이 감동적인 예가 논증하는 것은 안락사가 정당화될 수 있었다는 점이 아니라, 담당 의사가 태만하고 비도덕적인 방식으로 처신하였다는 점이다.

안락사에 대한 공리주의적 논의는 자비로운 죽임이야말로 격렬한 고통에의 유일한 대안임을 가정해야 한다. 이것은 보통의 병원 환경에서 사실로 될 것 같지는 않다.[3] 환자는 진정될 수가 있다. 진통제가 고통을 제거할 수 있을 때 죽음을 통해서 고통을 제거하는 일은 다친 손가락을 팔의 절단을 통해서 치료하는 일과 비슷하다. 그것은 일종의 잘못된 형태의 행위이다.

병원과 멀리 떨어져 있으며 고통을 덜어주기 위해 아무 것도 할 수 없는 경우들이 있을 수 있지 않을까? 이같은 경우가 황금률에 근거하는 안락사에 대한 논의에서 언급되고 있는데, 이제 우리는 이에 대해 살펴보기로 한다.

의무론적 논의

'의무론적'이라는 용어는 '행해져야 하는 것'을 뜻하는 그리스어에서 유래하는데, 이는 하나의 도덕적 주체가 다른 고려사항들과 상관없이 자신의 의무를 다해야 한다는 관념을 말한다. 이런 유형의 도덕적 추론의 이면에 있는 주요한 생각은, 한 행위의 도덕성은 그 결과에 달려 있지 않고 전적으로 그것에 해당하는 규범에 달려 있다는 반(反)공리주의적 명제이다. 규범 자체는 행위자가 그것이 보편적이고 공평하게 적용되기—즉 그것이 또한 스스로 구속력이 있기—를 뜻할 수 있는지에 따라 받아들여지거나 또는 거부될 수 있다. 누구든지 "훔치지 말라"가 하나의 보편적인 규범이 되도록 의도할 수 있다. 왜냐하면 아무도 자기 재산이 도둑맞는 것을 원하지 않기 때문이다. "빚은 결코 면제되어서는 안 된다"는 것은 사람들이 받아들일 수 없는 규범이다. 왜냐하면 사람들은 여느 미래의 채권자가 빚을 면제해 줄 수 있는 가능성을 남겨두고 싶어하기 때문이다.

그렇다면 논의는 대략 다음과 같이 이뤄질 수 있을 것이다.

(1) 안락사는 항상 허용될 수 없다고 보는 규범이 있다.

(2) 만일 자신이 격렬한 고통을 겪고 있다면 아무도 안락사가 자신의 경우에 허용될 수 없기를 원하지는 않을 것이다.

그러므로

(3) 누구든 안락사가 항상 허용될 수 없다고 보는 규범을 거부할 것이다.

전제 (2)를 지지하기 위하여 우리는 공리주의자들이 가정하는 바로 그 배타적인 선언을 취하고자 한다. 즉, 팔십 또는 팔십을 갓 넘긴 나이에 개처럼 울부짖게 만드는 쓰라린 괴로움으로부터 고통 없이 죽을 것. 효과적인 통증 치료를 갖춘 완화 배려의 가능성은 언급조차 되지 않고 있다. 남은 며칠 동안에(몇 주가 될지 혹은 한 달이 될지 누가 알겠는가?) 배우자, 자녀, 또는 친구들과 애정 어린 의미 있는 행위를 가질 가능성도 고려되지 않고 있다. 이같은 가능성들이 있다면 나 개인으로서는 안락사가 허용되기를 원치 않는다.

완화(緩和)의 배려, 즉 일시적으로 고통을 억제해 주며 돌보는 일은 다시금 병원 내지 호스피스 환경을 가정한다. 통증 치료를 이용할 수 없는 상황이라면 어떠할까? 이런 시나리오를 설명하기 위하여 레이첼즈는 영국의 철학자 헤어(R. M. Hare)를 인용한다.

가솔린 화물 자동차의 운전수가 사고를 당했는데, 이 사고로 기름 탱크가 전복되었고 즉시 불이 붙었다. 그는 운전석에 갇히게 되었으며 빠져나올 수가 없었다. 그러자 그는 구경꾼에게 자신의 머리를 쳐서 죽여달라고 간청하였고, 결국 그가 불에 타죽은 것은 아니었다. 나는 누군가가 이 일을 했으리라고 생각하지만 나중에 법정에서 무슨 일이 일어났는지는 모른다.

> 이제 당신은 내가 여러 번 나 스스로에게 물었던 것처럼 당신 자신에게 물어보길 바란다. 만일 당신이 그 운전수의 상황에 있다면 당신은 사람들이 당신에게 무엇을 해야 한다고 바라는지 말이다. 나는 이 문제를 심각하게 숙고한—마치 자신이 그런 상황에 처하게 되며 구경꾼들이 따라야 할 규칙에 대하여 가르침을 주어야 하듯이—사람이라면 누구든지 규칙은 안락사를 절대적으로 제외하는 그런 것이어야 한다고 말하리라고 생각할 수 없다.[4]

나 역시 이 문제에 대하여 심각하게 숙고하기를 시도해 왔으며 이제 상반되는 결론에 이르렀다. 무엇보다도 어떤 사고든지 그것을 둘러싸고 명백한 혼란이 있다. 대개는 상해 정도가 얼마나 심각한지 명쾌하지 않다. 어떤 이는 그가 사실상 살아남을 수 있을 때에 안락사를 요청할 수도 있다. 더군다나 당신은 사고의 피해자를 놓고 어떤 적극적인 일을 행하고자 시도하는 대신에 그의 머리를 때리기 시작하는 구경꾼에 대하여 어떻게 반응하겠는가? 당신은 뭔가 의심을 품지 않겠는가?

나의 직관들을 확신하기를 원치 않기에(도덕적 직관들은 그 사람이 성장해 온 방식에 크게 달려 있다) 나는 이 예에 대하여 몇몇 의사들에게 물어보았다. 내가 들은 가장 일반적인 답변에 의하면 누군가의 머리를 때림으로써 무의식 상태를 일으키는 일이 쉽지는 않다. 당신은 매우 힘이 세어야 하고, 적절한 도구가 필요하며(낡은 막대기는 알맞지 않다), 매우 효과적으로 일격을 가하거나 혹은 여러 차례 강타해야 한다(만일 당신이 화염에 휩싸인 오두막집 바깥에 있다면 상당한 묘기와도 같다).

그것을 시도하는 일마저 현명해 보이지 않을 정도이다.

그러나 나와 대화를 나누었던 의사들이 가장 중요시했던 점(이것은 일반적인 함의를 가지는 요점이다)은 다음의 사실이다. 이론만의 철학자들이 (실재의 것이든 혹은 가상의 것이든) 안락사를 정당화하는 시나리오를 기술할 때, (화염, 열기, 출혈이 있는 부상 등) 묘사된 상황이 끔찍하면 할수록 피해자가 몇 초는 아니더라도 몇 분 안에 무의식 상태로 빠져들 가망성이 더욱 커진다는 점이다. 만일 안락사의 취지가 고통을 제거하는 데 있다면 이처럼 무시무시한 상황들에서 그것은 불필요해진다. 피해자는 이미 아무런 감각도 없는 상태이다.

공평성 논의에 대한 나의 반대가 당신에게는 주관적이며 기껏해야 이름 없는 의사들과의 비공식적인 대화에 근거하는 것으로 보일지도 모르지만 논의의 성질로 보면 그것이야말로 필요한 전부이다. 아무도 사고 현장에서 안락사를 거부하지 않으리라고 레이첼즈와 헤어가 주장할 때, 당신은 그들의 주장이 틀렸음을 입증하기 위해 그것을 거부하는 한 사람—당신 자신 또는 다른 어떤 사람—을 필요로 할 뿐이다.

우리는 이제 안락사를 의사의 도움을 받은 자살에 가장 가까운 것이라는 논의에 대한 제3의 노선을 살펴보기로 한다. 여기에는 행위자에 있어서 차이를 보이며 혼동되어서는 안 될 두 종류의 행위가 있다.

자율성의 논의

만일 우리가 안락사가 일반적인 행복을 극대화하는 데 이바지하는지의 여부에 관한 문제를 제외한다면(나는 솔직히 그 여부에 대하여 모른다. 왜냐하면 나는 필수적이라는 의미에서 행복을 측정하는 방법을 알지 못하기 때문이다), 그리고 공평성에 근거하는 논의를 받아들이지 않는다면 고통받는 환자의 소원이 존중되어야 한다는 관념 속에는 그럼에도 불구하고 어떤 정당한 요구가 있는 것 같다. 설사 고통이 완화될 수 있다 할지라도 환자는—전체적인 행복의 결과가 무엇이든지 간에 또한 당신과 내가 우리를 위하여 원하는 것과 상관없이—여전히 죽기를 원할지도 모른다.

이러한 관점은 이른바 자율성 존중의 원리에 입각할 수 있다. '자율성'이라는 말은 고대 그리스인들이 보다 강대한 도시의 명령을 받지 않고서 스스로(auto) 법(nomoi)을 제정하는 지위에 있는 도시에 적용했던 용어에서 유래한다. 그들은 이 용어를 결코 개인들에게 적용하지는 않았다.

현대 철학에서 '자율성'은 다양한 방식으로 사용되고 있지만, 일반적으로 자유롭게 또 자신의 계획에 따라 행동하는 개인들의 속성이라고 이해된다. 외연(外延)에 의하여 자율성은 또한 만일 행위들이 강제 혹은 외적인 위협 속에서 실행되지 않는다면, 아울러 다른 누군가에 의해서 선택된 것이 아니라 전적으로 스스로에 의해 선택된 것이라면 개인의 행위들에로 돌려진다. 물론 자율성에도 등급들은 있다. 우울증이나 정신 질환과 마찬가지로 강제와 속임수—단지 몇 개의 요인들만을 명명하자면—는 어떤 선택에 대하여 엄하게 자율성을 축소시킬 수 있다. 무지와 무력함 역시 개인의 자율성, 특히 어떤 전반적인 계획에 대한 선택을 낮출 수 있다.

나는 철학자들이 병원의 침대 속에 납작 누워 있는 환자의 자율성에 대하여 말하는 것에 대해서 회의적이다. 짐작컨대 병원에 입원할 때 자기 자신의 치료에 대하여 계획을 갖는 이는 아무도 없다—의사의 경우조차도 그러리라—고 말할 수 있다. 환자는 스스로를 관리하지 못한다. 그는 본질적인 의미에서 의료진의 (막강한) 손아귀에 놓여 있는 셈이다. 내 생각에 환자라면 자신에게 제공되는 치료와 절차를 자유롭게 받아들이거나 혹은 거부해야 한다고 말하는 것이 보다 합리적이다. 환자는 다른 이들에 의해서 세워지는 계획에 대하여 자유롭게 동의하거나 또는 보류해야 한다. 이처럼 다른 누군가에 의해서 세워진 계획들을 수용하거나 거부할 자유에 대하여 '자율성'이라는 명칭을 부여하는 일이 내게는 일종의 과장된 표현으로 생각된다.

만일 어떤 환자가 (스스로 선택한 계획에 따라 자유롭게 행위를 선택한다는 의미에서) 진정으로 자율적일 수 있는지에 대하여 의심할 이유들이 있다면 말기 환자들의 자율성에 대해서 의심을 둘 만한 보다 강력한 이유들도 있을 것이다. 말기 환자들은 우울하게 될 수 있으며 여러 가지 형태의 심리적인 압박감을 받게 되는데, 그들은 죽어야 하며 따라서 의료 자원(과 가족의 재산)의 허비를 그쳐야 한다는 견해가 사회적으로 용인될 경우에는 특히 더 그렇다. 그같은 상황들에서 자유로운 선택은 있음직하지 않다는 게 내 의견이며, 따라서 하나의 완전한 자율적인 선택이란 더더욱 가망 없어 보인다.

드문 경우이긴 하지만 어떤 완전히 자율적으로 죽어가는 개인이 자율적으로 선택하여 안락사를 간청한다고 가정해 보자. 자율성 존중의 원리가 그 환자에게 치명적인 주사액의 투입을 정당화할까?

생명 의료 윤리에 관한 이름난 책에서 자율성 존중의 원리는 다음과 같이 공식화되어 있다. "자율적인 행위들은 다른 이들에 의한 지배적인 강제에 종속되어서는 안 된다."[5] 이런 표현에 있어서 자율성 존중의 원리는 "만일 다른 이들에 대하여 해악이 없다면"이라는 제한을 생략한 채로 고전적인 자유주의의 원리에 가깝다.

자율성 존중의 원리는 다음과 같이 작용한다. A와 B라는 두 명의 유능한 성인들이 있다고 가정해 보자. 만일 A가 하나의 자율적인 선택을 행한다면, 이 원리는 B에게 적용되어서 그에게 A에 의하여 이루어진 선택을 방해하지 말라고 말한다. 이는 B쪽에서의 어떤 행위들이 도덕적으로 그릇될 수 있음을 말한다. 이 원리가 A에 의하여 선택된 자율적인 행위의 도덕성에 대해서는 아무 것도 말하지 않는다는 점을 주목해 보라. 자율성 존중의 원리는 자율적인 행위자의 행위들이 아니라, 다른 이들에 의해서 실행된 어떤 행위들을 판단하기 위한 하나의 도덕적인 기준을 제공한다.

그러나 적극적인 것이든 혹은 소극적인 것이든 안락사는 B에 대하여 단순히 A의 자율성(아마도 실제로는 자유)에 대해서 방해하기를 삼가는 일 이상의 것을 요구한다. 그것은 B에게 조치를 취하도록 요구하며, 이같은 조치에 대하여 동 원리는 또한 침묵을 지킨다. 내 의견을 말하자면 B가 행해야 할 것은 자신이 무엇을 해야 하는지, 그리고 왜 그것을 해야 하는지를 스스로에게 묻는 일이다. 물론 요점은 의도적으로 환자를 죽이는 것처럼 격렬한 일을 행하는 것이 환자가 그것을 요구한다고 해서 도덕적으로 허용될 수 있는지(또는 필요하기까지 한 것인지)에 대하여 결정하는 것이다. 내 생각에 이러한 요구는 의사에게 커다란 압박을 가할 수 있으며, 따라서 역설적으로 가상의 자율적인 환자와 마주하고 있는 의사 자신의 결정에 대하여 자율성을 해칠 수 있다고 본다.

그렇다면 어떤 사람이든 그의 자율성을 존중한다는 것은 일정한 일들을 행하지 않는다는 것을 수반한다. 분명히 그것은 개인이 통제할 수 있는 사적 영역에 한정된다 할지라도 자신이 받는 모든 요청에 따라 행동하는 것을 논리적으로 수반하지는 않는다. 많은 요청들이 상당히 비정상적일 수 있기 때문에 책임 있는 행위자라면 요청의 합리성 여부에 대하여 언제라도 잠깐 멈추어서 인간의 선과 실천 이성의 지침에 비추어 독자적으로 판단해야 한다. 자율적인 요청은 그것만으로 안락사의 행위를 도덕적으로 허용되게 만들지 않는다.

이것은 이론적으로는 합리적이라고 들릴지도 모른다. 그렇지만 통증과 고통을 더 이상 참을 수 없다고 부르짖는 누군가의 외침에 자신이 비참하다고, 즉 자신은 불행한 삶을 살아가고 있으며, 죽음을 하나의 구원이요 따라서 (자신에게는) 선이라고 생각한다고 울면서 말하는 누군가의 외침에 마음을 두지 않는 것이야말로 잔혹하지 않을까? 다시 말해서 우리는 잠깐 멈추고 실천 이성으로 하여금 우리의 본성적인 연민을 이끌게 해야 한다. 우리는 우리의 감정적인 반응이 우리로 하여금 선을 보호하고 나쁜 것들을 거부하도록 이끌고 있음을 확신해야 한다.

우리가 제3장에서 살펴보았듯이 삶을 비참하게 만드는 것은 삶 자체가 아니라 삶 속에서 지속되는 해악들이다. 첫째로, 질병이 해악이라는 점은 분명하다. 그러므로 의사들이 환자를 치료하기 위하여 할 수 있는 것을 행하는 것은 합리적이다. 환자를 소홀히 다루는 것은 돌보는 일에 실패하는 것으로서 도덕적으로 나쁘다. 어떤 특수한 치료가 더 이상 효과적이지 못할 때, 돌보는 일은 특히 그것이 환자에 대하여 고통스러운 부담을 지울 경우 그것을 포기하도록 요구한다. 둘째로, 육체적인 고통은 그것이 질병에 대한 초기의 경고가 되지 못하고 점진적으로 육체가 악화되는 결과가 될 때는 나쁜 것으로 된다. 고통은 그것이 건강이라는 기본적인 선의 상실을 동반하는 점에서 파생적으로 나쁘다. 의사들이 고통을 완화시키기 위하여 할 수 있는 것을 행하는 일은 긴급하다. 그렇게 하지 않는 것이야말로 비합리적이고 나쁘다. 현존하는 효과적인 수단들에 비추어 볼 때 의사가 환자의 고통을 줄이기 위해 필요한 만큼 그 수단들을 사용하지 않는 것은 허용될 수 없다. 그 수단들이 부지불식간에 환자의 죽음을 재촉하는 수가 있더라도 말이다.

다만 육체적인 것이 아니며 주사와 진통제를 통해서도 완화될 수 없는 큰 고통이 있다. 이런 종류의 고통은 많은 형태로(사랑하는 사람을 잃는 것, 미래에 대한 걱정, 가족들에 의해 버림받았으며 친구들에 의해 외면당한다는 느낌, 더 이상 통제되지 못하여 다른 이들의 도움에 의존함 등) 나타난다는 점, 그리고 남자든 여자든 안락사를 소리쳐 요구하는 사람은 비육체적인 면에서 고통 받을 수 있다는 점을 깨닫는 것이 중요하다.

이런 점에서 배려의 지침이 우리에게 상기시키는 것은 우리 인간들은 서로에 대하여 일정한 선을 제공해야 할 적극적이고 도덕적인 의무를 가진다는 사실이다. 특히 병든 사람들과 죽어가는 사람들에 대한 의무는 친애라는 선으로 분류될 수 있을 것이다. 일정한 배려의 제공자들이 말기 환자들에게 베푸는 위로와 애정이야말로 안락사가 하지 못하는 도덕의 (그리고 진정한 연민의) 필요조건을 충족시킨다. 안락사는 도움을 필요로 하는 누군가를 배려하는 데 있어서 궁극적으로는 실패하고 있다.

미끄러운 경사면의(불안정한)[6] 논의들

안락사에 반대하는 불안정한 논의들에 대해서는 아무런 언급도 있지 않았다. 몇몇 불안정한 논의들은 어떤 실천 X—그 다음에 실천 Y가 되고 이어서 차례로 실천 Z가 되는—를 받아들이는 일의 사회적 귀결에 대하여 논쟁에 관련된 모든 당사자들에게 받아들이기 어려운 결과라고 여긴다. 안락사의 경우에 내리막길의 경사는 다음과 같은 형식을 취한다. 만일 환자를 살해하는 것에 대해 일반적으로 금지하는 일이 약화되고 의사들은 원하는 환자에 대하여 자발적인 안락사를 그저 기계적으로 실행한다면, 의사들은 민감성이 떨어지게 될 것이며 또한 환자들이 스스로 원했었는지에 대해서 별다른 증거도 확보하지 않은 채로 곧 비자발적인 안락사를 실행하게 될 것이다. 그런 순간에, 그러나 무의식중의 안락사—사람들은 누구나 무의식중의 안락사를 살인과 동등한 것으로 여기고 있다—를 향하여 짧은 한 걸음이 이루어진다.

나는 이와 같은 논의들을 매우 심각하게 받아들인다. 특히 네덜란드에서 이미 일어나고 있는 듯한 가능성에 비추어 보아 그렇다.[7] 그렇지만 이런 성격의 논의들은 단지 점차적인 생명의 평가 절하가 초래하는 부정적인 결과들을 자각시키는 일을 도울 뿐이다. 그런 논의들은 논쟁점을 합리적으로 결정하는 데 있어서 중심적인 역할이 아니라 보조적인 역할을 한다. 설사 어떤 기적적인 논의를 통해서 바보짓을 막아주는 안전장치들이 배치되고 네덜란드의 의사들이 비자발적인 혹은 무의식중의 안락사를 결코 실행하지 않는다 해도 의사들이 환자의 요구대로 환자를 죽이는 일은 여전히 나쁘다. 자발적인 안락사는 여전히 기초적인 인간의 선에 대한 공격으로 남아 있는 것이다.

주

1 Rachels(1986), 151–60.

2 Ibid., 153–54 ; Rachels(1993), 46과 Rachels(1999b), 191에서는 생략된 채로 있다.

3 Pellegrino(1998), 270, 주(註) 9에 언급되어 있는 의학 문헌들을 참조.

4 Rachels(1986), 159.

5 Beauchamp & Childress(1994), 126.

6 '미끄러운 경사면' (slippery–slope)은 미끄러운 비탈길을 타고 내려갈 경우 나중에 브레이크가 잘 듣지 않게 되며 위험한 상황에 빠질 수 있음을 암시하는 수사학적 용어이다. 경사진 미끄럼을 한번 타기 시작하면 끝까지 미끄러져 내려간다는 점에서 도미노 혹은 연쇄반응 효과를 빗대어 쓰는 말이다. 일단 특정한 방향으로 연구가 진행되면 마치 미끄러운 내리막길에 접어든 것처럼 연구자 자신도 연구의 방향을 제어하는 힘을 잃게 된다. 나치 체제는 이른바 '쓸모 없는 사람들'을 근절하는 운동을 펼쳤다. 사회적 제어장치가 없으면 윤리적 모호성을 넘어 윤리적 재앙으로 미끄러지는 경우의 대표적인 사례이다. 최근에는 인간의 생명에 상이한 가치를 부여하기 시작할 때 그것이 꽤 위험한 길임을 경고하는 말로 많이 쓰인다.역자 주

7 Gomez(1991)는 이용 가능한 증거를 근거로 하여 네덜란드에서의 실제적인 실행을 평가하고자 시도한다.

제9장

에필로그 : 도덕의 교차로에서

제7장과 제8장은 오늘날 활발하게 논의되는 쟁점들을 다루고 있다. 분별 있는 사람이라면, 특히 젊은이라면 양측의 외견상 그럴 듯한 논의들로 인하여 괴로울 것이다.

이미 자라나고 있는 아이에게 어떤 기회를 주어야 한다는 것은 맞는 말이 아닐까? 여성에게 자신이 원치 않는 아이를 억지로 낳으라고 해서는 안 된다는 것 또한 맞지 않을까? 의사라면 환자를 죽이는 게 아니라 낫게 하기로 되어 있다는 것도 맞는 말 아닐까? 의사는 동정심이 있어야 하며 또 죽기를 애원하는 환자의 고통을 적극적으로 끝내야 한다는 것 역시 맞지 않을까?

나는 임신중절과 안락사의 가장 강력한 옹호자들이 펼치는 논의들을 소개하고, 나아가 그들의 관점을 반박하기 위해 전력을 다해 왔다. 독자로서의 당신은 내가 말하는 것을 신앙으로 받아들일 필요는 없다. 당신은 이런 문제들에 대하여 나의 논고뿐만 아니라 양측의 관점에서 다른 이들에 의해 씌어진 훌륭한 저작물들도 고찰해야 한다. 이런 저작물들은 쉽게 구할 수 있고, 엄청나지도 않으며, 이 책의 참고문헌에 목록으로 올려져 있다. 이는 도덕적인 문제들에 있어서 '우리'가 결정해야 한다는 명령에 따라 당초에 의도된 것이었다.

우리는 진실이 어디에 있는지 찾아내기 위해서 노력해야 한다. 그 일은 쉽지 않다. 그러한 탐색을 특히 어렵게 만드는 것은 우리가 원칙의 문제—그렇기에 우리가 미리 그에 동의할 수 있는 보다 상위의 전제들로부터 입증을 받을 수 없는 문제—에 대하여 서로 대립적인 견해들을 다루고 있다는 점에 있다. 그렇다고 우리가 서로 상대방을 설득하려는 노력에 있어서 경험적인 관찰이나 통계에 호소할 수 있는 것도 아니다. 왜냐하면 우리가 벌써 알고 있는 바와 같이 도덕적 쟁점들은 본질적으로 규범적인 것이기 때문이다. 도덕적 쟁점들은 사람들이 실제로 어떻게 행동하는가에 관한 것이 아니라 어떻게 행동을 '해야' 하는가에 관한 것이다. 관찰하기 쉬운 것은 오직 실제의 행동이다(그것을 주관하는 규범이 아니라).

내 생각에 서구 도덕철학에 있어서 주류의 전통에 해당되는 윤리학 체계의 개요를 보이는 요점은 수세기 동안 지성인들이 이런 문제들을 포괄적인 방식으로 생각해 왔다는 데 있다. 예를 들어, 설사 우리가 고통이라는 특수한 경우를 고찰할 때에 생명은 선이라는 주장이 의심스러워 보인다 할지라도, 일단 당신이 그것을 보다 큰 전체에 대한 초석(礎石)이라고 이해한다면 당신은 또한 생명 자체를 삶에서 경험하는 해악과 혼동하지 않는 것이야말로 매우 중요하다—우리는 이같은 혼동으로 말미암아 윤리의 한 토대를 거부하려는 유혹을 받는다—는 점을 이해할 것이다.

도덕적 쟁점들에 있어서 진리가 어디에 있는지를 합리적으로 발견하려는 노력이야말로 공동의 노력이지만 행위는 여전히 개인의 문제로 남는다. 당신은 선택을 해야 하며, 또 누군가로 하여금 당신을 대신하여 선택하도록 허용해서는 안 된다. 설사 당신이 부모님, 교수님, 혹은 교회의 권위에 의존하는 경우조차도(물론 이런 일은 자연스럽다), 당신은 그들의 권위를 받아들일 것인지 여부를 선택해야 한다. 만일 당신이 그들의 명령이 옳고 그들의 충고가 완전하다고 가정하는 것이 합리적이라고 결론내리지 못할 경우, 그저 그들의 명령에 복종하는 일은 합리적이지 못하다. 결국 당신은 당신의 양심에 따라야 하며(우리는 잠시 후에 이에 대해서 살펴볼 것이다), 최종적인 재판관이 되어야 한다.

당신은 각 선택들의 도덕성에 대하여 최종적인 판단을 내리는 데 있어서 아마도 반대 방향들로부터 오는 상당히 큰 압박을 겪을 것이다. 이 압박은 한편에서는 공리주의적 사유 방식으로부터, 그리고 다른 편에서는 '도덕적 자유지상주의' (moral libertarianism)라고[1] 공정하게 명명할 수 있는 개인의 자유에 대한 찬양으로부터 온다.

⚜ 공리주의 ⚜

공리주의는 개인의 결정들에 대하여 무겁게 압박한다. 왜냐하면 그 명령 안에는 행복의 극대화를 진정으로 강요하는 무엇인가가 있는 듯하기 때문이다. 사람은 더 큰 수고 없이 이런 숭고한 감정을 따르기 위해 노력해서는 안 되는 것일까? 이를 테면 생명 의료 분야에 있어서 우리는 수천 명의 환자들에게 영향을 미치며, 또한 그로부터 줄기세포를 거두어들일 수 있는 태아의 인간적 지위에 대하여 (단언된 바의) 사소한 주장을 함으로써 연구가 중지되거나 지연되지 않게 하는 신경질환의 치료법을 찾기 위해 노력해서는 안 되는 것일까?

면밀히 고찰해 보면 공리주의적 사고 유형의 가장 헷갈리는 성분은 그것이 가지는 결과주의와 행복 개념인 것 같다. 공리주의의 관점은 결과에 따라 행위의 도덕성을 측정함으로써 인간의 중요한 선이 행위 자체 안에서 유린될 수 있다는 사실에 대하여 적절하게 고려하지 못하고 있다. 실제로 공리주의를 비판하는 이들은 만일 목적이 수단을 정당화한다면 무서운 행위들이 정당화될 수 있다는 점을 재빠르게 지적해 왔다. 만일 수백만 명의 죽음이 소비에트 연방의 시민들 최대 다수에게 최대의 행복을 가져다 주었다면 스탈린도 궁극적으로는 공리주의자라고 간주될 수 있을 것이다.

더구나 결과라는 것은 미래에 존재하는 것이기 때문에 결과에 대해서는 적지 않은 불확실성이 있게 마련이다. 결과는 그보다 더한 결과 따위를 낳는다. 공리주의자들은 우리가 행하는 모든 결정들은 있음직한 결과들에 근거하여 이루어지는 것이지 결과에 대한 확실성을 근거로 하여 이루어지는 것이 아니라고 응수한다. 어떤 있음직한 결과를 참조하여 신중하게 판단을 내리는 것은 확실히 사리에 맞는다("나는 그것을 얻을 수 있는 어떤 가능성이 있기 때문에 이 일자리에 지원을 하겠다"). 그렇지만 가능성이라는 것은 도덕적 판단을 위해서는 불확실한 근거이다. "공군이 적의 일반 민간인들을 표적으로 삼는 것은 무방하다. 왜냐하면 그럴 경우 적군이 십중팔구는 항복할 것이기 때문이다"라는 주장은 매우 모호하다. 만일 적군이 항복할 경우 민간인들을 고의로 죽이는 일이 도덕적으로 옳은 것일까, 그리고 만일 적군이 항복하지 않을 경우 그것은 도덕적으로 그릇된 것일까? (두 경우 모두 항복하는 것이 최대 다수에게 최대 행복으로 끝난다고 가정해 보자.)

유용성의 원리가 대부분의 분별 있는 사람들이 비도적적이라고 생각할 수 있는 행위들을 정당화시킨다는 암시를 피하기 위하여 몇몇 공리주의자들은 행위 공리주의와 규칙 공리주의를 구별해 왔다. '행위 공리주의' 에 있어서 하나의 특정한 행위는 유용성의 원리와 관련하여 정당화된다("최대 다수의 최대 행복을 촉진시키는 경향이 있는 한, 행위들은 옳다"). 이에 비하여 '규칙 공리주의' 에서 하나의 행위는 차례로 유용성의 원리에 따라 정당화되는 어떤 특수한 규칙과 관련하여 정당화된다. 앞의 예에서 행위 공리주의자는 어떤 특수한 경우에 일반 민간인들을 표적으로 삼는 일을 인정하는 데 반하여, 규칙 공리주의자는 일반 민간인들이 표적으로 되어서는 안 된다는 규칙이 준수되어야 한다고 말할 것이다. 왜냐하면 이같은 규칙을 따르는 일이 그것을 포기하는 일보다 결국에는 전반적으로 더 나은 결과를 가져오는 데 이바지하기 때문이다.

규칙 공리주의는 행위 공리주의보다도 일반적인 도덕에 훨씬 밀접해져 있다. 왜냐하면 그것이 제안하는 규칙은 수세기 동안 지지되어 온 도덕적 규범들과 대부분 부합하기 때문이다. 일반 민간인들을 표적으로 하지 않는 것은 전통적인 '정당한 전쟁'의 주요한 부분이다. 그렇지만 한 가지 중요한 차이가 남아 있다. 기본적인 공리주의의 사고 방식은, 만일 특별한 상황에서 소수의 일반 민간인들을 고의로 죽이는 일이 많은 사람들을 위하여 유용성을 크게 극대화할 것이라고 '분명하게 예견'될 수 있다면 그렇게 하는 것이 정당하다는 점을 수반한다. 규칙 공리주의에 따르는 경우마저도 규칙들이 예외가 없는 것은 아니다. 즉, 규칙들은 언제나 파기될 수 있다. 한 가지 유일한 절대적 규칙은 유용성의 원리 자체이다.

한편, 내가 이 책에서 옹호하는 입장에 따르면, 아무리 좋은(좋다고 주장된) 결과가 있을지라도 일반 민간인을 고의로 표적으로 삼는 것은 항상 나쁘다. 인간의 선이 고의로 침해되고 있는 것이다. 이 점을 우리는 확신한다. 우리는 특히 결과들에 대하여 장기적인 관점을 취하는 경우, 전반적인 유용성이 극대화될 것인지의 여부에 대하여 결코 신뢰할 수 없다는 점을 덧붙일 수 있다. 어쩌면 지금 일반 민간인들을 표적으로 하는 것은 미래에 다른 군대들로 하여금 똑같이 행동하도록 유도할 것이며, 따라서 수십 년 이내에 모든 전쟁들이 기계적으로 일반 민간인들을 표적으로 하는 일을 수행할지도 모른다. 분명히 이것은 나쁜 결과이다. 그러므로 유용성을 단기적으로 극대화하는 일이 '분명하게 예견' 될 수 있는 경우들에 대해서조차도 그에 부착되어 있는 적지 않은 불확실성은 있다.

그렇다면 규칙 공리주의는 기본적인 인간 선의 특수한 예들에 관한 보호를(혹은 우리가 권리라는 말을 선호할 경우, 인권의 방어를), 그것들을 파괴함으로써 얻는 이익을 요구하는 일에 맞서서 인정하고 있는 셈이다. 다만 산출되는 보호는 약하다. 왜냐하면 규칙에 대한 예외는 항상 용인될 수 있기 때문이다. 이에 반해서 행위 공리주의는 행복을 극대화하려는 노력과 특정의 사람들에게 부당한 짓을 행하는 것 사이에 있는 장해물들을 훨씬 적게 갖는다.

행위 공리주의의 선도적 대표자의 하나인 스마트(J. J. C. Smart)는[2] 인상적인 용어로 그것을 설명하고 있다.

> 나의 가장 공리주의적인 심적 상태에서조차 나는 [어떤 상황에 처한 보안관이 많은 사람들을 죽일 수도 있는 폭동을 막기 위하여 하나의 무고한 사람을 모함해야 하는] 이같은 공리주의의 결과에 대하여 즐겁지가 못하다. 그렇지만 자신이 그것에 대하여 아무리 즐겁지 못하다 해도 공리주의자는 자신이 부당해져야 하는 상황에서 스스로 알 수 있는 결과를 끌어낸다는 점을 인정해야 한다.[3]

이것은 두 가지 이유에서 주목할 만한 진술이다. 첫째, 그것은 저자의 통절한 불안감을 무심 중에 나타내고 있다. 그는 자신의 도덕적 양심이 자신의 도덕 이론과 일치하지 않음을 인정하고 있는 듯하다. 둘째, 그것은 그 이론 자체에 대하여 하나의 귀류법(歸謬法, reductio ad absurdum)을 제시하고 있다. 귀류법이란 어떤 이론에 대하여 그것이 논리적으로 불합리하거나 또는 분명히 거짓이 된다는 점을 보여줌으로써 그 이론을 반박하기 위한 하나의 전략을 말한다. 이 경우에 불합리한 것은 사람이 때로는 부당한 짓을 해야 한다는 결론이다.

결론이 거짓인 이유는 그것이 하나의 은밀한 모순이기 때문이다. 보편적으로 인정되는 정의의 원칙(문맥이 보여주듯이 스마트는 은연중에 이를 받아들이고 있다. 그렇지 않다면 그는 꺼림칙함을 느끼지 못할 수도 있다)에 따르면 무고한 사람을 벌하는 것은 항상 부당하다. 다만 뭔가가 부당하다고 주장하는 것은 그것이 행해져서는 안 되는 것이라는 점을 수반한다. 그것이 행해져야 한다고 동시에 주장하는 것은 논리적인 모순을 초래한다. 행위 공리주의자를 위한 하나의 출구는 정의에 대한 수요는 언제나 충족되어야 한다는 바로 그 생각을 접는 것일 수도 있다. 그러나 이러한 조처는 특히 부정(不正)으로 인한 무고한 피해자들에게 불쾌한 결과를 준다. 만일 당신과 내가 그같은 피해자들의 입장에 있다면 우리 또한 결과에 상관없이 정의는 지지되어야 한다고 주장할 것이다.

나는 정의에 대해서 결과를 초월하는 원리 내지 규범이 적어도 한 가지 받아들여지는 한, 귀류법 전략은 어떤 형태의 결과주의에 대해서도 반대하리라고 여기고 있다. 그리고 내 생각에 누구든 합리적인 사람이라면 어느 정도 이같은 규범을 인정해야 한다. 결과에 관계없이, 그리고 설사 결과가 많은 이들에 대하여 해악을 주는 일을 막아 주리라는 부모의 고백을 포함한다 할지라도 어린 아이들을 고문하는 것은 언제나 나쁘고 부당하다는 점을 당신은 인정하지 않겠는가? 당신이 무고함에도 불구하고 당신을 벌하는 것은 항상 나쁘리라는 점을 당신은 인정하지 않겠는가? 만일 그렇다면 내게 당신은 순전히 결과주의적인 도덕 이론을 받아들일 수 없을 것으로 보인다.

결과들이—의도된 것이든 의도되지 않은 것이든—언제나 고려되어야 함은 물론이다. 그러나 그것들이 전부는 아니다. 하나의 도덕적인 판단을 내릴 때 으뜸가는 도덕적 물음은 '인간의 선이 그 행위 자체 안에서 어떻게 영향을 받을까?' 이다. 좋은 결과들이 나쁜 행위를 정당화하지는 않는다.

공리주의가 가장 관심을 끈 관점 중의 하나는 그것이 각 개인을 균등하게 고려하면서 최대 다수를 위하여 최대의 선을 강조해 온 점이다. 그것은 공공 정책을 위한 하나의 지침으로서 의심할 여지없이 칭찬할 만한 원리이다. 한 지역에서 소수의 대지주들이 사용할 길을 만드는 대신에 그 지역의 절대 다수의 주민들이 사용할 길을 만드는 것이야말로 의심할 여지없이 해야 할 올바른 일이다. 다만 최대의 행복이라는 원칙을 공공 선택의 영역으로부터 도덕 영역의 핵심에로 옮기는 것은 까다로운 일로 판명되고 있다.

우리가 살펴본 바와 같이 벤담과 밀의 고전적인 설명에서 행복과 가치는 쾌락과 고통 없음으로 이해되고 있다. 쾌락과 더불어 행복을 구성하는 성분으로서 또는 행복에 대한 부가적인 성분으로서, 다른 항목들을 목록에 올리기 위하여 갖가지 시도들이 있어 왔다.[4] 그러나 안락사에 대한 논의가 보여주듯이 쾌락주의적 공리주의가 여전히 널리 공유된 관점이라고 말하는 것이 정당할 정도로 육체적 고통은 현대의 공리주의 입장에서 결정적인 역할을 하고 있다. 실제로 선을 욕구의 충족 내지 더 선호하는 것의 실현이라고 해석하는 것은 단지 쾌락주의적 관점의 변형이라는 점이 논의될 수 있을 것이다.

쾌락주의로부터 물러서는 것이 공리주의자들에게 편치 않은 데는 이유가 있다. 만일 이질적이고 환원될 수 없으며 내재적인 선 내지 '이익'에 대한 목록이 만들어진다면 선과 악의 균형, 선의 극대화, 전체 혹은 평균의 행복에 관한 확산되는 정량적인 관념들은 모두 폐기되어야 할 것이다. 가치를 깨닫고 자율성의 활용 단위를 깊은 대인관계의 단위와 대조하여 비교하는 연구 과제가 내게는 완전히 현실성 없는 일로 생각된다.

감각의 수준에서 쾌락을 느끼거나 행복을 경험하는 것이 모든 선에 대한 형태들의 공통분모라는 점을 잠시 동안 인정해 보자. 이것이 유용성의 원리를 구체적인 결정에로 적용하는 데 요구되는 정량적 측정의 가능성이 그것에 의하여 확보되어 왔다는 점을 의미할까? 나는 그렇지 않다고 생각한다.

쾌락과 고통은 여러 개인들의 주관적인 경험들로서, 말하자면 그것들이 서로 비교되도록 나란히 놓여질 수는 없다. 나는 당신에게 나의 치통에 대하여 말할 수 있지만 당신이 그것을 느낄 수는 없다. 나는 당신에게 나의 치통이 어제보다 더 고통을 준다고 말할 수 있지만, 나의 치아가 당신의 치아보다 더 고통을 준다고 당신에게 입증해 보이려는 어떤 시도도 쓸데없는 일이다. 헤비메탈 그룹의 음악을 듣는 것이 모차르트의 피아노 협주곡을 듣는 것보다 더 큰 쾌락을 준다는 점을 보이려는 어떠한 시도 역시 의심스럽게 받아들여지지 않을 수 없다.

고통과 쾌락을 비교한다는 것은 매우 미심쩍은 일이다. 만일 어떤 공리주의자인 남자가 한 여자와 작업(연애)을 할 것인지 말 것인지를 결정하고자 시도할 경우, 그가 자신의 향락과 여자의 향락이 쾌락의 순 총계에 대하여—자신의 부인에게 끼치는 고통의 전체 단위를 도중에 빼고서—얼마만큼 공헌할 것인지에 대해서 어느 정도라도 확신을 가지고 측정할 수 있을까? 모든 이들을 고려하면서 그의 선택들 하나하나가 일으킬 수 있는 고통을 뺀 쾌락의 각각의 합계는 얼마나 될까? 그의 결정은 그 영향을 받는 모든 이들의 최대 행복에, 그리고 궁극적으로는 최대 다수의 최대 행복에 이바지하게 될까? 아니면 그것이 전체적인 행복을 떨어뜨리게 될까?

몇몇 공리주의자들은 이같은 어려움을 알아차렸다.[5] 최대 다수의 최대 행복은 솔직히 각 사람이 하루 내내 감당해야 할 수십 개나 되는 개개의 도덕적 판단들을 위하여 실행 가능한 기준을 제시해 줄 수 없다. 그것은 행위 자체와는 너무 멀리 떨어져 벗어나 있다.

유일하게 분별 있는 대안이라면 인류가 수세기 동안 행해온 바를 행하는 것이다. 즉, 행위를 기본적인 인간의 선 및 그 특수한 사례와 관련하여 정당화 될 수 있는 (그리고 언제라도 수정되는) 도덕적 규범에 따라 판단하는 일이다. 앞에서 말한 남편은 자신의 연애 작업에 착수하기 이전에 간통에 대한 규범을 (그리고 그 규범의 정당화를) 숙고해야 한다. 가치를 극대화하는 일보다도 그는 당장 직접적으로 위기에 처한 선을 보호하고 닥쳐올 수 있는 나쁜 결과들—자비로움이 없는 데 대한 고통이 아니라 그의 결혼 생활이 붕괴될 수 있음—을 피하는 일에 힘써야 한다. 이런 일은 일어날 수도 있고 일어나지 않을 수도 있기에 앞서서 그것을 안다는 것이 실제로 불가능함은 물론이다. 설사 그의 부인이 그를 용서할 가망성이 높다 할지라도 그녀의 미래의 선택이 남편의 부정(不貞)을 정당화하기란 거의 어려울 것이다.

그러므로 인간의 선에 관한 특별한 사례들이 공리주의의 행복보다도 도덕적 판단을 위해서 더 나은 지침을 제공하는 셈이다. 이는 인간의 선이라는 관점이 암시하는 것은 각자의 도덕적 책임이란 단지 자신과 얼마 안 되는 친구들만을 돌보는 것이라는 점을 뜻할까? 절대로 그렇지 않다. 전통적인 도덕철학에는 '공동선'이라 불리는 것을 위한 특수한 자리가 있으며, 많은 규범들(따라서 특별한 도덕적 판단들)이 그에 준거하여 정당화된다. 다만 공동선은 주관적인 감정의 전체 총계로서 표현되는 것이 아니라, 각 사람들로 하여금 자신의 고유한 자아실현(즉, 객관적인 인간 선에 참여하는 것)을 추구하도록 허용하는 모든 여건들의 집합으로서 표현된다.[6] 정의는, 공동체 안의 삶은 각 사람에게 그같은 삶을 구성하는 복잡한 상호 작용과 교류 안에서 그의 적절한 몫이 돌아가야 한다는 점을 요구한다는 의미에서 공동선의 초석(礎石)이다.[7] 정의를 상실하는 것은 공동체에 대하여 일종의 해악이다. 따라서 무고한 사람 모함하기, 인종을 근거로 하여 사람 차별하기, 작업장에서 여성 불공평하게 대우하기, 종교적 소수 집단의 구성원 억압하기 등과 같은 특수한 행위들은 완전히 그 자체로서(그것들의 결과 때문만이 아니라) 공동선에 대한 공격이다. 이에 관한 요구들은 모두 더욱 더 논의될 만하지만 여기서 제시되기는 어렵다. 우리는 이제 다른 도덕적 관점을 살펴보기로 한다.

⚜ 도덕적 자유지상주의 ⚜

내가 사람들의 생각을 계속하여 무겁게 압박할 힘으로서 염두에 두고 있는 것과 관련되는 몇 가지 방식들이 있다. 일반적인 행복에 대한 공리주의적 관심사가 포기될 때뿐 아니라 관심에 대한 요구 사항들이 거부될 때조차도 인정되는 극단적 형태의 자유주의를 대략적으로 묘사하기 위하여 나는 '도덕적 자유지상주의'라는 명칭을 쓰고자 한다. 진짜 자유지상주의자는 얕은 웅덩이에 빠져 죽는 아이를 구해야 할 아무런 도덕적 의무도 알지 못한다. 그는 또 자신을 위하여 도울 권리를 일관되게 요구할 수도 없다. 그의 단 한 가지 요구 사항은 자신이 하고 싶은 대로 하도록 간섭받지 않는 것이다. 이것이 낭패에 이르는 길임은 물론이다. 왜냐하면 만일 우리들 각자가 자기 생각대로 하도록 놔두게 된다면 많은 좋은 것들이 우리로부터 벗어나 있을 게 분명하기 때문이다.

물론 다른 사람들과 계약을 맺고 그럼으로써 어떤 행위의 이행을 맹세한다고 해서 도덕적 자유지상주의에 반하는 것은 아니다. 본질적인 조건은 누구든지 이러한 계약과 업무를 맺는 일을 자유롭게 선택한다는 데 있다. 그러므로 계약의 의무야말로 자유지상주의자들이 인정할 수 있는 유일한 도덕적 의무이다.

자유지상주의는 첫눈에 매혹적인 도덕적 태도이다. 그것은 공리주의의 별난 요구들—게다가 자유를 엄격하게 제한하고 다수의 변덕에 소수를 복종시킬 가능성을 수반하는—과 교류하지 않는다. 상대방에 대한 어떠한 속임수도 거부하는 도덕적 자유지상주의에는 칭송할 만한—그리스의 신들에게 도전했던 거인 프로메테우스만큼의[8]—뭔가가 있다.

그런데 자유지상주의의 사유 방식이 누군가 특수한 도덕적 결정을 내리는 데 실질적으로 공헌할 수 있을까? 공리주의가 도덕적 결정을 실제로 알 수 없고 측정할 수도 없을 정도로 폭넓은 미래의 기대치에 기초 두려는 유혹에 있어서 비현실적인 것과 꼭 마찬가지로, 자유지상주의 역시 인간 행위의 관계에 대한 가정에 있어서 비현실적이다.

자유란 당연히 독특하게 인간적인 것이긴 하지만 그것이 우리의 존재나 소유에 관한 모든 것을 설명할 수는 없다. 우리는 자유롭게 선택하여 잉태되고 태어나지 않았으며, 나를 길러준 가정을 선택하지 않았다. 또 우리의 부모와 형제자매를 (혹은 그들을 갖지 못한 것을) 자유롭게 선택하지도 않았다. 우리는 친구나 배우자는 자유롭게 선택했을지 모르지만, 이 특별한 사람을 (그리고 기백명이 안 되는 다른 사람들을) 처음에 만난 사실이 선택되었던 것은 아니다. 우리는 처음에 우리가 그 한 부분으로 있는 보다 광대한 공동체들(언어 공동체, 사회 계층, 정치 공동체 등)을 선택하지 않았다. 그 밖의 경우도 마찬가지이다. 내가 상기시키고자 하는 요점은, 설사 자유로 말미암아 우리가 삶에서 많은 것들에 영향을 미치고 그것들을 변화시킬 수 있다 하더라도 평범하게 주어진 어떤 '근본'이 있다는 점이다. 계약상의 것은 아니지만 중요한 의무들이 이 근본으로부터 생겨난다. 예를 들어 우리는 자신이 결코 선택한 적이 없는 부모와 형제자매에 대하여 의무를 갖는다. 우리가 다른 이들에 대해서 비계약상의 의무들(다시 말하면 우리의 자유에 근거를 두고 있지 않은 의무들)을 갖는다는 사실은, 자유 그것만으로는 선택과 행위에 대한 방대한 영역의 범위 안에서 도덕적 지침을 제공하는 데 불충분하다는 것을 보여준다.

자유롭게 선택된 언질과 계약의 영역 안에서조차도 자유는 우리에게 어떤 나침판을 제시해 주지 못한다. 어떤 선택이 자유로운 것이었음을 아는 일이 그 선택이 좋았다거나 혹은 도덕적으로 옳았는지의 여부에 대하여 우리에게 말해 주지는 않는다. 한 개인은 자유롭게 공동체에 가담하거나 또는 그로부터 탈퇴할 수 있으며, 공동체에 이바지하거나 반대로 그것을 무시할 수 있다. 그렇지만 하나의 공동체를 훌륭한 공동체로, 따라서 함께할 가치가 있는 공동체로 만드는 특징들은 그가 자유롭게 선택할 수 있는 그런 것이 아니다. 만약에 그가 스스로 결정하면서 서로 미워하는 것이 사람들 사이에 만족스러운 결속을 제공해 줄 수 있다고 생각한다면 그는 확실히 옳지 않다. 만약에 그가 우정이 하나의 공동체를 활기차고 건강하게 한다는 것을 인정한다면, 그는 옳다. 개인은 의심의 여지없이 선에 대한 자신의 고유한 개념을 자유롭게 형성해야 한다는 자유지상주의적인 주장은 칭찬할 만하다. 만일 그같은 개념들의 범위 안에서 일부의 신념들은 참이고 또 일부의 신념들은 거짓이라는 점이 인정된다면 말이다. 어느 것이 어느 것인지를 결정하기 위해서는 우리에게 이 책에서 제시된 것과 같은 인간 선의 이론이 필요하다는—놀라울 것도 없이—점을 나는 제안하는 바이다.

✢ 양심 ✢

나는 지금까지 공리주의와 도덕적 자유지상주의에 대하여 간략하게나마 비판적인 개요를 소개하였다. 또 몇몇 철학자들이 결합시키고자 노력하는 이같은 사유 형태가 한 사람의 판단을 반대 방향으로 끌어당기는 경향이 있다는 점에 대하여 상기시켰다. 즉, 만일 당신이 유용성을 강조하면 당신은 일부 개인들의 자유를 제한하는 이유를 발견할 것이라는 점, 또 만일 당신이 개인의 자유를 강조하면 당신은 일반적인 유용성을 포기하기 쉽다는 점이 그것이다. 나는 또한 두 가지 도덕 이론 모두 그것들이 지니고 있는 실제적인 단점들로 말미암아 부적절하다는 점에 대해서 논의하였다. 즉, 두 이론 모두 특정의 행위에 대하여 도덕적인 판단을 내리는 데 있어서 만족스러운 지침을 제공하지 못한다.

우리 자신의 (미래 혹은 과거의) 행위들에 대하여 도덕적 판단을 내리는 일은 우리의 양심이 하는 직무이다. 도덕적 양심이 어떤 특별하고 유리된 인간의 역량인 것은 아니다. 그것은 실천 이성의 작용이다 (다시 말해서 좋은 것 또는 나쁜 것에 대하여 생각하는 우리의 표준적인 역량이다). 도덕적 양심에 대하여 특정한 점이 있다면 모든 사람들로부터 개개의 사람들에로의 움직임이다. 양심은 우정이 기본적인 선인지의 여부에 대하여 숙고하는 대신에 오늘밤에 병을 앓는 친구의 집에 얼굴을 보이지 않는 일이 우정의 실패인지 아닌지 따라서 도덕적으로 잘못인지 아닌지에 대하여 숙고한다.

그러므로 양심의 판단은 두 개의 주요한 성분을 갖고 있다. 즉, 하나의 원리, 지침, 규범 내지 규칙은 측정 도구로서, 그리고 측정될 수 있는 있음직한 행위에 대한 해설로서 사용된다. 이 두 가지 성분들은 모두 어떤 사람이 참이라고 믿는 명제로서 공식화될 수 있지만 또 둘 다 거짓이 될 수도 있다. 실제로 양심이 무류(無謬)인 것은 아니다. 양심은 옳은 길을 벗어날 수 있다. 그렇지만 역설적으로 우리는 양심이 우리에게 행하라고 말하는 것을 행하여야 한다.

우리가 항상 양심에 따라야 하는 이유는 순전히 그것이 우리 자신의 행위들에 대하여 갖는 궁극적인 판단을 제공해 주기 때문이다. 만일 내가 X를 행하는 일이 누군가에게 해악을 줄 수 있다고 마음으로부터 판단하는 경우, 내가 그 행위를 하는 것은 의식적으로 존중의 지침을 깨뜨릴 수 있다. 설사 X를 행하는 일이 누군가에게 해악을 줄 수 있다는 나의 판단이 잘못된 경우조차도 나는 내게 나쁘다고 여겨지는 것을 고의로 추구하고 있는 셈이다. 그러므로 나는 공식적인 실천적 합리성의 원리를 깨뜨릴 수 있으며, 아마도 어떤 죄의식이 뒤이어 일어날 것이다.

죄가 있다는 것과 같은 감정은 우리의 삶에서 중요한 성분을 이룬다. 왜냐하면 그런 감정은 흔히 우리로 하여금 도덕적 실패 또는 성공에 대하여 알아차리게 해주기 때문이다. 그렇지만 감정이 그것만으로 행위에 대한 확실한 이유를 제공하는 것은 아니다. 자신으로 하여금 말하자면 철저하게 느끼는 편협한 신앙이나 또는 누군가에 대한 격렬한 증오에 따라서 인도되도록 허용하는 것은 잘못일 수 있다.

다른 모든 것들과 마찬가지로 감정 역시 자신의 양심에 의해서 감지된 대로 선에 비추어서 판단되어야 한다.

자신의 양심에 따르지 않는 일이야말로 모든 위선의 근원이다. 그것은 결과적으로 한쪽을 생각하면서 반대 쪽을 행하는 것으로서 인간의 결정적인 선—고결함의 선—의 상실에 이르게 된다.

그 결과 자신이 좋다고 생각한 것을 추구하지 않고 또 나쁘다고 생각한 것을 피하지 않음으로써 숙고와 존중에 실패하는 일은 자신의 인간으로서의 번영에 해로운 영향을 미친다. 따라서 자기 양심의 명령에 따른다는 것은 도덕적으로 뿐만 아니라 신중함에 있어서도 필수적인 일이다. 양심의 명령에 따르지 않는 것은 잘못이며 어리석은 일이기도 하다.

만일 양심이 잘못된 경우라면 그에 따라 행동하는 데 있어서 또한 어리석음은 없을까? 실제로 양심의 잘못된 판단으로 말미암아 자신과 다른 이들에 대하여 심각하게 해악을 입힐 여지는 있다. 그러나 우리는 자신의 행위를 평가하는 데 있어서 아무런 다른 방식을 갖고 있지 못하기 때문에, 자신의 양심이 잘못되지 않았음을 확인하는 데에 가능한 한 정당하게 많은 시간과 정력을 부여하는 것이야말로 해야 할 확실한 일이다. 이것은 행동보다는 말하기가 더 용이하다. 우리는 어떻게 그런 일에 착수하는 것일까? 양심의 판단에 대한 성분들의 경우 살펴보아야 할 두 가지의 신념이 있다.

하나는 우리가 실천적 합리성, 인간의 기본적인 선, 선택과 행위에 대한 지침, 도덕적 규범에 관한 자신의 전반적인 신념들에 대하여 비판적으로 정밀하게 검토해야 한다는 점이다. 각각의 것들은 인간의 양심 교육에 있어서 중요한 역할을 한다. 왜냐하면 그것들은 우리의 특별한 선택에 집중되는 규범적 원리들이기 때문이다. 다른 하나는 이를 테면 우리가 때때로 부당한 행동을 해야 한다는 점을 수반하는 행위 공리주의의 관점에 의하여 산출될 수 있는 양심의 타락에 대해서 또한 알아야 한다는 점이다. 우리는 순전히 자유지상주의의 관점에서 나오는바, 양심의 지침이 없는 경우에 대해서도 잊어서는 안 된다.

이런 일의 많은 부분이 이 책의 도움을 받으며 처리될 수 있다. 이 책을 집필하는 나의 의도는 정확히 독자들로 하여금 실천적 합리성의 가장 일반적인 원리들을 고찰해 볼 것을 권고함으로써 스스로 자신의 양심을 형성하도록 돕는 데 있었다. 그렇지만 보다 덜 일반적인 특성에 대한 숙고 또한 중요하다. 기혼자들은 범행과 정절에 대한 (그리고 위기에 처한 선을 위하여 범행과 정절이 갖는 중요성에 대한) 자신의 신념들을 재긍정하는 데 신중해질 수 있으며, 헬스 케어 전문가들은 자신과 환자와의 상호 작용을 조절해야 하는 원리들에 대하여(아울러 그같은 원리들이 어떻게 기본적인 선에 근거하고 있는지에 대하여) 스스로 재검토해야 한다. 수많은 역할과 신분의 사람들을 위해서 개인의 양심을 인도하는 데 도움을 줄 수 있는 특수한 규칙들(이것들은 직업윤리에 관한 규약의 형태를 취할 수 있다)을 공식화하는 일은 가능하다.

양심은 또한 주어진 사건의 자세한 내용을 잘못 파악함으로 인하여 틀릴 수 있다. 그러므로 잘못된 양심을 갖지 않기 위하여 우리는 어떤 일을 할 것인지 말 것인지를 결심하려는 데 있어서 결정적인 요인들을 비판적으로 검토해야 한다. 내가 제5장에서 논의했던 것처럼 우리는 '이 경우에 누가, 무엇을, 왜 행하는지?' 를 물어야 한다.

행위자의 문제(누가?)는 얼핏 보기에 불필요한 물음 같지만 그렇지 않다. 당신은 한명의 인질을 죽이는 질과 나머지 사람들을 죽이는 잭의 예를 상기할 수 있을 것이다. 양심의 판단을 위해서는 무엇인가를 행하는 데 있어 어떤 다른 사람의 행동이나 위협에 반하여 자신이 선택한 행동을 명확히 하는 일이 결정적이다. 잭이 질에게 "내 양심은 나에게 당신이 인질 한명을 죽이는 것이 허용될 수 있을 것이라고 명하고 있네"라고 말하는 것은 이치에 맞지 않는다. 질—오직 질만이—은 자신의 양심의 명령에 따라서 그 점을 결정해야 한다.

다음으로, 양심의 참된 판단을 위해서라면 또한 자신이 수행하고자 하는 행위의 정확한 평가에 대하여 틀을 잡는 것(무엇을?)이 필요하다. 한명의 인질을 죽이는 행위를 나머지 사람들을 구하는 행위라고 묘사하는 것이 양심의 올바른 판단에 거의 도움 되지는 못할 것이다. 왜냐하면 두 번째 묘사는 많은 대안적 행위들에 적용될 수 있으며, 이 중 몇몇 대안 행위들은 도덕규범을 깨뜨릴 수도 있기 때문이다. 만일 두 번째 묘사로부터 내가 인질을 처형하는 일이 허용될 수 있다고 결론을 끌어낸다면 나는 갈피를 잡지 못하고 잘못된 양심적 판단에로 나아갈 것이다.

이같은 요인과 관련하여 분별 있는 사람이라면 자신이 스스로의 선택에서 직접적으로 의도하고 있는 주요한 목표—그 행위에 대해서 상세하게 설명해 주는 목표—에 대해서 몇 번이고 되풀이하여 숙고해야 한다. 내 것이 아닌 돈을 취하여 붙잡고 있는 것이 나의 목표일까? 그래서 내가 훔치고 있는 것일까? 스스로에게 혼란스럽고 이해하기 어려운 응답들을 줌으로써 자신을 속이는 일은 쉽다. 대부분의 사람들에게 있어서 납세 신고서를 속이는 일은 십중팔구 이런 형태를 취하고 있다.

마지막으로 우리가 자신이 뭔가 좋은 것을 목표로 하고 있음을 확신하기 위해서는 자신의 궁극적인 의향(왜?)을 검토해야 한다. 앞에서도 언급하였듯이 가능하다면 의도되지 않은 결과들 또한 고려되어야 한다. 만일 그런 결과들이 참으로 나쁘며 또 성취될 수 있는 선에 의하여 충분히 보상되지 않으리라고 예기되는 경우, 양심은 당사자에게 그 행위를 계속하는 것이 비도적적일 수 있음을 깨닫도록 이끌어 준다.

일단 이 모든 것이 능력껏 이루어진다면—설사 이후에 모든 자신의 도덕적 신념들이 참되게 되리라는 아무런 절대적 보증이 없다고 할지라도—우리는 자신 있게 스스로의 양심에 따라야 한다. 우리는 자신의 최선을 다한 셈이다. 우리가 도덕적인 문제에 있어서 이보다 더 큰 확실성을 기대할 수는 없으리라.

인간의 양심이란 이겨낼 수 없을 만큼 오류를 범하기 쉽기 때문에 우리는 다른 이들에 대한 도덕적 판단을 그 명백한 행위들에로 한정해야 한다. 특히 숙고의 지침이 한쪽 당사자에 대하여 개입을 필요로 하는 경우에는 더욱 그렇다. 우리는 인간 행위자로서의 다른 사람들에 대하여 어떤 단죄(斷罪)의 판단을 내리는 일을 삼가야 한다. 객관적으로 옳지 않은 행위를 하고 있는 경우에 그 사람은 아마도 어떤 현혹되고 잘못된 양심의 영향 아래에 있을 것이다. 그는 자신이 옳은 일을 하고 있으며, 따라서 도덕적으로 비난 받을 입장이 아니라고 진정으로 믿고 있을지도 모른다.

끝으로, 세상 일이 그런 것처럼 우리는 자신의 양심을 따르기 위해서는 흔히 용기가 필요하다는 점을 깨달아야 한다. 자기가 옳다고 믿는 것을 옹호하거나 또는 자기가 솔직히 옳지 않다고 여기는 것을 거부하는 데에는 값비싼 대가를 치르는 일이 수반될 수도 있다. 소크라테스가 탈출—그가 주장한 바와 같이 자신이 속한 정치 공동체에 대하여 부당하고 불공정했을 행위를 실행하는 일—을 거부한 후 처형되었을 때 그랬던 것처럼 말이다. 용기는 또한 소크라테스와는 달리 도덕의 기준에 맞는 생활을 하지 못했을 때 자신의 잘못을 인정하는 데에도 필요하다.

주

1 리버럴리즘(liberalism)과 리버태리어니즘(libertarianism)에 대하여 전자를 점진적 자유주의, 그리고 후자를 급진적 자유주의로 구분하기도 한다. 이 글에서는 리버럴리즘을 '자유주의'로, 리버태리어니즘을 '자유지상주의'로 번역해서 써 왔다. **역자 주**

2 스마트(John Jamieson Carswell Smart)는 1920년 영국의 케임브리지에서 태어난 철학자이다. 1950년 호주에 정착한 이래 애들레이드 대학, 라트로브 대학, 호주국립대학 등에서 교수직을 역임하였다. 형이상학, 정신철학, 윤리학의 분야에서 많은 저작물을 남겼으며, 특히 1956년의 논문 "Extreme and Restricted Utilitarianism"에서 행위 공리주의와 규칙 공리주의의 차이점을 설명하였다. 그는 행위 공리주의의 옹호자로서 규칙 공리주의에 대하여 두 가지 측면에서 비판하였다. 첫째, 규칙 공리주의는 행위 공리주의에로 와해된다. 왜냐하면 '규칙'으로 간주될 수 있는 것에 대하여 아무런 적절한 기준이 없기 때문이다. 둘째, 설령 이같은 기준이 있다 하더라도 규칙 공리주의는 그 규칙이 깨지는 것이 더 나은 경우에서조차도 규칙을 선호하며 따르는 지지하기 어려운 입장을 취하곤 한다. **역자 주**

3 Smart & Williams (1988), 71.

4 Griffin (1988), 67.

5 Pettit (1993), xv–xvi.

6 Finnis (1980), 155.

7 Grisez & Boyle (1979), 39–44.

8 Prometheus는 고대 그리스 신화에 나오는 불의 신이다. 그는 불을 훔쳐서 인간에게 주었으며, 이 때문에 최고의 신 Zeus의 분노를 샀다. 코카서스의 산에 있는 바위에 쇠사슬로 묶여 독수리에게 간을 쪼아 먹히는 처지가 되었는데, 간이 새로 돋아나는 바람에 끝없는 고통에 시달릴 수밖에 없었다. 인간을 사랑했고 인간을 위해 기꺼이 고통을 감수하는 그는 고

난 중에도 결코 굴하지 않는 위대한 영웅으로 자주 인용되어 왔다.역자 주

부록

설명 및 출처

| 자연법

설명이 요구되는 첫 번째 요점은 자연법 윤리학에 대해서 하나의 개론을 제공한다고 표명하는 책이 그 규범적인 주장들을 정당화하기 위해 왜 전체로서의 자연에 대하여, 혹은 보다 독특하게는 인간의 본성에 대하여 호소하는 일을 담고 있지 않은가 하는 점이다. 그 교의에 대한 표준적인 모습이 겉보기에 요구하는 것처럼 말이다.[1] 부제(副題)에서의 '자연법'이라는 전통적인 표현이 맨 첫째로 의미하는 것은 '시민법',[2] 또는 보다 넓게는 '인정법'[3] 관념과의 대조를 끌어내는 것이다.

고대의 시기에 도시 국가(그리스어의 polis, 라틴어의 civitas)는 스스로의 복리에 필요하다고 생각하는 바대로 법률을 제정하였다. 그 법률들은 시민적인 것, 즉 일정한 도시에 고유하며 그 도시의 성벽 안에서 시행 가능한 것이었다. 그것들은 어떤 딴 곳에서는 힘이 없었다.

예나 지금이나 여러 나라들은 갖가지 색다른 법들을 승인하지만 그들 법 모두는 정확하게 똑같은 방식으로 생겨난다. 즉, 그것들은 사람의 손으로 만들어지거나 혹은 사람들에 의해서 '단정되며', 그렇게 하여 공동으로 이른바 인정법 내지 실정법을 구성한다.

자동차가 도로의 오른편으로 또는 왼편으로 주행하여야 한다는 것은 인정법의 문제이며, 모든 나라들이 교통의 조정과 안전을 위해서 똑같은 해결책을 선택하지는 않는다. 한 나라가 선택하는 것은 입법자들에 의하여 이루어지는 하나의 동의(약정, 계약)이다.[4] 그들이 어떤 동의에 이르는가는 그 동의가 요령껏 재난을 피하고 삶을 보호하는 한 중요한 일이 아니다.

이와는 대조적으로 생명이 기본적인 선이라는 점은 어떤 약정의 결과가 아니며 또한 단지 몇 개의 나라들에서만 참된 것이 아니다. 그러므로 인간의 생명은 보호되어야 하며, 나아가 사람을 살해하는 일이 나쁘다는 것은 단지 몇몇 나라들의 국경 안에서만 구속력이 있고 다른 나라들에서는 구속력이 없는 약정상의 규범이 아니다. 그것은 실천 이성의 요구사항이며 모든 인류가 공유하는 것이다. 따라서 그것은 아리스토텔레스가 "불은 여기서도 타고 페르시아에서도 탄다"고 말했던[5] 것과 똑같은 방식으로 '자연적'이며 단순히 '시민적'이지 않다. 살인은 어디에서든 똑같은 이유로 나쁜 것이며, 시민법은 이 점을 반영해야 한다.

그러므로 '자연법'에 의해 다스려지는 규범 영역이 있다고 주장하는 것은 특수한 인간적 동의나 약정에 지배받지 않는 공통의 도덕적 질서가 있다고 주장하는 것이다. 그것은 인간에 의해서 가정되거나 결정되지 않는다. 그것은 발견되어야 한다.

이것이 자연법의 규범적 관념과 자연과학자들이 탐구하는 자연법칙 사이의 어떤 혼동을 의미하지는 않는다. 후자는 이 세상에 보급되어 있는 질서들을 표현하며 따라서 순전히 서술적이다. 인간 행위를 위한 어떠한 규정적 결론들도 말하자면 물리학이나 화학의 법칙들 혹은 동물들의 행동으로부터 추출될 수는 없다.

자연법에 대한 탐구는 (비록 처음에는 자연법이라는 이름으로 이루어지지 않았지만) 소크라테스와 인간의 선—객관적인 도덕 질서의 기초를 제공하는 선들의 집합—을 확인하고자 시도했던 다른 그리스 사상가들에 의하여 시작되었다.[6] 그 사상가들 중에 오직 스토아 철학자들만이 자연과 인간의 선 사이의 강한 관련성을 옹호하였다.[7] 비록 그들의 개념을 정확하게 끌어들이는 것은 학문적 논쟁에 관한 일이지만 말이다.[8] 설사 스토아 철학의 요소들이 후기의 자연법 사고에서 중요한 역할을 한다 할지라도, 그 교의의 고전적 설명을 위한 기본 골격을 제공한 철학자는 아리스토텔레스이며 이어서 토마스 아퀴나스가 그것을 촉진시켰다고 말하는 것은 일리 있다. 그렇지만 내가 다른 곳에서 주장하였듯이 아리스토텔레스가 인간의 본성으로부터 인간의 선 내지 그의 도덕 철학의 초석인 행복에로 추론한다고 생각하는 것은 잘못이다. 『니코마코스 윤리학』에서의 핵심 논의들을 자세히 분석해 보면 사정이 다르다는 점을 알 수 있다.[9]

그러므로 자연법 윤리학에 대한 어떤 믿을 수 있는 각색이 인간의 본성 내지 전체로서의 자연으로부터 규범적 추론들을 끌어내는 일에 관련된다는 관점을 거부하는 첫째 이유는, '자연적'이라는 것이 그 명칭의 범위 안에서 어떤 규범들은 인류에게 공통적이며 인간에 의해 꾸며진 것이 아니라는 관점을 주로 가리킨다는 데 있다. 이같은 추론이 필요하지 않을 뿐만 아니라 가능하지도 않다고 생각하는 데에는 두 번째 이유가 있다. 이 이유는 바로 실천 이성의 원리들에 근거를 두고 있다.

아퀴나스에 따르면 실천 이성의 원리들은 그 자체를 통해서 모든 이에게 알려진다(per se nota omnibus).[10] 그것은 다른 것을 통해서 알려지는(per aliud nota) 것이 아닌즉, 이를 테면 참인 것으로 보이기 위해 매개 명사와[11] 같은 다른 어떤 것을 필요로 하지 않는다. 그것들은 입증될 필요가 없고 입증될 수도 없다. 그것들은 이런 의미에서(즉시 명백하다는 의미에서가 아니라) 자명하다.

실천 이성의 첫 번째 원리('선은 추구되어야 하고, 악은 피해져야 한다')가 자명(自明)하다는 사실은 근대적인 의미에서의 선험적으로 분석적인 명제의 자명성으로 설명될 수 있다.[12] 누구든지 그것이 참이라는 점을 알 수 있는 것은 '선'과 '악'이라는 낱말들이 일상의 언어에서 뜻하는 바를 이해함으로써 가능하다. 이는 제2장에서 채택된 관점이지만, 그렇다고 그것이 '선'이란 정신에 의해서 직접 파악되는 지성적 내용(일종의 noetón)[13]을 나타낸다고 보는 아리스토텔레스적인 해석을 배제하지는 않는다.

보충적 원리들의 자명함은 다르다. 예컨대 우정이 선이라는 점을 실감하기 위해서는 일상의 삶에서 주어지는 것과 같은 경험이 (그에 상응하는 개념에 대한 소량의 성찰과 함께) 필요하다. 그러나 우정이라는 것과 그것이 지니는 미덕 사이에 하나의 연결고리를 만들기 위하여 어떤 제3의 개념이 필요한 것은 아니다. 그것에 대해서는 아무런 여지도 없다. 따라서 명제는 분석적이라고 말할 수 있지만 후험적으로 아는 것이다. 물이 그 분자에 있어서 한 개의 원자를 갖고 있다는 것 역시 분석적이면서 또한 후험적으로 아는 것이다. 왜냐하면 물이 H_2O임을 확립하기 위해서는 관찰과 실험이 요구되었기 때문이다.

복잡한 지적 훈련의 이해를 요구하는 인간 본성에 대하여 파악하는 일이 우정은 하나의 기본적 선이라는 증거를 제공하지는 않지만 그것을 가정할 수 있다. 인간이 우정을 위한 본성적 역량을 갖추고 있다(혹은 인간이 사교에 대하여 본성적 경향을 지니고 있다)는 점은, 여타의 방식에서가 아니라 친구를 갖는 것이 좋다는 우리의 깨달음에서 나와야 할 것이다. 실로, 우리가 X는 우리에게 좋다고 추론하는 것이 우리가 X에 대한 경향을 가지고 있기 때문은 아니다. X에 대한 우리의 경향이 일종의 '본성적' 경향이라는 주장을 정당화하는 것은 우리가 X에 대하여 좋은 것이라고 앞서서 파악하고 있다는 데 있다. 본성적 경향에 대하여 호소하는 것이 우리의 본성을 이해하기 위한 이론적 업무의 일부이지만, 그것이 실천적 업무에 있어서 어떤 근본적인 역할을 갖고 있는 것은 아니다.[14]

아퀴나스는 실천적 원리들이 현자들에게만(solis sapientibus) 접근하기 쉬운 게 아니라 모든 사람에게(omnibus) 접근하기 쉽다고 명료화하고 있는데, 관련된 요점이 바로 이 안에 내포되어 있다. 현자들이란 인간 본성에 대하여 적절하게 파악하고 있는 형이상학자들과 신학자들이다. 만일 실천적 원리들이 인간 본성으로부터의 추론에 의하여 참인 것으로 알려진다면 자연법에 대한 지식은 적은 부분의 사회에로 엄격하게 제한될 것이다. 그렇다면 대부분의 사람들은 도덕이 요구하는 바로부터 스스로 사면되기를 바랄 수 있을 것이다. 왜냐하면 도덕의 출발점이 그들의 시야 저쪽에 놓여 있기 때문이다.

내가 시도해 온 것은 누구든지 이해하고 받아들일 수 있는 자명하고 실천적인 원리들로부터 시작하여 하나의 순수한 실천 이성에 관한 체계를 개발하는 일이다. 그것을 '순수 실천 이성 체계' (a system of *pure practical reason*)라고 부름으로써 나는 이 책이 신앙이라든지 또는 그 대안으로서 이론 이성에 근거하는 그 어떤 기본적인 요구 사항들도 담고 있지 않다는 점을 강조하고자 한다. 나는 규범적인 원리, 지침, 또는 규범의 기초를 놓을 요량으로 신, 본성, 혹은 인간의 본질에 대한 신학적 내지 형이상학적 진리들을 향해서 호소하지는 않았다.

아마도 지식이라는 선을 다루는 나의 방법이 엄밀하게 실천 이성의 영역 안에서만 머물고자 하는 결심을 쉽사리 설명할 수 있을 것 같다. 나는 독자로 하여금 지식이 인간의 기본적 선이라는 점을 받아들이도록 요구하는 데 있어서 인간이란 원래부터 뭔가를 알려는 경향이 있다든가 또는 신은 피조물들을 통해서 우리로 하여금 자신을 알도록 창조하였다는 주장에 대하여 앞서서 동의하는 일을 모색하지는 않는다. 나는 그저 독자들로 하여금 지식이 선이라는 것을 부인하는 어떠한 노력도 아는 것이 좋다는 것에 대한 깨달음을 전제로 삼고 있다는 점, 그리고 사람이 무지와 오류 속에 남아 있기보다는 아는 것이 한결 더 낫다는 점을 분명히 파악하도록 초대할 뿐이다. 나는 적어도 사리를 아는 사람이라면 참으로 발전적인 삶을 위해서는 지식이 갖고 있는 근본적인 중요성에 덧붙여서 이 점을 인정할 것이라고 생각하였다.

다만 한 가지 인간 행위의 핵심 성분들에 대하여 간략하게 이론적으로 다루는 일(제5장)이 불가피한 것으로 드러난 이유는, 그 성과물들이 일정한 행위들을 정당화할 수 있기 때문이 아니라 그저 그같은 성분들(누가? 무엇을? 왜?)을 아는 것이 우리로 하여금 도덕적 판단이 어떻게 설계되어야 하는지를 더 잘 이해하도록 허용해 주기 때문이다. 순전히 이론적인 전제들에 호소하는 것을 삼가려는 주된 이유는 어떤 실천적(즉, 평가적) 결론도 평가를 포함하지 않은 전제들로부터 정당하게 나올 수 없다는 유명한(아울러 논리적으로 기초가 잘 다져진) 교의에 있다.[15]

신학적인 진리들은 다른 이유에서 배제되고 있다. 실천적인 결론들이 적당한 신학적 전제들로부터 정당하게 추출될 수는 있다. 그러나 그같은 전제들에 동의하기 위해서 요구되는 신앙이란 하나의 선물이며, 우리는 모든 이가 그런 선물을 가지고 있으리라 기대할 수 없다. 다만 신학적인 주장들을 배제하는 일이 그런 주장들이 정당화할 수 있는 교의들과 여기서 옹호되고 있는 관점들 사이에 모순을 만들어내는 것은 아니다. 사실 이 책에 담겨 있는 모든 것은 내가 알고 있는 범위에서 유대-그리스도교적 윤리의 주류와, 그리고 특히 로마 가톨릭의 가르침과 일관되어 있다. 결국 내가 전반적으로 계획하는 바는 하나의 일반적인 자연법 도덕—그것이 전적으로 이성에 기초를 두고 있는 한, 누구나 접근하기 쉽고 따라서 차별 없이 누구에게나 구속력이 있는—에 대한 설명을 제시하는 데 있다.

| 출처

이런 종류의 연구 과제는 어쩔 수 없이 많고 다양한 출처들에 의존하게 마련이다. 먼 옛날의 것들 중 가장 중요한 것은 플라톤과 아리스토텔레스의 저작물들 그리고 스토아 철학자들의 단편들이다. 비록 아퀴나스가 자연법의 전통 안에서 결정적인 역할을 하고는 있지만 그의 풍부한 저술들 안에서 자연법에 관한 것은 의외로 적다. 그의 핵심적인 문구는 『신학대전』(*Summa Theologiae*, I–II, q.94, a.2)에 있는데, 이는 그리세즈(Germain Grisez)의 개척적인 주석과 곁들여 읽으면 좋다.[16]

이 책을 쓰게 된 직접적인 동기는 윤리학을 강의하면서 여러 해 동안 도너건(Alan Donagan)의 저서 『도덕의 이론』(*The Theory of Morality*)을[17] 활용한 데 있다. 도너건은 사료(史料)들 및 현대의 자료들을 훌륭하게 활용하면서 전통적인 도덕에 대하여 귀중한 설명을 주고 있다. 비록 그가 최종적으로는 칸트의 근본 원리를 선택함으로써 기대에 어긋나기는 했지만 말이다. 인간을 존중한다는 것은 삶의 행위에 있어서 무척 중요하다. 그러나 때때로 그것은 특정한 논점들을 결정하는 데 있어서 견고한 지침들을 제시하지 못한다. 의사의 도움을 얻어 자살하는 일이 인간을 존중하는 사례일까 아니면 그 반대의 사례일까? 얼마의 시간이 흐른 뒤에 나는 인간에 대한 존중은 인간의 선에 대한 존중으로 이해되어야 한다는 점을, 또 인간 선들의 체계야말로 도덕을 설명하는 업무에 있어서 우선적이라는 점을 확신하게 되었다.

비록 이 책이 도너건의 것을 모방하고자 한다 할지라도 내용 면에 있어서는 피니스(John Finnis)가 쓴 『자연법과 자연권』(*Natural Law and Natural Rights*)에 훨씬 가깝다.[18] 내가 피니스의 덕을 보고 있다는 점은 아마도 이 책의 모든 페이지에서 명백할 것이다. 전반적인 구성 체계의 상당한 부분, 또 전적으로 자명한 실천적 원리들로부터 출발하기를 강조하는 것은 그의 덕택이며, 이를 통해서 나는 자연법 윤리학은 사실로부터 당위를 끌어내는 그릇된 추론에 근거하고 있다는 여러 차례의 반복적인 이의(異議)들을 차단하고 있다. 선(善)과 지침에 관한 나의 목록은 얼마간 피니스의 것으로부터 출발하는데, 그는 내가 논의하지 않은 몇 가지 이야깃거리들(이를 테면 법률학)을 제시하기도 한다.

나는 또한 나와 관점을 달리 하는 철학자들이 써놓은 많은 책과 논문들로부터 상당 부분을 배웠다. 그 목록은 길며 대부분 참고문헌 속에 표시되어 있으므로 여기서 그것들을 나열하는 것은 불필요하리라 생각된다.

주

1 Wollheim (1967).

2 이 용어에 대한 기초적인 이해는 로마 시대 법률학자들의 큰 덕택으로 가능해졌다. 동 법률학자들의 관점은 유스티니아누스 황제가 쓴 *Digest* (6세기)의 서론 부분에 요약되어 있다. 또한 아리스토텔레스의 *Rhetoric*, 1.13.1373b4-6 참조. 고대 및 중세의 문헌들에 관해서는 Ricken (1994) 참조.

3 Aquinas, *Summa Theologiae*, I-II, q.90, a.3.

4 Aristotle, *Rhetoric*, 1.15.1376b9-10.

5 Aristotle, *Nicomachean Ethics*, 5.7.1134b26.

6 Gómez-Lobo (1994), 95-96.

7 Diogenes Laertius, 7.87-89. Long & Sedley (1987), Ⅰ.395 및 400 ; Donagan (1977), 1-4 참조.

8 Schofield & Striker (1986) 및 Annas (1993), 159-87 참조.

9 Gómez-Lobo (1989).

10 Aquinas, *Summa Theologiae*, I-II, q.94, a.2. 교의 자체는 아리스토텔레스의 것으로서, 그 공식화에 의하면 삼단논법의 추론은 술어를 주어로 돌리는 일을 정당화하기 위하여 매개 명사를 필요로 한다. 소크라테스는 죽는다는 것은 참인 것으로 판명되고 있다. 왜냐하면 소크라테스에 대하여 참인 사람임이라는 매개 명사가 있으며, 그와 같은 종류의 모든 구성원들이 죽을 수밖에 없다는 점은 사람임에 대하여 참되기 때문이다.

11 삼단논법에서 결론에 나타나는 주어를 소명사(minor term), 결론의 술어를 대명사(major term), 전제에서 두 번 나타나는 제3의 명사를 매개명사(또는 중명사, middle term)라고 한다.**역자 주**

12 나는 지금의 목적에 유용한 명칭으로서 '선험적으로 분석적인' 이라는 용어와 '후험적으로 분석적인' 이라는 용어를 Kripke (1977)로부터 빌려왔다. 이 용어들이 독자적으로 정당화될 필요가 있음은 물론이다. Cf.

크립키(Saul A. Kripke)는 1940년에 출생한 유태계 혈통의 미국 철학자로서 언어철학 분야에 많은 글을 남겼다. 현재 프린스턴 대학교 철학과의 명예교수로 있다.역자 주

13 아리스토텔레스는 모든 지식이 감각적인 경험에서 시작된다고 보면서도 지적 지식을 감각적 지식보다 우위에 두었다. 그는 감각적으로 인지된 지식(aisthetón)이 지성으로 알 수 있는 지식(noetón)에 이르는 방법론에 대하여, 정신이 감각적으로 인지된 것 안에서 지성적인 것을 알아챈다고 설명한다.역자 주

14 자연법 전통의 저명한 대표자들 가운데는 이 점에 대하여 논박하면서 인간 본성 혹은 일반적으로 본성이 실천적 영역에서 기초적인 역할을 한다고 주장하는 이들이 있다. Veatch(1971), McInerny(1982), Hittinger(1987) 참조.

15 Hare(1975), 27–31.

16 Grisez(1965). 그리세즈(1929년생)는 미국의 저명한 가톨릭 윤리신학자이다. 철학과 신학을 넘나들며, 특히 자연법 사고의 새로운 형태를 표현하면서 John Finnis와 함께 이른바 신자연법 이론(New Natural Law Theory)의 대표자로 꼽힌다. 저서로는 *Difficult Moral Questions*, *Beyond the New Morality* 등이 있으며, 현재 Mount Saint Mary's University(메릴랜드 주 소재)의 명예교수이다.역자 주

17 Donagan(1977). 도너건(1925–1991)은 시카고 대학교 철학 교수를 지냈다.역자 주

18 Finnis(1908). 피니스(1940년생)는 호주 출신의 세계적인 법철학자이다. 그의 저서 『자연법과 자연권』은 자연법 철학에 있어서 수작의 하나로 인정받고 있다. 그는 현재 영국 옥스퍼드 대학교와 미국 노트르담 대학교의 법학 교수로 활동 중이다.역자 주

참고문헌

Annas, J.(1993), *The Morality of Happiness*, New York : Oxford University Press.

Aristotle(1984), *The Complete Works of Aristotle*, 제2권, J. Barnes(편), Princeton, NJ : Princeton University Press.

Augustine(1993), *On Free Choice of the Will*, Indianapolis : Hackett.

Beauchamp, T. L. & Childress, J. F.(1989), *Principles of Biomedical Ethics*, (3판), New York : Oxford University Press.

Beauchamp, T. L. & Childress, J. F.(1994), *Principles of Biomedical Ethics*, (4판), New York : Oxford University Press.

Brandt, R. B.(1967), "Hedonism", *The Encyclopedia of Philosophy*, 제3권, P. Edwards(편), New York : Macmillan.

Chappell, T. D. J.(1998), *Understanding Human Goods*, Edinburgh : Edinburgh University Press.

Donagan, A.(1977), *The Theory of Morality*, Chicago : University of Chicago Press.

Donagan, A.(1987), *Choice : The Essential Element in Human Action*, London : Routledge & Kegan Paul.

Emanuel, L. L.(편) (1998), *Regulating How We Die : The Ethical, Medical, and Legal Issues Surrounding Physician–Assisted Suicide*, Cambridge, MA : Harvard University Press.

English, J.(1997), "Abortion and the Concept of a Person", *Contemporary Moral Problems*, (5판), J. E. White(편), Minneapolis, MN : West, 151–58. 최초 발간은 *Canadian Journal of Philosophy*, 5(1975), 233–43.

Fagothey, A., S.J.(1976), *Right and Reason : Ethics in Theory and Practice*, (6판), St. Louis : Mosby.

Feinberg, J.(1986), "Abortion", *Matters of Life and Death : New Introductory Essays in Moral Philosophy*, (2판), T. Regan(편), New York : Random House, 256–93.

Feinberg, J. & Levenbook, B. B.(1993), "Abortion", *Matters of Life and Death : New Introductory Essays in Moral Philosophy*, (3판), T. Regan(편), New York : Random House, 195–234.

Finnis, J.(1980), *Natural Law and Natural Rights*, New York : Oxford University Press.

Gert, B.(1988), *Morality : A New Justification of the Moral Norms*, New York : Oxford University Press.

Gomez, C. F.(1991), *Regulating Death : Euthanasia and the Case of the Netherlands*, New York : Free Press.

Gómez–Lobo, A.(1985), "Natural Law and Naturalism", *Proceedings of the American Catholic Philosophical Association*, 59, 232–49.

Gómez–Lobo, A.(1989), "The Ergon Inference", *Phronesis*, 34, 170–84.

Gómez–Lobo, A.(1994), *The Foundations of Socratic Ethics*, Indianapolis, IN : Hackett.

Griffin, J.(1988), *Well–Beings : Its Meaning, Measurement and Moral Importance*, Oxford : Oxford University Press.

Grisez, G.(1965), "The First Principle of Practical Reason : A Commentary on

Summa Theologiae 1–2, Question 94, Article 2", *Natural Law Forum*, 10, 168–201.

Grisez, G. & Boyle, J. M.(1979), *Life and Death with Liberty and Justice : A Contribution to the Euthanasia Debate*, Notre Dame, IN : University of Notre Dame Press.

Hare, R. M.(1975), *The Language of Morals*, Oxford : Oxford University Press.

Hittinger, R.(1987), *A Critique of the New Natural Law Theory*, Notre Dame, IN : University of Notre Dame Press.

Kenny, A.(편) (1969), *Aquinas : A Collection of Critical Essays*, Garden City, NY : Anchor Books.

Kripke, S.(1977), "Identity and Necessity", *Naming, Necessity, and Natural Kinds*, S. P. Schwartz(편), Ithaca, NY : Cornell University Press, 66–101.

Long, A. A. & Sedley, D. N.(1987), *The Hellenistic Philosophers*, 제2권, Cambridge : Cambridge University Press.

Mackie, J. L.(1986), *Ethics : Inventing Right and Wrong*, Harmondsworth, U.K. : Penguine Books.

McInerny, R.(1982), *Ethica Thomistica : The Moral Philosophy of Thomas Aquinas*, Washington, DC : Catholic University of America Press.

Mill, J. S.(1978), *On Liberty*, Indianapolis, IN : Hackett.

Mill, J. S.(1979), *Utilitarianism*, Indianapolis, IN : Hackett.

Murphy, M.(1977), "The Conscience Principle", *Journal of Philosophical Research*, 22, 387–407.

Noonan, J. T.(편) (1977), *The Morality of Abortion : Legal and Historical Perspectives*, Cambridge, MA : Harvard University Press.

Oderberg, D. S.(2000a), *Moral Theory : A Non–Consequentialist Approach*, Oxford : Blackwell.

Oderberg, D. S.(2000b), *Applied Ethics : A Non–Consequentialist Approach*, Oxford : Blackwell.

Pellegrino, E.(1998), "The False Promise of Beneficent Killing", *Regulating How We Die : The Ethical, Medical, and Legal Issues Surrounding Physician–Assisted*

Suicide, L. Emanuel (편), Cambridge, MA : Harvard University Press, 71–91.

Pettit, P. (편) (1993), *Consequentialism*, Aldershot, VT : Dartmouth Publishing Co.

Plato (1999), *Complete Works*, J. M. Cooper & D. S. Hutchinson (편), Indianapolis, IN : Hackett.

Powers, M. (1995), "Contemporary Defences of the Doctrine of Double Effect", *Revue Internationale de Philosophie*, 193, 341–56.

Rachels, J. (1986), *The End of Life : Euthanasia and Morality*, Oxford : Oxford University Press.

Rachels, J. (1993), "Euthanasia", *Matters of Life and Death : New Introductory Essays in Moral Philosophy*, T. Regan (편), New York : Random House, 30–68.

Rachels, J. (1999a), *The Right Thing to Do : Basic Readings in Moral Philosophy*, (2판), Boston : McGraw-Hill.

Rachels, J. (1999b), "The Morality of Euthanasia", *The Right Thing to Do*, 190–194 ; *Matters of Life and Death : New Introductory Essays in Moral Philosophy*, (2판), T. Regan (편), New York : Random House.

Rawls, J. (1971), *A Theory of Justice*, Cambridge, MA : Harvard University Press.

Regan, T. (1983), *The Case for Animal Rights*, Berkeley, CA : University of California Press.

Regan, T. (편) (1986), *Matters of Life and Death : New Introductory Essays in Moral Philosophy*, (2판), New York : Random House.

Regan, T. (편) (1993), *Matters of Life and Death : New Introductory Essays in Moral Philosophy*, (3판), New York : Random House.

Ricken, F. (1994), "Naturrecht I", *Theologische Realenzyklopädie*, 24, no.1/2, 132–53.

Sandbach, F. H. (1989), *The Stoics*, (2판), Indianapolis, IN : Hackett.

Schwartz, S. P. (편) (1977), *Naming, Necessity, and Natural Kinds*, Ithaca, NY : Cornell University Press.

Sen, A. & Williams, B. (편) (1988), *Utilitarianism and Beyond*, Cambridge : Cambridge University Press.

Singer, P.(1975), *Animal Liberation : A New Ethics for Our Treatment of Animals*, New York : New York Review.

Singer, P.(1993), "Animals and the Value of Life", *Matters of Life and Death : New Introductory Essays in Moral Philosophy*, T. Regan(편), New York : Random House, 280–321.

Smart, J. J. C. & Williams, B.(1988), *Utilitarianism : For and Against*, Cambridge : Cambridge University Press.

Sulmasy, D. P.(1998), "Killing and Allowing to Die : Another Look", *Journal of Law, Medicine and Ethics*, 26, 55–64.

Thomas Aquinas(1988a), *Summa Theologiae*, Mediolany, Italy : Editiones Paulinae.

Thomas Aquinas(1988b), *On Politics and Ethics : A New Translation, Backgrounds, Interpretations*, P. E. Sigmund(편), New York : Norton.

Thompson, J. J.(1997), "A Defence of Abortion", *Contemporary Moral Problems*, (5판), J. E. White(편), Minneapolis, MN : West, 122–31. 최초 발간은 *Philosophy and Public Affairs*, 1(1971), 47–66.

Tooley, M.(1972), "Abortion and Infanticide", *Philosophy and Public Affairs*, 2, 37–65.

Veatch, H.(1971), *For an Ontology of Morals : A Critique of Contemporary Ethical Theory*, Evanston, IL : Northwestern University Press.

Warren, M. A.(1997), "On the Moral and Legal Status of Abortion", *Contemporary Moral Problems*, (5판), J. E. White(편), Minneapolis, MN : West, 131–43. 최초 발간은 *The Monist*, 57(1973), 43–61.

White, J. E.(1997), *Contemporary Moral Problems*, (5판), Minneapolis, MN : West.

Wollheim, R.(1967), "Natural Law", *The Encyclopedia of Philosophy*, 제5권, P. Edwards(편), New York : Macmillan.

색인

지은이 **알폰소 고메스-로보** Alfonso Gómez-Lobo

칠레 출생, 발파라이소 가톨릭대학교 졸업
독일 뮌헨대학교 졸업(철학박사)
훔볼트 재단, 구겐하임 재단 펠로우십 수상
미국 펜실베이니아 주립대학교 교수 역임
미국 대통령 생명윤리위원회 위원 역임
현재 미국 조지타운대학교 철학과 교수

〈주요 저서 및 역서〉
『플라톤의 메논』(2004), 『도덕과 인간의 선』(2001), 『플라톤의 크리톤』(1998), 『플라톤의 에우티프론』(1996), 『소크라테스 윤리학의 기초』(1994), 『소크라테스 윤리학』(1989), 『파르메니데스』(1985), 『아리스토텔레스 연구』(1981), 『프레게 : 논리학과 의미론』(1972)

옮긴이 **강두호** 姜斗浩

전북 임실 출생, 서울시립대학교 법정대학 졸업(학사)
서울대학교 대학원 윤리교육과 졸업(석사, 박사)
로마 산타크로체대학교, 사피엔차대학교 연구
미국 조지타운대학교, 노트르담대학교 연구
현재 전북대학교 사범대학 윤리교육과 교수

〈주요 저서 및 역서〉(공저 포함)
『도덕과 인간의 선』(2008), 『도덕 · 윤리과 교육의 발전방향과 과제』(2005), 『자연법 사회 윤리』(2003), 『도덕과 교육론』(2001), 『도덕 · 윤리 교과교육학개론』(1998), 『윤리학과 윤리교육』(1997), 『사회 윤리의 기초』(1997), 『인격교육과 덕교육』(1995), 『민주시민을 위한 윤리 · 도덕』(1992), 『현대 이데올로기』(1991), 『도덕 · 가치교육의 교수모형』(1989)

도덕과 인간의 선 – 자연법 윤리학 개론

초판1쇄 / 2008년 11월 20일

지은이 **알폰소 고메스-로보**
옮긴이 **강두호**
펴낸이 **여국동**
펴낸곳 **도서출판 인간사랑**
인 쇄 **백왕인쇄**
제 본 **은정제책사**

출판등록 1983. 1. 26. / 제일 3호

(411- 815) 경기도 고양시 일산구 백석동 1178-1
TEL (031)901-8144, 907-2003
FAX (031)905-5815
e-mail/igsr@yahoo.co.kr / igsr@naver.com

정가 17,000원

ISBN 978-89-7418-262-5 93190

※ 잘못된 책은 교환해 드립니다.